W0384680

STARK

ABITUR
Prüfungsaufgaben
mit Lösungen
2015

Deutsch
Gymnasium
Thüringen
2011–2014

STARK

ISBN 978-3-8490-1008-9

20. ergänzte Auflage
www.stark-verlag.de

Inhalt

Abiturprüfungsaufgaben 2014

Jeweils zu Beginn des neuen Schuljahres erscheinen die neuen Ausgaben der Abiturprüfungsaufgaben mit Lösungen.

Autoren:

Lösungen 2011/2012: Ulrike Blechschmidt (Aufgaben 1 und 3), Roy Dieckmann (Aufgaben 2 und 5), Birgit Raida (Aufgabe 4)
Lösungen 2013: Roy Dieckmann (Aufgaben 2 und 5), Ulrike Blechschmidt (Aufgabe 3), Birgit Raida (Aufgabe 4)
Lösungen 2014: Silke Wagner (Aufgabe 1), Petra Treppschuh (Aufgabe 2), Ulrike Blechschmidt (Aufgabe 3), Birgit Raida (Aufgaben 4 und 5)

Vorwort

Liebe Abiturientinnen und Abiturienten,

Sie werden 2015 das Abitur im Kernfach Deutsch ablegen. Der vorliegende Band hilft Ihnen dabei, sich optimal auf die Prüfung vorzubereiten. Das einführende Kapitel „**Hinweise und Tipps**" informiert Sie über die offiziellen Rahmenvorgaben, macht Sie mit den Arbeitsanweisungen (Operatoren) vertraut und erläutert die verschiedenen Schwierigkeitsstufen (Anforderungsbereiche) innerhalb jeder einzelnen Aufgabe. Es schließen sich konkrete Tipps an, was Sie bei der Bearbeitung der unterschiedlichen Aufgabenarten beachten müssen. Hinweise zur mündlichen Prüfung im Fach Deutsch runden diesen Teil ab.

Daran schließt sich eine Auswahl **offizieller Abiturprüfungsaufgaben** von **2011** bis **2014** an, die sich ideal zur Vorbereitung auf das Abitur eignet. Zu jedem Klausurbeispiel finden Sie einen ausführlichen **Lösungsvorschlag**, mit dem Sie Ihren eigenen Aufsatz vergleichen können. Den Lösungsvorschlägen vorangestellt sind **Hinweise und Tipps**, die Ihnen bei der Erschließung der einzelnen Arbeitsanweisungen helfen. Wesentliche **Begriffe** in den Lösungsvorschlägen sind durch Fettdruck hervorgehoben.

Vergegenwärtigen Sie sich bei Ihrer Vorbereitung immer wieder die genaue Fragestellung und die verwendeten Operatoren und lesen Sie die Erklärung der unterschiedlichen Aufgabenarten in den Hinweisen nach. Auf diese Weise wiederholen Sie auch die im Unterricht gelernten Inhalte und Methoden.
Ein **Werk- und Personenverzeichnis** ermöglicht die schnelle Orientierung in dem Band.

Sollten nach Erscheinen dieses Bandes noch wichtige Änderungen in der Abiturprüfung 2015 vom Kultusministerium bekannt gegeben werden, finden Sie aktuelle Informationen dazu im Internet unter: www.stark-verlag.de/pruefung-aktuell.

Wir wünschen Ihnen eine effektive Abiturvorbereitung und eine erfolgreiche Abiturprüfung.

Die Autoren und der Verlag

Werk- und Personenverzeichnis

Werkregister

Personenregister

Hinweise und Tipps zur schriftlichen Abiturprüfung

1 Grundlagen

1.1 Vorgaben für das Zentralabitur Deutsch 2015

Die schriftlichen Prüfungsaufgaben richten sich in Aufbau und Inhalt nach:
- dem gültigen *Lehrplan für das Gymnasium im Fach Deutsch für den Freistaat Thüringen* (siehe: https://www.schulportal-thueringen.de/web/guest/media/detail?tspi=1394),
- den bundesweit verbindlichen Einheitlichen Prüfungsanforderungen in der Abiturprüfung (EPA), im Internet zu finden unter: http://www.kmk.org/fileadmin/veroeffentlichungen_beschluesse/1989/1989_12_01-EPA-Deutsch.pdf,
- den jährlich aktualisierten *Hinweisen zu den zentralen schriftlichen Prüfungen*, die für das jeweilige laufende Schuljahr auf den Internetseiten des Thüringer Ministeriums für Bildung, Wissenschaft und Kultur abrufbar sind (siehe: http://www.thueringen.de/th2/tmbwk/bildung/schulwesen/rechtsgrundlagen/vorschriften/).

1.2 Zeitrahmen und Hilfsmittel

In der Abiturprüfung im Kernfach Deutsch werden Ihnen fünf Aufgaben vorgelegt, von denen Sie eine auswählen. Zur Bearbeitung (einschließlich Einlesezeit und Auswahl) stehen Ihnen fünfeinhalb Stunden (330 Minuten) zur Verfügung. Als Hilfsmittel sind Ganzschriften entsprechend der Thematik zugelassen. Die Liste dieser Texte (Privat- oder Leihexemplar) wird vom Fachlehrer des Kurses vorgeschlagen und vom Prüfungsvorsitzenden genehmigt. Schriften, in denen umfangreiche Aufzeichnungen vorgenommen und nicht entfernt wurden, dürfen als Hilfsmittel nicht genutzt werden.

2 Inhalte der Prüfung

Das Thüringer Ministerium für Bildung, Wissenschaft und Kultur hat auch für das Jahr 2015 in den *Hinweisen zu den zentralen schriftlichen Prüfungen* ein **Rahmenthema** für das Fach Deutsch festgelegt. Es lautet: „Es gibt nichts Stilleres als eine geladene Kanone“. Das Rahmenthema wird häufig durch eine Aussage aus Literatur, Politik oder Gesellschaft eingeleitet oder gebildet. Beim Rahmenthema 2015 handelt es sich um ein Zitat aus Heinrich Heines „Lutezia“ (erschienen 1854). Dies darf aber nicht als Hinweis auf einen möglichen Text in der Abiturprüfung missverstanden werden. Das gesamte Thema soll lediglich dem Fachlehrer eine Orientierung für die Auswahl der zugelassenen Ganzschriften (vgl. 1.2) geben. So soll die Arbeit mit konkreten Textvorlagen möglich werden. Diese können als Quellengrundlage genutzt werden.

Erfahrungsgemäß lohnt sich eine intensive methodische und fachliche Vorbereitung auf die Abiturprüfung deutlich mehr als eine allzu große inhaltliche Konzentration auf das Rahmenthema, das bewusst sehr allgemein formuliert ist. In der Abiturprüfung entscheiden Sie in der Regel selbst über die Einbeziehung des Rahmenthemas in Ihren Aufsatz. Manchmal bietet es sich an, näher auf das Thema einzugehen, manchmal jedoch auch nicht. Sofern es die Aufgabenstellung nicht explizit verlangt, müssen Sie nicht zwanghaft eine solche Verbindung herstellen.

3 Aufgabenarten

Die EPA unterscheiden drei wesentliche fachspezifische Erschließungsformen von Texten: das Untersuchen, das Erörtern und das Gestalten. Kombiniert man diese drei Methoden mit einer Textart (literarisch oder pragmatisch), erhält man die folgenden Aufgabenarten:

Erschließungsform	**Textart**	**Aufgabenart**
untersuchend	literarisch	Textinterpretation
	pragmatisch	Textanalyse
erörternd	literarisch	literarische Erörterung
	pragmatisch	Texterörterung
		freie Erörterung
gestaltend	literarisch	gestaltende Interpretation
	pragmatisch	adressatenbezogenes Schreiben

(zitiert nach EPA, Abschnitt 3.2)

Laut Vorgaben für die zentralen Abituraufgaben in Thüringen ergibt sich daraus folgende Ordnung und Zusammenfassung:

1. Erörterung
1.1 materialgestützte Erörterung
1.2 Texterörterung
1.3 literarische Erörterung
2. Interpretation literarischer Texte
3. kreative Schreibaufgabe

Auch diese Einteilung bietet nur ein Grundmuster. Die einzelnen Aufgabenarten können als Mischform auftreten. Textsorten sind ebenfalls frei miteinander kombinierbar. Aus diesen Bedingungen leiten sich jeweils die fünf Aufgaben ab, die zur Wahl stehen – wobei der Schwerpunkt eindeutig darauf liegt, mehrere Varianten der Interpretation literarischer Texte anzubieten. In aller Regel werden Sie je eine Aufgabe zum materialgestützten und zum textbezogenen beziehungsweise literarischen Erörtern sowie zu den drei Hauptgattungen Drama, Epik und Lyrik vorfinden.

3.1 Die Erörterung

Die Erörterung basiert auf einer Problemfrage oder einer These, etwa in Form eines Zitats. Es kommt darauf an, einen komplexen Sachverhalt von verschiedenen Seiten zu beleuchten, mögliche Betrachtungsweisen abzuwägen und einen eigenen, kritisch reflektierten Standpunkt zu entwickeln.

Bei der **materialgestützten Erörterung** sind vorgegebene Texte, Grafiken oder Bilder in die Argumentation einzubinden. Diese Materialien müssen nicht detailliert analysiert, aber sinnvoll mit einbezogen werden. Darüber hinaus ist es hilfreich, auf Kenntnisse zurückzugreifen, die in anderen Fächern erworben wurden beziehungsweise Teil des Allgemeinwissens sind. Stammt die Problemfrage aus dem literarischen Bereich, können die bekannten und zugelassenen Ganzschriften als Beispiele hinzugezogen werden. Dies sollte aber nur geschehen, wenn die Bezüge plausibel sind.

Die literarische sowie die textgebundene Erörterung setzen die intensive Beschäftigung mit einer Textvorlage voraus. Sie gehen allerdings über eine reine Textinterpretation beziehungsweise Textanalyse hinaus. Das Verständnis der Vorlage ist hier nicht die Hauptsache, bildet aber die Grundlage für die im Zentrum stehende Erörterung, worauf die Aufgabenstellung meist gesondert hinweist (vgl. 4.2: Operatoren).

Der **literarischen Erörterung** kann sowohl ein kurzer Prosatext oder ein Gedicht als auch ein Textauszug aus einer dramatischen oder epischen Ganzschrift zugrunde liegen. Die in der Literatur gestalteten Fragen und Probleme sollen zur eigenen Auseinandersetzung anregen. Daher stellt die Erörterung über die Beschreibung von Inhalt und Form des literarischen Textes hinaus die Diskussion dieser Problemfragen in den Mittelpunkt. Es ist auch möglich, dass Sie sich mit einem Zitat zum Ausgangstext auseinandersetzen müssen.

Die **Texterörterung** dagegen bezieht sich auf Sachtexte, die ebenfalls Thesen und spezifische Positionen enthalten. Üblicherweise handelt es sich um journalistische Texte, Berichte, Kommentare, Kritiken, Reden und Essays. Im Unterschied zu literarischen Texten sind sie nicht fiktional: Nicht ein lyrisches Ich oder ein erdachter Erzähler, sondern reale Personen ergreifen um einer spezifischen Botschaft (Intention, Wirkungsabsicht) willen das Wort. Sie wollen appellieren und überzeugen, manchmal auch provozieren. Die für das Abitur ausgewählten Texte setzen sich meistens mit kultur- und gesellschaftspolitischen Fragen und Standortbestimmungen auseinander.

Bei literarischen wie auch bei pragmatischen Ausgangstexten sollte man somit folgerichtig argumentieren und Gesichtspunkte gegeneinander abwägen können, um daraus ein eigenes Fazit zu gewinnen.

3.2 Die Interpretation literarischer Texte

Die häufigste Aufgabenart ist die Textinterpretation. Zugrunde liegt ein kurzer Prosatext, ein Gedicht oder ein Auszug aus einem größeren dramatischen oder epischen Werk, der meistens zusammenzufassen, zu erschließen und zu interpretieren ist. Es geht darum, den Text in seiner Besonderheit zu verstehen und dieses Verständnis sprachlich zum Ausdruck zu bringen. Es ist ratsam, ihn zunächst mehrfach zu lesen, Auffälliges zu markieren, Beobachtungen zu notieren, Fragen an ihn zu stellen und sich zu überlegen, was charakteristisch und wesentlich daran ist. Die Deutung wird aus solchen Beobachtungen heraus entwickelt und mit Zitaten belegt. Als weitere Aufgabe schließt sich manchmal eine persönliche Auseinandersetzung mit dem Erkannten an, die meist dazu auffordert, ein eigenes Urteil zu formulieren.

3.3 Die kreative Schreibaufgabe als gestaltende Interpretation

Die Aufgabenstellung ist meist zwei- oder dreiteilig. Im ersten Schritt ist die literarische Vorlage zu erschließen, woraufhin man sich im zweiten Teil gestaltend mit ihr auseinandersetzen, also selbst literarisch produktiv werden soll. Erwartet wird vor allem, Formen, Stilebenen und Kommunikationsbezüge so auszuarbeiten, dass sie zu den Figuren passen, die zum Beispiel in ein fiktives Gespräch zu verwickeln sind, über ihre Probleme monologisieren sollen oder aus deren Perspektive ein Brief an einen bestimmten Adressaten geschrieben beziehungsweise ein Tagebucheintrag verfasst werden soll. Eine dritte Teilaufgabe kann dazu auffordern, das eigene gestalterische Vorgehen zu reflektieren und zu begründen.

Die gestaltende Interpretation beinhaltet folgende Operationen:
- Erfassen der Vorlage und Erkennen der Möglichkeiten für die eigene Gestaltung unter Beachtung vorgegebener Annahmen beziehungsweise Situationen;
- Erarbeiten einer schlüssig strukturierten Gesamtkonzeption;
- Anwenden von Kenntnissen literarischer Muster und Textsorten;
- Gestalten eines originellen, einfallsreichen Textes, Erreichen einer sprachlich-stilistischen Korrespondenz zwischen Vorlage und dem eigenen Text;
- Plastische, anschauliche Figurenzeichnung: Aufnehmen und Ausgestalten von Motiven aus der Vorlage.

3.4 Die kreative Schreibaufgabe als adressatenbezogenes Schreiben

Diese Aufgabenvariante bildet häufig eine Mischform zwischen gestaltender Interpretation und Erörterung. Zu schreiben sind meist solche pragmatischen Texte, die sich besonders zur Meinungsäußerung eignen (Briefe, Essays, Diskussionsbeiträge, Kritiken). Über die Auseinandersetzung mit der These oder Problemfrage hinaus ist dabei besonders auf den Adressatenbezug zu achten. Wie bei der gestaltenden Interpretation sind Kenntnisse über die Textsorte anzuwenden, indem sprachliche und formale Bedingungen eingehalten werden.

3.5 Tipps zur Arbeit mit Texten

Jeder gelungene Deutschaufsatz entsteht aus einem Zusammenspiel von genauem Eingehen auf die Aufgabenstellung und individuellem Zugang, also der Fähigkeit, den Text „zum Sprechen“ zu bringen. Für die Prüfungssituation ist es wichtig, über ein Repertoire an Fragen zu verfügen, mit denen man an literarische Texte herangeht.

Gedichtinterpretation
- Welches Metrum liegt vor, was drückt es aus und was bewirkt es?
- Aus welcher Perspektive wird im Gedicht gesprochen?
- Was entwickelt sich vom ersten bis zum letzten Vers?
- Welche Versgruppen gehören zusammen?
- Wie ist ein Motiv durchgeführt und inwieweit wandelt es sich?
- Was ist mit dem lyrischen Ich, das implizit oder explizit sich und seine Sicht der Welt zum Ausdruck bringt? Wie spricht es? Welche Sprache wählt es?
- Ergibt sich eher fließend ein Erlebniszusammenhang mit einer spürbaren Atmosphäre? Oder ist es ein eher spröder, intellektuell gedachter und gebauter Text, durchsetzt von Konjunktionen, Einsprüchen und Antithesen?

Man sollte hinhören und überlegen, wie das Gedicht wirkt, sowie untersuchen, wodurch diese Wirkung zustande kommt. In der ersten halben Stunde einer Gedichtinterpretation ist es ratsam, den Text auf sich wirken zu lassen, Fragen zu sammeln und noch nicht loszuschreiben. Und noch etwas: Wie das eine oder andere letztlich zu verstehen ist, ist nicht immer eindeutig zu entscheiden: Gedichte haben einen offenen Deutungsraum um sich herum. Die Interpretation muss daher nach Plausibilität streben, indem sie sich nahe am Gedicht bewegt und die Thesen durch konkrete Textbelege stützt.

Interpretation einer dramatischen Szene

- Um welche Kommunikationssituation handelt es sich? Wie sind die Redeanteile vergeben?
- Welche Spannung liegt in der Szene? Wie spitzt sich die Auseinandersetzung zu?
- Wo ist eventuell ein Höhe- und Wendepunkt?
- Welche Rolle spielt der Schauplatz und eventuell ein Requisit oder ein Gang beziehungsweise eine Geste?
- Was tragen die Regieanweisungen zum Verständnis bei?
- Was bleibt hinter dem gesprochenen Wort unausgesprochen, ist mitzudenken und lässt uns ahnen, wie es in der Figur wirklich aussieht oder was sie vielleicht plant?

Interpretation von epischen Texten

- Bei erzählender Literatur sollte man sich vor der Gefahr hüten, in der Fülle des Stoffes zu ertrinken und zuviel Inhaltliches zu rekonstruieren.
- Man muss erst einmal eine Zusammenfassung des Romanausschnitts oder des kurzen Prosatextes geben, bevor man zur Untersuchung übergeht. Die Konzentration auf Wesentliches, auf den thematisierten Erzählstrang oder Aspekt und die Strukturierung der eigenen Darstellung sind hier besonders nötig.
- Entscheidend für das Verständnis ist es sehr oft, die Erzählperspektive und Haltung des Erzählers zu erkennen und zu deuten. Weiß er nicht mehr, als die einzelne Person wissen kann, erzählt er gleichsam aus ihr heraus personal? Oder überschaut er eine Welt und erzählt auktorial? Oder verschwindet er ganz hinter einem erzählenden Ich? Hegt der Erzähler Sympathie für seine Helden oder bleibt er ironisch distanziert?
- Wird linear-chronologisch erzählt oder gebrochen in Zeitsplittern, Facetten, Vorwegnahmen und Rückblicken?
- Entsteht ein Abbild unserer Wirklichkeit, oder erscheint sie ins Artifizielle, Groteske, Absurde verfremdet?
- Und welches Bild von der erzählten Zeit wird entworfen, mit welchen Fragen setzt sich der Autor in seinem Text auseinander?

Über den vorgelegten Textauszug kann man nur dann hinausgehen, wenn eine Szene oder ein Romanausschnitt aus einer im Kurs behandelten Ganzschrift stammt. Dann muss man den Text erst einmal im Werkganzen (im Kontext) verankern (situieren): Welchen Platz hat der Ausschnitt im Handlungszusammenhang und welche Funktion kommt ihm zu? (Was wäre, wenn er gestrichen wäre?) Manche unbekannten Texte dagegen bieten sich zum Vergleich mit behandelten Werken an. Hier ist jedoch Vorsicht geboten. Großen Raum darf ein solcher Vergleich nur dann einnehmen, wenn die Aufgabenstellung es ausdrücklich fordert. Andernfalls reicht ein kurzer Hinweis aus, um die Fähigkeit zu belegen, literarisches Fachwissen richtig anzuwenden, und die eigene Belesenheit zu demonstrieren.

Analyse von Sachtexten

- Bei Sachtexten ist es wichtig, Textsorte, Adressatenbezug und Kommunikationszusammenhang zu klären, denn oft reagieren Autoren auf ganz bestimmte Situationen, greifen mit ihrem Beitrag in eine öffentliche Debatte ein oder lösen eine öffentliche Debatte aus. Bei der Wahl solcher Themen sollte man also etwas Hintergrundinformation haben.
- Entscheidend ist es, das zentrale Problem zu erfassen, die Intention des Autors aus der Fülle der Aussagen herauszuschälen und die wichtigsten Argumente, die die vorgetragene Intention stützen, zu finden und zu analysieren.
- Bei Reden wäre zu fragen, ob überzeugend argumentiert oder ob eher überredet, manipuliert, verschleiert und mit Emotionalität und Suggestion Stimmung erzeugt wird. Aufschlussreich bei der Untersuchung von Reden ist es, nach Merkmalen zu suchen, die vielleicht eine Wir-Gruppe von einer Feind-Gruppe abgrenzen.
- Der Übergang zu literarischen Texten ist dann fließend, wenn die Autoren Dichter sind und in der Form des Essays schreiben.
- Bei Glossen und Polemiken kommt es sehr darauf an, Mittel der ironischen Übertreibung und Zuspitzung nicht zu überlesen.

Einen guten Eindruck macht es immer, wenn korrekt **zitiert** werden kann. Sie sollten nicht zu umfangreich zitieren oder dem Leser das Zitat wie den Stein der Weisen wortlos vor die Füße schieben. Zitate, oft nur ein Satzfetzchen oder ein besonderes Wort, werden gewählt, weil sie aufschlussreich und vielsagend sind: Man muss also damit arbeiten, sie erläutern und kommentieren. Überhaupt ist es das A und O aller Interpretation, in die eigene Sprache hineinzuholen, was man vorfindet. Wer sprachfaul nur wiederholt, was der Autor sagt, bleibt gleichsam erkenntnisblind. Die Anstrengung dagegen, Fremdes selbstständig in der eigenen Sprache wiederzugeben, wirft unwillkürlich Fragen auf und bedeutet damit den ersten Schritt zum Verständnis eines Textes.
Sehr ratsam ist es, über ein paar **Fachbegriffe** so zu verfügen, dass über Erzähltes und Dargestelltes präzise gesprochen werden kann. Man sollte etwa schreiben können: „Die Peripetie erkennt man in dem Moment, in dem …“ Oder: „Hier wird der Beziehungsaspekt wichtiger als der Inhalt.“ Oder: „In diesen Ellipsen, diesen Kurzsätzen ohne Prädikat, drückt sich aus, wie …“ – Achten Sie darauf, dass Sie Wortarten, Satzteile und Nebensatztypen korrekt bezeichnen können. Üben Sie sich darin, die wichtigsten rhetorischen Figuren zu erkennen und darüber hinaus aufzeigen zu können, wie diese gestalteter Sprache ihre Wirkung verleihen. (Eine gute Übersicht rhetorischer Figuren findet sich in dem folgenden Band: Werner Winkler, *Prüfungswissen Oberstufe,* Freising: Stark Verlag 2012, Titel-Nummer: 94400, dort S. 18–21.)

4 Anforderungsbereiche und Operatoren

4.1 Anforderungsbereiche (AFB)

In der EPA werden drei Anforderungsbereiche definiert, die sich in jeder Aufgabe – in jeweils leicht variierenden Anteilen – wiederfinden. Die einzelnen Bereiche bauen aufeinander auf und verlangen von Ihnen einen zunehmenden Grad an Abstraktionsfähigkeit und Problemlösungsvermögen. In jedem Bereich gilt es, eine Verstehensleistung, eine Argumentationsleistung und eine Darstellungsleistung zu erbringen.

- **Anforderungsbereich I** betrifft die Reproduktion: die Wiedergabe von gelernten Sachverhalten sowie die wiederholende Zusammenfassung. Der im Unterricht erarbeitete Hintergrund an Lektüre- und Faktenwissen, fachspezifische Arbeitstechniken, Methoden der Texterschließung sowie Darstellungstechniken sollen zum Einsatz gebracht werden.
- **Anforderungsbereich II** zielt auf die Anwendung erworbener Arbeitsweisen, auf Reorganisation von Bekanntem und Transferleistungen. Dabei geht es um selbstständiges Auswählen, Ordnen, Erläutern, Interpretieren oder Vergleichen. Erwartet wird von Ihnen eine eigenständige, argumentativ begründete Interpretation beziehungsweise Erörterung, die zeigt, dass Sie in der Lage sind, Gelerntes auch auf unbekannte Zusammenhänge anzuwenden. Auf dem AFB II liegt in der Abiturprüfung das Hauptgewicht, die Teilaufgabe wird auch entsprechend stark bewertet.
- **Anforderungsbereich III** betrifft die gedankliche Selbstständigkeit der Leistung: Hier müssen Sachverhalte und Zusammenhänge eigenständig ausgewertet, durchdacht, begründet beurteilt oder gestaltet werden. Sie sollen zu einer differenzierten und kritischen Wertung von Texten und Sachverhalten gelangen und Ihre Fähigkeit zur Reflexion und Problemlösung beweisen.

Im Thüringer Zentralabitur wird allerdings oftmals nur ein umfassender Operator (Arbeitsanweisung) wie „erörtern“, „interpretieren“ oder „analysieren“ eingesetzt, der immer Leistungen in allen drei Anforderungsbereichen verlangt. Da diese in der Aufgabenstellung also selten weiter differenziert werden, entfällt eine erste Strukturierungshilfe. Folglich haben Sie aber auch mehr Freiraum beim Gliedern Ihres Aufsatzes. Überprüfen Sie vor Beginn der Niederschrift Ihres Aufsatzes noch einmal, ob die Inhalte und Überlegungen Ihres Konzepts alle drei Anforderungsbereiche abdecken.

4.2 Operatoren

Operatoren sind Arbeitsanweisungen. Sie machen deutlich, welche Art von Aufgabenstellung gemeint ist, lassen sich den einzelnen Anforderungsbereichen zuordnen und geben einen Hinweis auf das Gewicht der entsprechenden Aufgabe. Durch ihre konkreten Vorgaben dienen Operatoren sowohl dazu, Arbeitsaufträge eindeutig zu formulieren und voneinander abzugrenzen, als auch einheitliche Bewertungs- und Korrekturmaßstäbe zu setzen. Die folgende Operatorenliste basiert auf den Vorgaben der EPA und bietet ein breites Spektrum an Arbeitsaufträgen, die Ihnen in einer Abiturprüfung begegnen können.

Anforderungsbereich I (Reproduktion)

(be)nennen	Hier sollen Sie zielgerichtet Informationen zusammentragen, ohne diese zu kommentieren.	*Nennen Sie die wesentlichen Merkmale* eines Sonetts.
beschreiben	Textaussagen oder Sachverhalte müssen in eigenen Worten strukturiert und fachsprachlich richtig dargestellt werden.	*Beschreiben Sie die äußere Form* des Gedichtes.
wiedergeben	Sie sollen Informationen aus dem Vorwissen beziehungsweise dem Material zusammenfassend in eigenen Worten präsentieren.	*Geben Sie die Hauptgedanken* der Rede *wieder.*
zusammenfassen	Es wird von Ihnen erwartet, dass Sie Inhalte, Aussagen, Zusammenhänge komprimiert wiedergeben.	*Fassen Sie die* unterschiedlichen *Meinungen* zum Thema X *zusammen.*
darstellen	Sie haben die Aufgabe, einen Sachverhalt, Zusammenhang, eine methodische Entscheidung zu formulieren.	*Stellen Sie die Wirkungsabsicht dar*, die der Autor mit seinem Text verfolgt.

Anforderungsbereich II (Reorganisation und Transfer)

untersuchen, erschließen	Hier müssen Sie an Texten, Textaussagen, Problemstellungen, Sachverhalten kriterienorientiert arbeiten.	*Untersuchen Sie*, inwiefern *die rhetorischen Mittel* die Aussageabsicht verstärken. *Erschließen Sie* anhand der Bildsprache *die Grundstimmung des Textes.*
einordnen	Sie sollen einen Inhalt, eine Problemstellung, einen Sachverhalt auf einen vorgegebenen oder selbst gewählten Kontext beziehen.	*Ordnen Sie* dieses Naturgedicht *epochal ein.*
charakterisieren	Es wird erwartet, dass Sie eine Person oder Sache in ihren Eigenheiten darstellen, treffend und anschaulich schildern.	*Charakterisieren Sie den Protagonisten* in Goethes Drama *vor dem Hintergrund der Epoche* des Sturm und Drang.
vergleichen	Sie sollen Texte, Problemstellungen, Sachverhalte unter vorgegebenen oder selbst gewählten Aspekten einander gegenüberstellen, in Beziehung zueinander setzen und Gemeinsamkeiten und Unterschiede feststellen.	*Vergleichen Sie die Figurenkonstellation* mit derjenigen im Drama X. *Vergleichen Sie Art und Wirkung der Metaphorik* in beiden Gedichten.
kennzeichnen	Es kommt bei dieser Aufgabe darauf an, Typisches herauszustellen.	*Kennzeichnen Sie* das vorliegende Gedicht als expressionistischen Text.
erklären	Es wird von Ihnen erwartet, dass Sie Textaussagen und Sachverhalte auf der Basis von Kenntnissen differenziert darstellen.	*Erklären Sie* Brechts Dramentheorie *anhand des vorliegenden Textausschnittes.*

erläutern	„Erläutern“ entspricht „erklären“, enthält jedoch den zusätzlichen Aspekt, dass Sie Ihre Ergebnisse durch Zusatzinformationen und Beispiele veranschaulichen sollen.	*Erläutern Sie* Schillers Theaterverständnis, indem Sie sich auch auf sein Drama X beziehen.
in Beziehung setzen	Sie haben die Aufgabe, Analyseergebnisse, Textaussagen, Sachverhalte, Problemstellungen mit vorgegebenen oder selbst gewählten Aspekten in Verbindung zu bringen.	*Setzen Sie Ihr Analyseergebnis in Beziehung* zur aktuellen Medienkritik am Privatfernsehen.

Anforderungsbereich III (Reflexion und Problemlösung)

beurteilen	Sie müssen zu einem Text, der ästhetischen Qualität eines Textes, einem Sachverhalt zu einem selbstständigen, begründeten Sachurteil gelangen, und zwar nicht gestützt auf subjektive Werte, sondern auf Fachwissen.	*Beurteilen Sie den Versuch des Autors*, die Ereignisse und Folgen des 11. September 2001 in lyrischer Form darzustellen.
bewerten	Es wird von Ihnen erwartet, dass Sie zu einem Sachverhalt, Text oder Problem selbstständig Stellung nehmen und ihn/es unter Bezug auf eine Wertordnung angemessen beurteilen.	*Bewerten Sie* Jandls lyrische „Sprachspiele“ vor dem Hintergrund Ihres eigenen Verständnisses von der Aufgabe der Lyrik in der Gegenwart.
(kritisch) Stellung nehmen	Hier geht es darum, die Einschätzung einer Problemstellung, eines Sachverhaltes, einer Wertung auf der Grundlage fachlicher Kenntnis und Einsicht nach kritischer Prüfung und Abwägung zu formulieren.	*Nehmen Sie zu den Aussagen* des Autors kritisch *Stellung*, indem Sie Erkenntnisse der Sprachsoziologie berücksichtigen.
begründen	Es ist wichtig, dass Sie ein Analyseergebnis, Urteil, eine Einschätzung, eine Wertung fachlich und sachlich absichern (durch einen entsprechenden Beleg, Beispiele, eine Argumentation).	Schreiben Sie dem Verfasser eine Antwort; *begründen Sie* anschließend die von Ihnen gewählte Darstellungsform und die von Ihnen gewählten Stilmittel.
sich auseinandersetzen mit	Sie sollen zu einer (fachlichen) Problemstellung oder These eine Argumentation entwickeln, die zu einem begründeten und nachvollziehbaren Ergebnis führt.	*Setzen Sie sich mit der Position* des Schriftstellers vor dem Hintergrund Ihrer Kenntnisse des Vormärz *auseinander.*
prüfen, überprüfen	Hier müssen Sie eine Textaussage, These, einen Sachverhalt auf der Grundlage eigener Kenntnisse, Einsichten oder Textkenntnis auf ihre/seine Angemessenheit hin untersuchen.	*Überprüfen Sie die Stimmigkeit* der Aussage anhand der Gliederung und der rhetorischen Mittel.
schreiben, gestalten	Erarbeiten Sie hier in Verbindung mit einer Textvorlage, auf der Grundlage einer konkreten Arbeitsanweisung, einen eigenen Text nach ausgewiesenen Kriterien.	*Gestalten Sie ein Flugblatt* textlich und grafisch, das die Intention der analysierten Rede widerspiegelt. *Schreiben Sie* einen inneren Monolog, in dem der Erwachsene das Gespräch reflektiert.

analysieren, interpretieren	**Literarische Texte:** Texterfassung, Textbeschreibung, Textdeutung (unter Berücksichtigung des Wechselbezuges von Textstrukturen, Funktionen und Intentionen, Erfassen zentraler strukturbildender, genretypischer, syntaktischer, semantischer und rhetorischer Elemente und ihrer Funktionen für das Textganze), kritische Reflexion und gegebenenfalls Wertung. **Sachtexte:** Texterfassung, Textbeschreibung, Textuntersuchung (Zusammenhang Textstruktur und Textintention, strukturbildende semantische, syntaktische Elemente unter Berücksichtigung der sprachlichen Funktion); Erfassen der pragmatischen Struktur des Textes unter besonderer Berücksichtigung der Argumentationsweise; Erkennen und gegebenenfalls Beurteilen des Zusammenspiels von Struktur, Intention und Wirkung im Rahmen des historischen und aktuellen Verstehenshorizontes.	*Interpretieren Sie* das vorliegende Gedicht. *Analysieren Sie* beide Gedichte vergleichend. *Interpretieren Sie* den vorliegenden Text *vor dem Hintergrund* der Ihnen bekannten Dramentheorien. *Analysieren Sie* die Rede *unter Berücksichtigung* der Anmerkungen. *Analysieren Sie* den vorliegenden Text *im Hinblick auf die Argumentationsstruktur.*
erörtern	Es wird von Ihnen erwartet, dass Sie eine These oder Problemstellung, eine Argumentation durch Für-und-Wider- beziehungsweise Sowohl-als-Auch-Argumente auf ihre Stichhaltigkeit hin prüfen und auf dieser Grundlage eine Schlussfolgerung beziehungsweise eigene Stellungnahme dazu entwickeln.	*Erörtern Sie die Notwendigkeit* von Sprachförderkonzepten im Zusammenhang mit den Aussagen der beiden vorliegenden Texte.

5 Tipps

5.1 Praktische Tipps

Die **Wahl der Aufgabe** sollte sorgfältig getroffen werden, denn von der „richtigen“ Aufgabe hängt ganz wesentlich der Erfolg der Arbeit ab. Deshalb sollten Sie nicht nur die Textvorlage, sondern auch die Aufgabenstellung genau lesen und für sich selbst folgende Fragen beantworten:

- Was genau wird verlangt: Reproduktion, Erarbeitung, Beurteilung, Stellungnahme, Vergleich, Eigengestaltung?
- Welches ist die Schwerpunktaufgabe? Liegt sie mir?
- Welche Aufgabe fordert mich heraus? Wo kann ich meine Stärken einbringen?
- Ausschlaggebend sollte nicht die vermeintliche Leichtigkeit einer Aufgabe sein, sondern die Möglichkeit, sie auf ergiebige und gehaltvolle Weise zu lösen. Auch die Gelegenheit, Kenntnisse aus dem Unterricht einzubringen, ist ein Aspekt bei der Entscheidungsfindung.

Grundsätzlich gibt es zwei Aufgabentypen: die Reproduktions- und die Erarbeitungsaufgabe.

- Zum ersten Typus gehört alles, was man „im Kopf" hat (oder haben sollte), wenn man den Prüfungsraum betritt: Wissen um Gattungen, Epochen, Autoren, Stoffe, Werke – kurz, das Hintergrundwissen, das für jede Bearbeitung und Einordnung nötig ist. Sie sollten es parat haben und nur noch entscheiden müssen, was davon im vorliegenden Zusammenhang relevant ist.
- Einen anderen Charakter hat die Erarbeitungsaufgabe: Hier liegt das Wissen noch nicht bereit, es ist mithilfe geeigneter Methoden erst zu erschließen. Das ist natürlich arbeits- und zeitaufwendiger als das Reproduzieren. Erarbeitungsaufgaben sind daher immer Schwerpunktaufgaben.

Ist die Entscheidung gefallen, sollten Sie möglichst nicht mehr wechseln, denn das wäre verschenkte Zeit.

Eine grobe **Zeitplanung** ist immer hilfreich. Die 330 Minuten Bearbeitungszeit entsprechen einem sechsstündigen Unterrichtsvormittag. Es liegt also nahe, eine Grobplanung im 45-Minuten-Takt vorzunehmen. Bei Analyseaufgaben könnte man zum Beispiel zwei Unterrichtsstunden für die Konzeptphase ansetzen – Textmarkierungen, Skizzen, Aufsatzgliederung, Disposition, Ausformulierung von Kern- und Gelenkstellen –, etwa zwei Stunden für die Reinschrift und eine Stunde für die Durchsicht und Feinkorrektur. Damit wären circa fünf Stunden verplant, sodass abzüglich der Pausen noch ein Puffer von einer Stunde bleibt. Pausen sollte man erst nach Beendigung eines Arbeitsganges einlegen, im Idealfall erst vor der Reinschrift.

5.2 Hinweise zu Bewertungskriterien

Die Note ist eine Gesamtwürdigung der erbrachten Leistung und wird auf alle drei Anforderungsbereiche bezogen. Dabei gilt aber wie für die Aufgabenstellung, dass diese nicht ausdifferenziert, sondern immer im Zusammenhang als *eine* inhaltliche, methodische und sprachliche Leistung betrachtet werden. Genauso wie die Operatoren unterschiedliche Herangehensweisen von Ihnen verlangen, haben die Aufgabenstellungen auch Einfluss auf die Auswahl der Bewertungskriterien.

Die Benotung des schriftlichen Abiturs im Punktesystem lässt sich aus dem Thüringer Lehrplan für das Fach Deutsch ableiten. Danach wird besonders viel Gewicht darauf gelegt, dass

- Ihr Aufsatz den Bezug zur Aufgabenstellung einschließlich Adressaten- und Situationsbezug herstellt,
- Ihre Darstellung und Ihr Verständnis der Materialien sowie der Thematik den prinzipiellen Ansprüchen an Abiturienten entsprechen,
- Fähigkeiten in den Bereichen der Analyse, der Abstraktion, des Transfers und der Argumentation deutlich werden, damit Ihre Lösungen plausibel sind,
- Ihre Herangehensweise selbstständig und gegebenenfalls auch kreativ ist,
- die Sprache und die Form Ihrer Arbeit angemessen und fehlerfrei sind.

Selbstverständlich sollte das im Rahmen des Anforderungsbereiches I wiedergegebene Wissen nicht nur Themenbezug besitzen, sondern auch sachlich richtig sein. Vermeiden Sie es daher, fachliche Bezüge herzustellen, die sich im Thema nicht deutlich genug widerspiegeln lassen. Qualität geht vor Quantität.

Hinweise und Tipps zur mündlichen Abiturprüfung

1 Allgemeines

Eine mündliche Abiturprüfung gibt es in jedem Fall im vierten Prüfungsfach. Sollten Sie die Seminarfachleistung nicht in das Abiturergebnis einbringen wollen, kann auch die zweite mündliche Prüfung (fünftes Prüfungsfach) im Fach Deutsch abgelegt werden. Daneben sind weitere Prüfungen im ersten bis dritten Prüfungsfach möglich, wenn die Leistung in den Abiturklausuren mit null Notenpunkten bewertet worden ist oder ein Prüfling sich für eine freiwillige mündliche Prüfung meldet, zum Beispiel um seinen Abiturdurchschnitt zu verbessern. Für mündliche Prüfungen im ersten bis dritten Fach gilt, dass sie nicht dem Stoffgebiet der Abiturklausur entsprechen dürfen.

Die mündliche Prüfung enthält in der Regel zwei gleichwertige Elemente, durch die einerseits die Fähigkeit zum **Vortrag**, andererseits die Fähigkeit zur Beteiligung am **Prüfungsgespräch** überprüft wird. Es gelten ansonsten grundsätzlich dieselben Kriterien für die Bewertung wie bei den schriftlichen Anforderungen, wobei es besonders darauf ankommt, dass man auch in mündlicher Rede gewandt und präzise argumentiert, ohne den Faden zu verlieren.

Zunächst erhalten Sie eine Aufgabenstellung, die aus einer oder mehreren Teilaufgaben bestehen kann. Für die Bearbeitung dieser Aufgabe stehen Ihnen im Vorbereitungsraum 20 Minuten zur Verfügung. Innerhalb dieser Zeit sollen Sie einen 10- bis 15-minütigen Vortrag vorbereiten, der in sich geschlossen und logisch untergliedert ist. Während des Vortrages können Sie sich auf die Texte sowie auf Ihre stichwortartigen Aufzeichnungen stützen.

Die Kürze der Vorbereitungszeit schließt aus, dass Sie Ihren Vortrag schriftlich ausformulieren; vielmehr ist es, ähnlich wie bei der Sichtungsphase in der Klausur, notwendig, den Vortrag durch sinnvolles Markieren und knappe Anmerkungen vorzubereiten.

Der zweite Prüfungsteil besteht aus einem Prüfungsgespräch, in dem Ihr Hintergrundwissen und Ihre Fähigkeit, größere fachliche und sachliche Zusammenhänge zu erschließen, überprüft werden.

Nutzen Sie für dic Vorbereitung im Vorfeld des Prüfungstermins mögliche Angebote der prüfenden Fachlehrer zu Konsultationen beziehungsweise Sprechstunden. Sie können sich dabei auch über schulinterne Kriterien informieren. Gerade im Fachbereich Deutsch kann ein besonderes Gewicht auf der sprachlich-rhetorischen Gestaltung liegen.

Die größten Schwierigkeiten der mündlichen Abiturprüfung liegen bei dem zusammenhängenden, gegliederten Vortrag. Obwohl in der Oberstufe mindestens im Kolloquium des Seminarfaches mündliche Vorträge geübt werden, fehlen für die speziellen Bedingungen des ersten Prüfungsteils (geringe Vorbereitungszeit, vorgegebene Auswahl an Materialien) konkrete Erfahrungen. Daher folgen hier Tipps, wie Sie sich auf diese Prüfungssituation vorbereiten und Ihren Vortrag ansprechend gestalten können.

Tipps für die 20-minütige Vorbereitung

- Themenstellung: Was ist die Zielrichtung der Arbeitsanweisung?
- Operatoren: Welche konkreten Anforderungen werden gestellt? Bei Mehrteiligkeit: Welche Gliederungshilfe bieten die Teilaufgaben? Welcher Aufgabe kommt das größte Gewicht zu?
- Einstieg: Mit welcher Einleitung führt man den Vortrag schnell und stringent zum Kern der Aufgabenstellung?
- Texte: Fachbegriffe an den Rand schreiben, Quellen-Anmerkungen ergänzen, Stichworte für den Vortrag festlegen; wichtige Zitatstellen markieren.
- Gliederung: Nummerieren Sie Ihre Markierungen, damit Sie Ihren Vortrag anhand dieser Reihenfolge gestalten können.
- Beenden Sie Ihren Vortrag mit einem klaren Fazit.
- Grobstruktur: Nennung der Aufgabenstellung – Einleitung – Bearbeitung der Teilaufgaben – Schlussteil.

Tipps für den 10- bis 15-minütigen Vortrag

- Zeitmanagement: Legen Sie eine Armbanduhr neben Ihr Konzept, schreiben Sie, bevor Sie zu sprechen anfangen, den konkreten Zeitraum für Ihren Vortrag auf Ihr Konzept – so haben Sie klare zeitliche Anhaltspunkte.
- Nutzen Sie die Anmerkungen, die Sie während der Vorbereitungszeit angefertigt haben, als Leitfaden Ihres Vortrages.
- Sprechen Sie möglichst frei, klammern Sie sich nicht an Ihr Konzept.
- Sprechen Sie klar, deutlich und hinreichend laut.
- Achten Sie auf ein angemessenes Sprechtempo und sprechen Sie nicht zu schnell.
- Vermeiden Sie sowohl „Endlossätze" als auch Aneinanderreihungen und monotone Satzanfänge („Und … und … und …").
- Verwenden Sie die Fachsprache, die Sie gelernt haben, um zu verdeutlichen, dass Sie Ihr Metier beherrschen.
- Zitate/Textbelege: Verdeutlichen Sie während des Vortrages, woher Sie Ihre Aussagen beziehen, indem Sie Kernstellen mit Zeilenhinweis anführen.
- Ein gelegentlicher Blickkontakt zu Ihrem Prüfer oder den übrigen Beisitzern zeugt von einem souveränen Umgang mit der Situation und den Kommunikationsregeln.
- Bewegen Sie sich bei Ihrem Vortrag auf einer einheitlichen Sprachebene und vergegenwärtigen Sie sich, dass die Adressaten Ihres Vortrags Deutschlehrerinnen und Deutschlehrer, also Fachleute sind.
- Beziehen Sie nonverbale Mittel (Mimik, Gestik) sinnhaft und ohne Übertreibung in Ihren Vortrag ein.

Sie können diesen ersten Teil der mündlichen Prüfung üben, indem Sie Arbeitsaufträge aus diesem Band zugrunde legen, die Vorbereitungszeit exakt einhalten und zwei Kursmitglieder als fiktive Prüfungskommission hinzuziehen. Lassen Sie sich anschließend von diesen begründet darlegen, ob Ihr Vortrag sprachlich und inhaltlich verstanden wurde. Ebenso können Sie natürlich in der Familie oder im Freundeskreis das Referieren trainieren oder zu diesem Zweck Ihren Vortrag selbst aufnehmen und überprüfen.

Die zeitliche Dauer des zweiten Prüfungsteils entspricht derjenigen des ersten Teils: 10 bis 15 Minuten je nach Verlauf. Das Thema des Prüfungsgesprächs muss einem anderen Kurshalbjahr entnommen sein als der für den vorangegangenen Vortrag vorgegebene Gegenstand. Meistens stellt der Prüfer durch eine kurze Überleitung einen Zusammenhang zwischen Ihrem Vortrag und dem Gegenstand des zweiten Teils der Prüfung her; das gibt auch Ihnen die Gelegenheit, an Ihren Vortrag anzuknüpfen. Sie sollten sich dabei aber nicht wiederholen oder gar den Eindruck erwecken, dass Sie dem Thema des Prüfungsgespräches ausweichen wollen.

Im weiteren Verlauf sollen Sie Ihre Kommunikationskompetenzen im Rahmen eines Fachgespräches unter Beweis stellen: Zeigen Sie sich also als gewandter Gesprächspartner, der adressatengerecht und sachkundig die Fragen und Impulse aufgreift sowie möglichst selbstständig und ergiebig damit umgeht.

Tipps für das Prüfungsgespräch

- Sprechanteil: Je eigenständiger und umfassender Sie als Prüfling mit den Fragen und Impulsen umgehen, desto besser! Begnügen Sie sich nicht mit Kurzantworten, führen Sie länger aus.
- Erfassen der Frageintention: Achten Sie auf die Operatoren und auf fachliche Kernbegriffe. Führen Sie sinnvolle Beispiele oder Vergleiche aus dem Unterricht an, zeigen Sie Ihr Hintergrund- und Allgemeinwissen. Aber schweifen Sie nicht ab, bleiben Sie beim Thema.
- Gesprächsaufbau durch den Prüfer: In der Regel gestaltet der Prüfer ein solches Gespräch nach dem Prinzip „Vom Einfachen zum Schwierigen, vom Einzelfallbeispiel zum Allgemeinen/Modellhaften“. Wenn Sie einen Bezug zu einer Ihnen passend erscheinenden Theorie oder zu einem aus dem Unterricht bekannten Beispiel selber herstellen können: Tun Sie dies!
- Unterrichtsbezüge: Hintergrund aller Fragen und Impulse ist das aus dem Unterricht Bekannte. Stellen Sie also nach Möglichkeit über das gerade angesprochene Einzelbeispiel hinaus Vergleiche zu dem im Unterricht Behandelten an, weisen Sie auf Gemeinsamkeiten oder auch auf Unterschiede hin. Machen Sie somit deutlich, dass Sie den Gesprächsgegenstand aus dem Prüfungsgespräch in größere Zusammenhänge einordnen können.
- Verständnisprobleme: Sollten Sie mit einer einzelnen Frage einmal nichts anfangen können, verlieren Sie keine Zeit und bitten Sie an einer solchen Stelle um eine kurze ergänzende Erläuterung.
- Unterbrechungen: Lassen Sie sich nicht irritieren. Der Prüfer möchte Ihnen entweder zurück auf den Haupt(frage)weg helfen oder den Themenschwerpunkt wechseln, was vielleicht nur daran liegt, dass die Prüfungszeit allmählich knapp wird. Werten Sie solche Unterbrechungen in jedem Fall als für Sie günstig und hilfreich.
- Mimik und Gestik: Lassen Sie sich nicht durch Äußerlichkeiten irritieren. Die Prüfer werden sich bemühen, eine neutrale Atmosphäre herzustellen. Wenn das Prüfungsgespräch beispielsweise weniger persönlich verläuft als eine normale Unterrichtsstunde, ist das kein beunruhigendes Zeichen.

Deutsch (Thüringen): Abiturprüfung 2011
Aufgabe 1: Freie Erörterung

Johann Wolfgang von Goethe (1749–1832)

„Was du ererbt von deinen Vätern hast,
Erwirb es, um es zu besitzen.
Was man nicht nützt, ist eine schwere Last; […]"

In: Faust. Der Tragödie erster Teil. Szene Nacht, Vers 682 ff.

Arbeitsanweisung

Erörtern Sie Goethes Worte. Gehen Sie dabei darauf ein, in welcher Weise Literatur und Kunst vergangener Zeiten **Ihr** Leben beeinflussen.

Hinweise und Tipps

Die **Arbeitsanweisung** verlangt von Ihnen, sich mit Goethes Worten, folglich mit dem Zitat aus *Faust*, auseinanderzusetzen und dabei darauf einzugehen, in welcher Weise Literatur und Kunst vergangener Zeiten **Ihr** Leben beeinflussen. Das Anredepronomen **Ihr** ist fett gedruckt, was ein besonderer Hinweis darauf ist, dass sich die Beispiele für den Umgang mit Literatur und Kunst wirklich auf **Sie selbst** beziehen müssen. Außerdem sollen sie aus **vergangenen Zeiten** stammen, wodurch auf das Abiturthema, das Zitat des Musikers Gustav Mahler „Tradition ist nicht die Anbetung der Asche, sondern die Weitergabe des Feuers", verwiesen wird. Wer sich für dieses **Thema** entscheidet, sollte gern lesen sowie des Öfteren in Bibliotheken, Museen, Kirchen und Kunstausstellungen unterwegs sein. **Goethes „Faust"** zu kennen ist nicht allein von Vorteil, sondern eine Voraussetzung, um der Fragestellung angemessen begegnen zu können. Zunächst ist es ratsam, das Zitat im **Drama** *Faust* zu verorten und kurz auf die Titelfigur einzugehen. Die differenzierte Auswertung mündet in das **Abiturthema**, das inhaltlich darauf verweist, dass Überkommenes eine nutzlose Last sei, wenn man es sich nicht aktiv aneigne. Aus dem Musikunterricht werden Sie wissen, dass der Autor der Zeilen **Gustav Mahler** selbst ein Reformer war und demzufolge seinem eigenen Anspruch gerecht geworden ist. Im Folgenden empfiehlt es sich, das Spannungsfeld zwischen **Tradition und Innovation** auszuleuchten und es mit passenden Beispielen dafür anzureichern, wie Überlieferung in der **Gegenwart** fortwirkt. Sie sollten darauf verweisen, dass Tradition ein ambivalentes Phänomen ist, und verdeutlichen, dass sie einerseits Zugehörigkeitsgefühl, aber andererseits Fessel bedeuten kann. Im Weiteren sollten Sie Ihren individuellen Umgang mit Kunst und Literatur erläutern sowie konkrete Kenntnisse zu ausgewählten künstlerischen Werken verschiedener Genres in Musik, Literatur und Malerei nachweisen, kurz: **persönliche Akzente** setzen. Im Lösungsvorschlag finden Sie Angebote, wie den Verweis auf Märchen, auf die Musik der Gruppe *In Extremo*, Kirchenbauten bzw. deren Umnutzung etc. Diese können nur Anregungen für das Beschreiben eigener Erfahrungen im Umgang mit dem kulturellen Erbe geben. Es ist sicher nicht falsch, neben den Beispielen für Literatur vergangener Zeiten auch eine moderne Heldin, hier Mia Holl aus Julie Zehs Roman *Corpus Delicti*, mit anzuführen. Nun fehlt noch eine Idee für **Einleitung und Schluss**. Vielleicht ging es Ihnen so wie im Vorschlag ausgeführt und Sie haben bei dem Begriff „Erben" zunächst an Nachlass gedacht. Diesen „Denkfehler" könnten Sie für Beginn und Abrundung Ihres Aufsatzes nutzen.

Lösungsvorschlag

Einleitung
„Was du ererbt von deinen Vätern hast, / Erwirb es, um es zu besitzen. / Was man nicht nützt, ist eine schwere Last; [...]". Wenn ein literarisch Unkundiger diese Worte Goethes hört oder liest, könnte er denken: „Aha, Thema Nachlass". Nachlass als Gesamtheit dessen, was ein Verstorbener seinen Erben hinterlässt: im günstigen Falle Geld, Immobilien, Antiquitäten, Bücher; im ungünstigen Schulden. Aber das ist es nicht, was der Autor der Zeilen aus dem ersten Teil der Tragödie *Faust* im Sinne hatte.

Hauptteil
Heinrich **Faust**, die Titelfigur, ist von der Wissenschaft, von seinem Gelehrtenleben zutiefst enttäuscht, weil ihn das Studium der vier Fakultäten der Universität nicht klüger gemacht und er seinen Studenten nichts zu sagen habe. Seine Tätigkeit habe ihm weder das ersehnte Wissen noch Gut, Geld oder Ehre eingebracht. In der Szene *Nacht* reflektiert er sein bisheriges Dasein und kommt zu dem Ergebnis, dass er ohne Magie niemals herausfinden werde, „was die Welt / Im Innersten zusammenhält" (V. 353 f.). Er beschwört den Geist des Makrokosmos und den Erdgeist. Aber beide Versuche, aus seinen Grenzen auszubrechen, enden mit einem Misserfolg. Der Erdgeist, so wird Faust bewusst, hat ihn „ins ungewisse Menschenlos" (V. 629) zurückgestoßen. Den Menschen treibe unaufhörlich die Sorge um „Haus und Hof" (V. 648), um seine Angehörigen, vor drohenden Gefahren um. Es sei so, wie es in den Büchern stehe, „dass überall die Menschen sich gequält" (V. 662). Die in seiner Studierstube verstaubenden Bücher und Gerätschaften hält Faust für nutzlosen „Trödel", wie er im Eingangsmonolog das Wissen der Fakultäten als nutzlos eingeschätzt hat. Überkommenes sei demnach eine überflüssige Last, wenn man es sich nicht neu aneigne und in Gebrauch nehme. **Gustav Mahler** hat das eine Generation nach Goethe in die Worte gefasst, die das aktuelle **Abiturthema** darstellen: „Tradition ist nicht die Anbetung der Asche, sondern die Weitergabe des Feuers". Mahler selbst, Musiker im Übergang von der Spätromantik zur Moderne, traute sich, die Gesetze, die für Sinfonien herrschten, zu durchbrechen, und hielt sich nicht an Konventionen. So verwendete er Elemente der Volks-, Tanz-, Klezmer- und sogar der Militärmusik, um seinen Kompositionen einen nie gehörten Klang zu verleihen. Somit wurde er als Reformer seinem eigenen Anspruch gerecht. Mahler verband in seinen Werken immer wieder die Literatur mit der Musik. Außer Märchen- und Sagenstoffen setzte er ebenso Texte von Grillparzer, Rückert und aus Goethes *Faust* ein, wodurch die Verbindung zwischen dem Dichter und dem Musiker hergestellt werden kann. Goethe seinerseits griff für sein Drama auf einen Stoff zurück, der von den ersten Geschichten über den historischen Faust, über die Sage, das Volksbuch und das Puppenspiel zahlreiche Umformungen erfahren hat und weiterhin erfährt.

Die viel zitierte Weisheit aus dem *Faust*, die Thema dieses Abituraufsatzes ist, wird im darauf folgenden Vers in maßlos überspitzte **Umkehrung** gebracht: „Nur was der Augenblick erschafft, das kann er nützen" (V. 685). Damit wird der Wert verfügbarer Werkzeuge, vorhandener Einrichtungen, im Grunde der Sinn kultureller Beständigkeit geleugnet. Weder Anbetung der Asche noch Weitergabe des Feuers. Wer weiß, wo die Menschheit stünde, wenn sie sich den Vers tatsächlich zu eigen gemacht hätte.

Jede Generation befindet sich in dem Spannungszustand zwischen **Tradition und Innovation**. Vernünftig ist es, Bewährtes zu erhalten und fortzuführen, Überholtes zurückzulassen sowie Neues zu entwickeln. Ein gutes Beispiel für dieses Prinzip ist das **Rad**. Seine auf das 4. Jahrtausend v. Chr. datierte Erfindung und Verwendung an einem Gefährt war vermutlich das in der Vorzeit wichtigste Ereignis für die Entwicklung der technischen Kultur. Die ersten Räder bestanden aus einer massiven Holzscheibe. Entwicklungsstufen waren der Pflug, der zweirädrige Transportkarren, der Streitwagen und der Schubkarren. Bis in die heutige Zeit haben Räder in den verschiedensten Bereichen eine große Bedeutung, vor allem in der Fahrzeugindustrie. Es können schwere Lasten in unwegsamem Gelände fortbewegt oder Menschen befördert werden. Räder kommen als Zahnräder, Handräder oder Lenkräder vor. Die Erfindung vor über 6 000 Jahren ist in ihrer Grundform erhalten geblieben. Daraus entwickelte Produkte lösen bis heute einander ab.

Eine weitere wichtige Erfindung, die sich als **grundlegende Kulturtechnik** manifestiert hat, ist die der **Schrift**. Sie begann vermutlich als Keilschrift mit der Buchführung im alten Mesopotamien. Es war nun möglich, Informationen festzuhalten, Erzählungen und Bräuche weiterzugeben, andere an Erzählungen teilhaben zu lassen – kurz: sich nicht alles merken zu müssen. Das Medium, auf dem Schrift dargestellt wird, wandelt sich seit dem ersten Keilschriftzeichen in Ton unablässig. Man meißelte in Stein, stichelte in Silber, ritzte in Holz, schrieb auf Leder, Papyrus, Pergament, bis schließlich das Papier fast in der ganzen Welt alle anderen Schriftträger ablöste. Die Erfindung des Buchdrucks leitete eine neue Ära ein, da es nun möglich war, Bücher schnell zu verbreiten und so gut wie jedem zugänglich zu machen. Die Alphabetisierung der Menschen schritt voran. Im digitalen Zeitalter können Computer Texte auf Speichermedien verwalten und die Übertragung auf Datenträger steuern. Papier ist nicht mehr nötig, um Schrift sichtbar zu machen. Es ist sicher eine Frage des Geschmacks, ob man ein modernes E-Book zur Hand nimmt oder in einem herkömmlichen Buch blättert mit vielen schönen Seiten aus Papier.

In allen Bereichen setzt sich **Tradition** in der Gegenwart auf verändertem Niveau fort, weil die Menschen nicht aufhören zu suchen und zu forschen, sodass sie zu immer neuen Erkenntnissen kommen. Vereine werben mit dem Slogan „Tradition vermitteln – Gegenwart gestalten – Zukunft fördern". Unter Tradition wird in der Regel die Überlieferung der Gesamtheit des Wissens, der Fähigkeiten sowie der Sitten und Gebräuche einer Kultur oder einer Gruppe verstanden. Dies kann mündlich oder schriftlich über Erziehung oder spielerisches Nachahmen erfolgen. Tradition ist in dieser Hinsicht das **kulturelle Erbe**, das von einer Generation zur nächsten weitergegeben wird. Die Sprache, akademisches Wissen und handwerkliches Können gehören ebenso dazu wie Rituale, künstlerische Gestaltungsauffassungen und moralische Regeln. Traditionen im Sinne von Brauchtum und kulturellem Erbe begegnen beispielsweise bei Hochzeiten, Dorffesten und im Zusammenhang mit kirchlichen Feiertagen. Tradition bedeutet einerseits **Zugehörigkeitsgefühl**, Geborgensein und Sicherheit, andererseits kann sie auch eine **Fessel** darstellen, die einen Menschen hindert, sich weiterzuentwickeln. Wenn es in einer Familie bisher Tradition war, dass alle männlichen Nachfolger wieder Juristen werden, dann kann sich das für einen Sohn, der keinerlei Interesse oder Talent für diesen Beruf zeigt, als Strafe herausstellen. Es ist fraglich, ob er unter solchen Umständen glücklich wird. Johann Wolfgang Goethe wurde auf Weisung des Vaters nach Leipzig zum Jurastudium geschickt. Da er sich schon seit der Kindheit mehr für Literatur und Theater interessierte, vernachlässigte er bald seine Studien. Trotzdem schloss er in Straßburg als Jurist ab und eröffnete in seiner Geburtsstadt eine kleine Anwaltskanzlei, die er bald zu Gunsten der Dichtung aufgab. Was dann aus ihm geworden ist, ist allgemein bekannt.

Jedes Kind sollte mit **Märchen** aufwachsen als einem unerschöpflichen Fundus von Überlieferungen. Märchen regen die Fantasie an, fördern das Gerechtigkeitsempfinden und das Allgemeinwissen. Das Kind lernt beizeiten, Märchen nachzuerzählen oder selbst eigene zu erfinden. Befürchtungen, die des Öfteren geäußert werden, dass das kindliche Gemüt durch die zum Teil grausame Handlung leide, sind nicht gerechtfertigt, denn Kinder vermögen ganz genau zwischen Fiktion und Realität zu unterscheiden. Dies ist eine Fähigkeit, die ihnen hilft, sich in ihrer Wirklichkeit zurechtzufinden und ein kritisches Denken zu entwickeln.

Tradition wird dann problematisch, also „eine schwere Last", wenn Formen sich verselbstständigen, deren ursprünglicher Sinn verloren gegangen ist. Die Begründung „Das haben wir schon immer so gemacht" kann nicht überzeugen. In verschiedenen Gegenden Deutschlands, auch in Thüringen, gab und gibt es jedes Jahr Diskussionen um den bei Dorffesten praktizierten Brauch des **Hahnenschlagens**. Ein Hahn wird in eine Mulde gesetzt und mit einem Tontopf abgedeckt. Wer diesen mit verbundenen Augen findet und mit dem Dreschflegel zertrümmert, ist Sieger und für ein Jahr Hahnenkönig. Teilweise muss der Hahn anschließend gefangen und erschlagen werden. Dies rief Tierschützer auf den Plan, die erreichten, dass heute zumeist Attrappen verwendet werden. Der Brauch gehört in die Ernte- bzw. Kirmeszeit. Dem erfolgreichen Hahnenschläger brachte er neben der Anerkennung bei Mädchen einen ganzen Hahn als Preis. Wenn er heute immer noch ausgeführt wird, dann losgelöst von den ursprünglichen Beweggründen. Es ist eine lustige Veranstaltung, bei der obendrein viel Alkohol fließt. Dass dabei keine Hähne mehr auf qualvolle Art sterben müssen, ist nur wünschenswert.

Traditionen, die **sich überlebt** haben oder die einer Gruppe von Menschen zum Nachteil gereichen, sollten verschwinden. Ein Beispiel dafür ist die lange praktizierte **Trennung von Jungen und Mädchen** in Schulen, welche eng mit der traditionellen Rollenverteilung der Geschlechter zusammenhing. Mädchen sollten auf ihre späteren häuslichen Pflichten als Gattin und Mutter vorbereitet werden. Es fehlten die Oberstufe, die auf ein Studium vorbereitete, und der zu einem Hochschulstudium qualifizierende Abschluss des Abiturs, weil es bis ins 18. Jahrhundert für Frauen nicht möglich war zu studieren. Heute laufen Schulversuche, die die eigentlich überwundene Trennung der Geschlechter im Unterricht unter einem neuen Ansatz als Vorteil darstellen. Man wolle pädagogische Wege finden, um die Fähigkeit des Miteinanderumgehens am besten zu fördern, indem man an die unterschiedlichen Lernvoraussetzungen von Mädchen und Jungen anknüpfe. Die Praxis wird zeigen, ob getrennter Unterricht tatsächlich sowohl das jeweilige Sozialverhalten als auch die Kenntnisse und Fähigkeiten der beiden Geschlechter besser voranbringt.

Aus verschiedenen Gründen drängt es Menschen dazu, sich in die **Vergangenheit** zurückzuversetzen. Mittelalterfeste haben großen Zulauf, die Begeisterung für Ludwig II., den bayrischen „Märchenkönig“, kennt kaum Grenzen und manche suchen die Einsamkeit eines Klosters bzw. eines abgelegenen Bauernhofes, um zu sich selbst zu finden. Obwohl jeder weiß, dass diese Zeiten ganz gewiss nicht die „guten alten“ gewesen sein können, wird diese Illusion heraufbeschworen, weil auch Erwachsene manchmal wieder Märchen brauchen, um die konfliktreiche Gegenwart für ein paar Stunden oder Tage zu vergessen.

Der beste Umgang mit dem **kulturellen Erbe** ist die **lebendige Auseinandersetzung** mit dessen Erzeugnissen: das Erwerben, um das Erbe zu besitzen, wie Goethe sich ausdrückte. Nicht das bloße Vorhandensein der Schriften, Gemälde, Kompositionen ist bedeutsam, sondern dass sie gelesen, gesehen, gehört werden. Im Zuge der Globalisierung ist es wichtig, dass jedes europäische Land, auch Deutschland, seinen unverwechselbaren Beitrag in die Gemeinschaft einbringt, damit die verschiedenen Kulturen ihre jeweils eigene Stimme, ihr jeweils eigenes Profil nicht verlieren. Dazu ist es aber notwendig, dass wir unsere kulturellen Traditionen kennen und mit einer gewissen Selbstverständlichkeit mit ihnen umgehen. Sie sind keine Betätigungsfelder für Gebildete oder besonders Qualifizierte, sondern jeder braucht diese Möglichkeit zur Selbstverständigung. In der Literatur werden Probleme und Konflikte, wie z. B. in der Liebe oder mit den Eltern, gespiegelt. Ein Bild kann eine fantasievolle Fluchtmöglichkeit darstellen, die nützlich ist, wenn man mit einem Lösungsansatz in die Realität zurückkehrt. Musik kann unbändige Lebensfreude hervorrufen, die Kraft gibt für die nächsten Aufgaben. Die Gruppe **In Extremo** hat sich 1999 produktiv mit den ältesten Literaturdenkmälern, die wir kennen, den Merseburger Zaubersprüchen, auseinandergesetzt. Herausgekommen ist eine äußerst lebendige Vertonung des althochdeutschen Textes, dessen kraftvolle, volkstümliche Stimmung sich auf die Zuhörer überträgt. Literatur und Kunst sind Spiegel der Vergangenheit, der Schöpferkraft unserer Vorfahren, Ausdruck ihres Lebens, ihrer Freude und Ohnmacht. Wir lernen unsere Geschichte kennen, wenn wir Kulturgut rezipieren, und begreifen in der Auseinandersetzung damit unsere eigene historische Situation.

Kirchen spiegeln im besonderen Maße Traditionen, die einerseits mit dem christlichen Glauben zusammenhängen, aber sich andererseits auf Baukunst, Bildhauerei, Malerei, Schnitzerei und Glasmalerei stützen. Alte Handwerks- und Kunsttechniken können dort bewundert werden. Ein Erlebnis ist ein Besuch des Naumburger Doms. Er verdankt seine kunsthistorische Bedeutung den Steinmetzarbeiten eines unbekannten Meisters, dem „Naumburger Meister", der die zwölf Stifterfiguren, darunter Ekkehard und Uta, schuf. Kirchen sind einerseits Gotteshäuser zum Ausüben des Glaubens, andererseits sind sie lebendige Museen, in denen jeder Besucher viel über das Leben und Wirken unserer Vorfahren lernen kann.

In letzter Zeit kann nicht mehr jede Kirche als Gotteshaus erhalten werden, aus Finanzgründen oder weil die Gemeinden zu klein geworden sind. Da sie nicht einfach verfallen sollen, werden sie anderen Zwecken zugeführt, denn „Was man nicht nützt, ist eine schwere Last". Besonders findig in der **Kirchenumnutzung** sind die Maastrichter, die aus drei der Sakralbauten ein Hotel, einen Buchladen und ein Museum gemacht haben. In Neubrandenburg gibt es ein Konzerthaus in einer Kirche und in Mühlhausen eine Bibliothek.

Bibliotheken sind auch im digitalen Zeitalter eine Fundgrube und ein Wissensspeicher für alle, die sich mit dem von den Vätern Ererbten auseinandersetzen wollen. So warten in langen Regalreihen Buchdeckel an Buchdeckel die Schätze der Weltliteratur auf Neugierige. Der Leser kann mit Odysseus auf Seereise gehen, mit Don Quijote gegen Windmühlen ankämpfen oder mit Gulliver Liliput und Brobdingnag besuchen. Welche **literarischen Figuren** beeindrucken junge Leute von heute? Jede literarische Epoche hat Helden hervorgebracht. Ist es Lessings Jude Nathan, der, obgleich seine gesamte Familie ausgelöscht wurde, für Toleranz unter den Menschen eintritt? Oder ist es Goethes Faust, der am Lebensende als größenwahnsinniger Großgrundbesitzer nach der Weltherrschaft trachtet? Oder sind es Manns Buddenbrooks, die sich vergeblich ihrem Verfall entgegenstemmen? Ein Buch, aus dem man viel über den Wissensdrang der Menschen lernen kann, ist **Daniel Kehlmanns „Die Vermessung der Welt"**. Dieser Roman beschreibt auf heitere Art das Leben und Forschen zweier Genies: Der eine, Alexander von Humboldt, vermisst ausgerüstet mit Barometer, Sextant und diversen anderen Instrumenten Anfang des 19. Jahrhunderts Südamerika. Er besteigt Vulkane, kriecht in Erdlöcher, pflückt Blüten von Sträuchern und schickt sogar mumifizierte Ureinwohner nach Berlin. Der andere, der Astronom und Mathematiker Carl Friedrich Gauß, erobert in Göttingen die Welt der Zahlen. Er berechnet die Bahnen von Himmelskörpern, schreibt wegweisende Abhandlungen zur Physik und zum Erdmagnetismus. Kehlmann lässt die beiden Besessenen in Berlin zusammentreffen. Das Buch braucht einen aufgeweckten Leser, denn es ist nicht einfach, Wahrheit und Fiktion auseinanderzuhalten.

In die Welt des 19. Jahrhunderts gehören neben den erwähnten Goethe, Mahler, Humboldt und Gauß auch die Kunstwerke von **Carl Spitzweg**, die allerdings inhaltlich gar nichts von der Aufbruchstimmung haben, die in Kehlmanns Roman durch die beiden Wissenschaftler verbreitet wird. Spitzweg stellte Schwächen von Personen in karikierender Weise dar, wobei die Lebensweise der Menschen seiner Zeit gut zum Ausdruck kommt. Sein bekanntestes Gemälde ist *Der arme Poet*, der mit der Handgeste den Klang einer Formulierung, die er niederschreiben will, unterstreicht. Es könnte ebenso sein, dass er mit den Fingern einen Floh wegschnippt. Spitzwegs Bilder sind Ausdruck einer kleinbürgerlichen Lebensweise und biedermeierlichen Einstellung. Eher das Gegenteil davon machte **Adolph Menzel** als Hauptvertreter des deutschen bürgerlichen Realismus in seinen Gemälden sichtbar. Seine Darstellung des Industrieproletariats im Bild *Eisenwalzwerk* war wegweisend. Diese und viele andere bedeutende Gemälde kann man sich in Büchern oder im Internet anschauen. Aber viel beeindruckender ist es, wenn man tatsächlich einmal den Originalen gegenübersteht. Dabei wird man feststellen, dass manche Werke viel kleiner sind, als man dachte, z. B. *Der Bücherwurm* von Spitzweg, das 50 × 30 cm misst. Andere werden einen einmaligen Glanz oder eine besondere Stimmung ausstrahlen, die man nur aus erster Hand erfahren kann. **Gemäldegalerien** werden erst lebendig, wenn man, indem man durch sie hindurch schreitet, sich aneignet, was

Künstler vergangener Epochen der Nachwelt hinterlassen haben. Man muss nicht alle Werke schön oder wichtig finden, aber man sollte sich durchaus mit deren Motiven ernsthaft auseinandersetzen. Es lohnt sich, die eigene Lebenswelt mit der dargestellten zu vergleichen. Das ist auch eine Art des Erwerbens, um das Erbe zu besitzen.

Die **Schule** leistet viel in der „Weitergabe des Feuers". Am methodischen Geschick der Lehrkräfte liegt es, dass sich die Schüler die kulturellen und literarischen Schätze, die Klassiker, nicht nur rein wissensmäßig aneignen, sondern auf lebendige Art und Weise vergegenwärtigen. Sie achten auch darauf, dass die Rezeption nicht durch Verherrlichung der Vergangenheit erfolgt, sondern in einer stetigen kritischen Auseinandersetzung. Regelmäßig wird die verbindliche Einführung eines **literarischen Kanons** in Schulen gefordert. Aber das sollte man sich gründlich überlegen. Einiges spricht tatsächlich dafür. Er kann dafür sorgen, dass die Schüler zu einer gemeinsamen Sprache als Grundlage des Denkens gelangen, da die Klassiker Meister der Sprache waren. Wer mit anspruchsvoller Sprache Umgang hat, denkt kritischer und lässt sich in unserer heutigen Werbewelt und Bilderflut nicht so leicht manipulieren. Er entwickelt Sprachbewusstsein. Auf Basis der Literatur können sich die jungen Menschen mit Normen und Werten, mit Formen des Zusammenlebens beschäftigen. Das würde sich auf ihr eigenes Leben positiv auswirken. Sie würden wissen, welche Traditionen in das Zusammenspiel im europäischen Haus eingebracht werden sollten, um sich als gebildete Nation zu präsentieren. Einiges spricht jedoch gegen einen literarischen Kanon. Wer bestimmt die Auswahl der Werke für alle Schüler in Deutschland? Sollen die Thüringer mit ihren Klassikern Goethe und Schiller das Gleiche lesen wie die Schüler in der Lausitz mit ihrem Lessing oder die am Bodensee mit ihrer Annette von Droste-Hülshoff? Wünschenswert wäre, dass alle Schüler einen guten Querschnitt durch die Literaturgeschichte kennenlernen. Drüber hinaus sollten jedoch auch die eigenen literarischen Vorlieben der Schüler im Unterricht eine Rolle spielen, moderne Autoren, die in keinem Schulbuch verzeichnet sind, aber die Leselust der jungen Leute entzünden. Bücher oder Stücke, in denen sie sich wiederfinden mit ihren Problemen, Sorgen, Ängsten, aber auch Freuden und Sehnsüchten. Vielleicht beeindruckt neben Faust und Nathan auch eine moderne Figur, mit der man sich auseinandersetzt und dadurch zu Erkenntnissen gelangt, eine Figur wie Mia Holl aus **Juli Zehs Roman „Corpus Delicti"**. Sie ist jung, attraktiv, begabt, unabhängig, aber sie muss sich vor einem Schwurgericht verantworten, weil sie beweisen will, dass ihr Bruder, dem eine Vergewaltigung zur Last gelegt wird, unschuldig ist. Die Handlung ist in der Zukunft angesiedelt, in einem System, dessen wichtigste Regel in der Vorsorge für die Gesundheit besteht. Selber schuld ist, wer sich dieser Prävention, die nur sein Bestes will, mutwillig entzieht. Mia beharrt darauf, Unvernünftiges tun zu dürfen, und gerät so in den Fokus der Vorsorger. Obwohl die Geschichte in einer fiktiven Zeit spielt, sind kritische Anklänge an die Gegenwart deutlich, denn ein Schlüsselthema unserer heutigen Zeit könnte die Frage sein, ob sich unsere Gesellschaft nicht zunehmend vom Vorsorge- zum Entmündigungsstaat entwickelt. Damit beweist die Autorin Mut zur Kulturkritik und rüttelt an den Grundfesten des Traditionellen.

Schluss

Ganz schön anstrengend, die Weisheit von Goethe in die Tat umzusetzen, die Asche zu vergessen und zum Feuerträger zu werden. Man soll Bücher lesen, nicht irgendwelche, sondern solche, aus denen man etwas lernt, Gemälde anschauen, möglichst im Original, Kirchen besichtigen, ins Theater und ins Konzert gehen. Und obendrein soll man sich mit den künstlerischen Erzeugnissen sowie den Einstellungen von deren Schöpfern kritisch auseinandersetzen. Da reicht kein Leben. Die Aufstellung ist keine Checkliste, sondern eine Anregung, das eigene Leben durch das eine oder andere Kunstwerk zu bereichern. Erst in der Auseinandersetzung damit kann es für den Rezipienten eine Bedeutung erhalten. Nicht Faust deklamiert mit erhobenem Zeigefinger, sondern der eigene Verstand empfiehlt: „Was du ererbt von deinen Vätern hast, / Erwirb es, um es zu besitzen. / Was man nicht nützt, ist eine schwere Last".

Deutsch (Thüringen): Abiturprüfung 2011
Aufgabe 2: Textgebundene Erörterung

Iris Radisch (geb. 1959)

Tiere sind auch nur Menschen

Wer darf wen töten und warum? Es gibt keine ethische Begründung für die Schlachthäuser. Ein Plädoyer für den Vegetarismus.

Die alles entscheidende Frage, dürfen wir Tiere töten, um ihre Leichen zu essen, haben wir seit Ewigkeiten beantwortet. Vielleicht nicht mit dem Kopf, aber doch mit den Zähnen. Der Tieresser steht auf der Siegerseite der Evolution. Er ist der König der Nahrungskette.

Ausgiebiger Fleischgenuss signalisierte lange Zeit Wohlstand, und Wohlstand signalisierte soziale Integration. Je bedeutender der Mensch, desto größer die Fleischportion auf seinem Teller. Vegetarismus hingegen war eine Lebensweise mit dem zweifelhaften Odium einer sektiererhaften Marotte. Sie berief sich zwar gelegentlich auf eine ferne antike Überlieferung (die Orphiker[1] und die Pythagoräer[2] waren Vegetarier), entstand aber im fleischessenden Abendland eigentlich erst in den unübersichtlichen Umtrieben der Lebensreformbewegung am Ende des 19. Jahrhunderts, die ihrerseits eine politisch unzuverlässige, teils radikaldemokratische, teils völkische, in jedem Fall widerspenstige und anarchische Reaktion auf die Zwänge der beginnenden Industrialisierung war.

Der Vegetarier war ein Sonderling, ein Außenseiter der Gesellschaft. An ihm haftete der Makel, sich einem zentralen Übereinkommen des vernünftigen Zusammenlebens zu widersetzen. Wer nicht wie alle anderen Fleisch aß, war womöglich auch sonst zu nichts Ordentlichem zu gebrauchen. Zahlreich waren die Anekdoten, die das berufliche Missgeschick dieses oder jenes Großonkels auf die in meiner Familie seit Generationen verbreitete Unfähigkeit, Tiere zu essen, zurückführten.

Das alles scheint lange her zu sein und ist doch erst seit Kurzem vorbei. Heute ist der Vegetarismus in jedem Sinn in der Mitte der Gesellschaft angekommen. Vegetarische Speisegaststätten gibt es überall in den Innenstadtvierteln, in Berlin hat soeben die erste vegetarische Mensa eröffnet. Es gibt viele Intellektuelle und Künstler, die sich für den Vegetarismus einsetzen. Und es gibt einen Vegetarismus-Chic in den besseren Kreisen. Der amerikanische Schriftsteller Jonathan Safran Foer hat gerade ein sehr erfolgreiches und viel diskutiertes Buch veröffentlicht, das uns in schönster Offenheit dazu auffordert, am besten keine und am zweitbesten weniger Tiere zu essen. Alles schön und gut. Bleibt nur noch die Frage, ob wir Tiere überhaupt töten dürfen.

Normalerweise werben die Vegetarier für ihre Lebensart, indem sie den Fleischessern die gesundheitlichen Nachteile ihrer Ernährungsweise mahnend vor Augen halten. Dazu zählen die vielen Herz- und Krebsleiden, die Übertragung von Viren und Giftstoffen, die Gefahr, an Osteoporose, Gicht, Rheuma, Bluthochdruck, Adipositas und so weiter zu erkranken. Das alles ist bedenkenswert. Für die Frage nach unserem Recht, Tiere zu töten, um sie zu essen, sind diese luxuriösen Diskussionen um die möglichen Zuwachsraten unseres ohnehin bereits beträchtlichen leiblichen Wohlergehens aber unerheblich.

Das gilt auch für den noch viel gewichtigeren Trumpf in der Hand der Vegetarier: die ungeheuere Belastung der Erde durch die Treibhausgasemissionen, die durch die Massentierhaltung entstehen. Gerade veröffentlichte das unabhängige Washingtoner Worldwatch Institute seine jüngsten Messungen, nach denen die Massentierhaltung nicht nur wie bisher angenommen für 18 Prozent, sondern sogar für über 50 Prozent der globalen Treibhausgasemissionen verantwortlich ist. Fleisch essen ist schlimmer als Auto fahren.

Von dem unverantwortlichen Wasserverbrauch, der unwirtschaftlichen Vernichtung von Anbaufläche, der Rodung der Wälder zur Vermehrung von Weideflächen noch gar nicht zu reden. Niemand bezweifelt diese für unsere Überlebensaussichten äußerst betrübliche Diagnose. Sie ist ein starkes Argument für eine drastische Senkung des Fleischkonsums. Doch erspart auch sie uns nicht die alles entscheidende Frage, die man auch unseren ökologisch korrekten Urahnen hätte stellen müssen: Wer darf wen töten und warum?

Die Entscheidung ist bereits gefallen. Der Mensch genießt das Recht auf leibliche Unversehrtheit. Das Recht des Tieres, das wir ihm einräumen, besteht demgegenüber darin, vor dem Zerstückelt- und Ausgenommenwerden durch einen Metallbolzen, der ihnen den Schädel spaltet, betäubt oder an einem Haken kopfüber aufgehängt durch ein elektrisches Wasserbad gezogen zu werden.

Das Ungleichgewicht der Rechte springt ins Auge, wird aber außer von einigen Tierethikern wie Peter Singer, Tom Regans, Helmut F. Kaplan, Ursula Wolf und den unermüdlich, teils auch radikal kämpfenden Tierrechtsorganisationen wie Peta kaum infrage gestellt. Es ist die Grundlage dessen, was wir als Normalität bezeichnen. Aber was, wenn wir uns einfach geirrt haben? Ist es möglich, dass, was seit Jahrtausenden als normal gilt, dennoch ein ungeheueres Unrecht ist?

Ja, es ist möglich. Die Gründe, die wir für das eklatante Ungleichgewicht der Rechte zwischen Mensch und Tier geltend machen, sind allesamt windig.

Überdies sind sie widersprüchlicher Natur. Sie stehen sich gegenseitig im Weg, weil sie sich wahlweise auf den tierischen oder auf den göttlichen Ursprung des Menschen berufen. Einerseits, heißt es, tötet der Mensch Tiere, weil er – selbst ein Tier – nicht anders kann. Das ist die sogenannte Naturthese: Tiere fressen eben Tiere. Andererseits behauptet man, gerade die evolutionäre Überlegenheit des Menschen erlaube ihm, das Tier zu töten und mit seinen Leichenteilen Handel zu treiben. Das wäre die Kulturthese: Der Mensch isst Tiere, weil er besser ist als sie. Beide Begründungen hinken und sollten uns nicht ruhig schlafen beziehungsweise essen lassen. Einzig wer meint, dass man Tiere schon allein deswegen töten darf, weil ihre sterblichen Überreste, gut gebraten und gewürzt, gut schmecken, kann sich unbesorgt zu Tisch setzen (und wird betrüblicherweise spätestens an dieser Stelle die Lektüre des Artikels abbrechen). […]

Fleisch essen gehöre angeblich zur menschlichen Natur. Doch was ist die Natur des Menschen? Vor allem ist sie ein Wort, das, wenn es im Sinn von Ursprünglichkeit oder Gottgegebenheit verwendet wird, jede Diskussion beendet (siehe Natur der Frau, Natur der Schwarzen und so weiter). Die akademische Debatte darüber, ob der Steinzeitmensch eher ein Pflanzen- oder ein Fleischfresser war, verliert sich schnell im Nachmessen der Darmzotten und des Zungendurchmessers. Die eine Fraktion beruft sich auf die Reißzähne und die Magensäure des Menschen, um ihn den Karnivoren[3] zuzuschlagen. Der anderen gilt als Beweis für sein natürliches Pflanzenfressertum, dass er anders als jedes karnivore Tier Fleisch im rohen Zustand nicht herunterbekommt.

Für die Frage, ob wir dürfen, was wir tun, nämlich morden, um zu essen, spielt dieser Streit um die Ernährungsgewohnheiten des Menschen in der Frühzeit keine Rolle. Denn selbst wenn der Urmensch die Tiere den Blättern vorgezogen hat oder vorziehen musste, ist dies kein Grund, ihm nachzueifern. Seit Jahrtausenden ist der Mensch damit beschäftigt, die rohen Sitten seiner Urahnen zu zähmen und zu kultivieren. Ein Vorgang, den man Zivilisation nennt und der uns immerhin schon so weit gebracht hat, Zeitung zu lesen, zum Mond zu fliegen und von der Unsitte des angeblich besonders schmackhaften Menschenfleischverzehrs abzulassen (es gibt Berichte von bekehrten Wilden, die auf dem Totenbett in Erinnerung an die Menschenfleischgenüsse ihrer Kindheit vor Sehnsucht geweint haben sollen). Warum sollten wir ausgerechnet an der Fleischtheke in der Steinzeit stehen bleiben? […]

Wir haben das Tier in uns vergessen und vergessen das Tier, sobald es auf unserem Teller liegt. Das gehört zur Verhaltensweise der Kälte, der vielleicht zentralsten psychosozialen Technik fortgeschrittener Kulturen. Dennoch dürfte es weniger Fleischesser geben, die unbeeindruckt blieben, wenn sie sich der Unbequemlichkeit aussetzten, beispielsweise einen Film anzusehen, der ihnen zeigt, wie das Fleisch auf ihre Teller kommt (sehr häufig werden Tiere in der industriellen Schlachthausroutine nicht gründlich genug betäubt und schreiend bei lebendigem Leib gehäutet und zerstückelt). Der südafrikanische Literaturnobelpreisträger J. M. Coetzee erinnert in seiner bewegenden Erzählung *Das Leben der Tiere* an die „gewaltige gemeinschaftliche Anstrengung", derer es bedarf, um „unsere Herzen vor den Schlachtstätten zu verschließen".

Gleichwohl kultivieren wir inmitten dieser offensichtlichen Mitleidslosigkeit sonderbare Mitleidsnischen. Niemand möchte seinen eigenen Hund oder sein eigenes Pferd essen, obgleich Hunde und Pferde durchaus gegessen werden. Für unsere Katzen kaufen wir altersgerechtes Katzenfutter und lassen sie beim Tierarzt gegen Diabetes behandeln, während wir Kühe und Hühner, sauber in Cellophan verpackt, in der Tiefkühltruhe aufbewahren. Dabei ist die Artengrenze, die festlegt, welches Tier geliebt und welches gemordet wird, völlig willkürlich und abhängig von den Sitten und Moden. [...]

Aus: Die Zeit, Nr. 33, 12. August 2010, S. 41–42

1 Orphiker: Anhänger eines antiken Mysterienkults, der auf den Schriften des Sängers Orpheus basiert.
2 Pythagoräer: Angehöriger einer religiös-philosophischen Schule, die sich auf Pythagoras von Samos beruft.
3 Karnivoren: Fleischfresser oder fleischfressende Tiere

Arbeitsanweisung

Erörtern Sie mit Bezug auf die Argumentation im Text die Frage „Wer darf wen töten und warum?"

Hinweise und Tipps

Voraussetzungen

Die textgebundene Erörterung des ersten Abiturjahrgangs nach der neuen Oberstufenordnung schließt sich in Aufbau, Niveau und Umfang nahtlos an die Aufgaben des früheren Leistungs- und Grundfaches an. Dabei zeigt vor allem die **Länge** und **Komplexität** des Textauszuges, dass durchaus mehr verlangt wird als im ehemaligen Grundfach.
Thematisch scheint der vorliegende Text zunächst ein sehr eindeutiges Problem aufzugreifen: Ja oder Nein zum **Vegetarismus**? Hier besteht allerdings die Gefahr, dass man sich schnell in einer freien Erörterung verliert. Dabei würden aber der Text sowie die Aufgabenstellung aus dem Blick geraten. Beide sollten bei der Entscheidung für diese Aufgabe deshalb die wesentliche Rolle spielen. Nach dem Thüringer Lehrplan für das Fach Deutsch trägt das Beschreiben und Erklären der Sprachform zum Verstehen von Sachtexten wie dem vorliegenden Plädoyer bei. Vor allem bei der Beschreibung der beabsichtigten Wirkung auf den Leser bietet sich die Möglichkeit, den Auszug aus der Wochenzeitung Die Zeit zu analysieren. Die ausführliche Auseinandersetzung mit der **Problemfrage**, wie sie die Einheitlichen Prüfungsanforderungen in der Abiturprüfung Deutsch (EPA) einfordern, wird sich immer auch in einem gewissen Maß an der Textvorlage messen. Deswegen ist es wichtig zu erkennen, dass es nicht um ein allgemeines Alltagsgespräch über Fleisch als Nahrungsmittel geht, sondern dass ein ethisches Problem angesprochen wird. Hier können zusätzliche Kenntnisse aus dem Unterricht in den Fächern Ethik, Religion oder den anderen Gesellschaftswissenschaften durchaus von Vorteil sein. Wer sich dem Thema aus einer **persönlichen Perspektive** nähern möchte, z. B. weil man selbst vegetarisch lebt oder mit einem Vegetarier im Freundeskreis schon viel darüber diskutiert hat, kann diese Bezüge zur Problematik nutzen. Achten Sie dabei im Interesse der Sachlichkeit aber auf ein gesundes Maß.

Die Aufgabe verlangt Leistungen in allen drei Anforderungsbereichen, die laut EPA vorausgesetzt werden:
Anforderungsbereich I (Grundlagen an Wissen/Kennen konkreter Einzelheiten): Kenntnisse über die deutsche Presselandschaft und die Einordnung des Aufsatzes – hier aus Die Zeit – sind für die Bestimmung der kommunikativen Situation nötig. Das gilt ebenso für die Bezeichnung des Textauszugs als Plädoyer. Daneben wird ein hohes Maß an Alltagswissen verlangt.
Anforderungsbereich II (Organisation des Arbeitsprozesses): Die Erfassung von Inhalt und Argumentation des Artikels ist für die Erfüllung der Aufgabe zentral. Die Gewichtung der Sachverhalte muss daraus in eigenen Worten deutlich werden. Eigene Argumente, Belege und Beispiele sind auf ihre Eignung zu prüfen. Zur Darstellung der Wirkung im analytischen Teil sowie zum Hervorheben von Kernaussagen der Autorin sollte auch auf Techniken des Zitierens zurückgegriffen werden.
Anforderungsbereich III (Fähigkeit zur eigenen Urteilsbildung): Das Ergebnis der Texterschließung sollte die begründete Stellungnahme sein. Auch hier ist unbedingt die Schwerpunktsetzung auf die ethische Fragestellung zu beachten. Das erkennbare Anwenden von Argumentationsstrategien wird verlangt.

Erläuterung der Aufgabenstellung

Die Aufgabenstellung fordert dazu auf, die Frage „Wer darf wen töten und warum?“ zu erörtern. Durch den Zusatz „mit Bezug auf die Argumentation im Text“ wird aus dem Aufsatz eine textgebundene Erörterung, wie sie in den EPA vorgesehen ist. Dies ist wichtig zu beachten, weil die **ethische Frage** allein einen viel größeren **Rahmen** vorgeben würde, in dem Vegetarismus gar nicht das allein naheliegende Thema wäre. Über die Argumentation des Textes wird das Thema also erst konkretisiert. Deswegen ist es zunächst nötig, diese **Argumentation** genau **darzustellen** und zu **analysieren**. Dazu gehört die Betrachtung der Textart. Sie gibt in diesem Fall entscheidende Hinweise auf die Absicht und Position der Autorin. Überdies kön-

nen Informationen zum Veröffentlichungsort (Wochenzeitung DIE ZEIT) hier sinnvoll mit einbezogen werden. Aufgrund des Umfangs und sprachlichen Anspruchs des Textes – die Autorin ist immerhin Chefredakteurin des Feuilletons – ist eine Analyse der Sprache, die alle stilistischen Mittel und Details bis ins Kleinste darstellt, kaum möglich. Hier sind Schwerpunkte zu setzen. Der Lösungsvorschlag geht in diesem Sinne auf die **provozierende Wirkung** einiger Passagen ein und stellt dann dar, wie die Autorin sich auf wissenschaftliche Diskurse bezieht. Obwohl Letztere nicht primär ethischer Natur sind, spielen sie in der Argumentationskette von Iris Radisch eine bedeutende Rolle. Deswegen können sie auch in der Darstellung im Aufsatz nicht wirklich fehlen. Wichtig ist, dass Sie ganz deutlich die Fokussierung auf das ethische Problem aus dem Plädoyer übernehmen. Dies muss dann besonders bei der Entwicklung einer eigenen Position deutlich werden.
Muss man sich am Ende des Aufsatzes eindeutig für oder gegen Vegetarismus entscheiden? Diese Funktion kann von einer Prüfungsarbeit sicherlich nicht erwartet werden. Wenn Sie sich privat schon mit der **Entscheidung zum Verzicht auf Fleisch** auseinandergesetzt haben, fällt es Ihnen sicher nicht schwer, ein persönliches Fazit zu ziehen. Wenn Sie sich aber zum ersten Mal mit dem Thema argumentativ beschäftigen, sollte Ihnen am Ende die Möglichkeit gegeben werden, sich nicht festzulegen. Bei solchen polarisierenden Themen kann eine textgebundene Erörterung gut mit dem Hinweis enden, dass die Lektüre des Textes ein weiteres Nachdenken angestoßen hat.

Lösungsvorschlag

Der Begriff „**Mord**" unterliegt einer ganz klaren **juristischen Definition**. Ein zentrales Merkmal sind die von den Juristen sogenannten niederen Beweggründe. Ein beliebter Slogan der Tierrechtsbewegung – als Aufkleber der Organisation PETA oder als Graffiti in der Öffentlichkeit präsent – lautet „Fleisch ist Mord". Juristisch gesehen wären es demnach also niedere Beweggründe, die unsere Entscheidung für ein Nahrungsmittel – von der Wurst zum Frühstück bis zum Steak auf dem Grill am Abend – durch den ganzen Tag bedingen.

Iris Radisch verwendet in ihrem **Plädoyer für den Vegetarismus**, also für den Verzicht auf Fleisch, ebenfalls das Verb „morden" im Zusammenhang mit der Tötung von Tieren zu Nahrungszwecken. Allerdings gibt sie den Lesern der ZEIT, in der ihr Text am 12. August 2010 erschienen ist, eine ausführlichere Stellungnahme als der Aufkleber mit seinen drei verkürzenden Worten. Sie geht sehr genau auf die **ethische Problematik** ein: „Wer darf wen töten und warum?" Diese rhetorische Frage und die Verwendung des Begriffes „Plädoyer" zeigen die persönliche Haltung der Journalistin Iris Radisch. Die gewählte **Textart** setzt eine Argumentation voraus, die sich klar für eine Position entscheidet. Der Begriff ist dem juristischen Sprachgebrauch entlehnt, da es sich beim Plädoyer um die Rede des Strafverteidigers bzw. des Staatsanwalts vor Gericht handelt. Gerade in diesem Zusammenhang müssen Argumente der Gegenseite beachtet werden, um das Gericht (hier den Leser) von der eigenen Position zu überzeugen. Der vorliegende Text spricht sich also eindeutig für den Vegetarismus aus.

Nachdem die Autorin das Problem kurz einleitend formuliert hat, geht sie zunächst auf die **historische Entwicklung** des Vegetarismus seit den antiken Philosophen ein. Sie zeigt, dass die eigentliche Herausbildung dieser Ernährungsform erst in der Moderne stattfand. Hier aber galt der Vegetarier zunächst als Sonderling. Die Feststellung, dass dies heute nicht mehr so ist, schließt die historische Darstellung des Vegetarismus ab. Dennoch wird an dieser Stelle die eigentliche ethische Frage noch weiter **verschoben**. Vielmehr erläutert Radisch **gesundheitliche** und **ökologische Argumente**. Erst danach wird die Frage, wer wen töten darf, aufgenommen. Iris Radisch kritisiert das **Ungleichgewicht der Rechte** von Mensch und Tier. Sie sieht weder in der **Naturthese** (Dass Menschen Fleisch essen, ist natürlich, weil auch andere

Tiere Tiere fressen.) noch in der **Kulturthese** (Dass Menschen Fleisch essen, entspricht ihrer kulturellen Überlegenheit.) eine stichhaltige Begründung für den Verzehr von Fleisch, zumal sich beide Ansätze widersprächen (vgl. Z. 61–67). Nicht eindeutig geklärt sei weiterhin der Streit um die Ursprünglichkeit menschlicher Essgewohnheiten. Es gebe sowohl naturwissenschaftliche Beweise für als auch gegen die Einordnung des Menschen als Fleischfresser. Auch hier führt Iris Radisch ihre Argumentation zurück auf eine ethische Ebene, indem sie der Ursprünglichkeit den **zivilisatorischen Fortschritt** entgegenhält. Diesen Gedanken emotionalisiert sie im letzten Teil des Ausschnitts stärker, indem sie erstens auf die Bedingungen der Schlachtbetriebe sowie die Behandlung der Tiere dort eingeht und zweitens die extrem unterschiedliche Sicht auf **Tiere als Weggefährten des Menschen** (Hunde, Katzen etc.) und Nahrungslieferanten anspricht. Dieses Phänomen stelle eine große **Verdrängungsleistung** innerhalb unserer Gesellschaft dar.

Der Anspruch der Wochenzeitung „Die ZEIT", bei der die Autorin als Redakteurin arbeitet, ist, dass ihre Autoren sich ausführlich und aus mehreren Perspektiven der Probleme der Gegenwart annehmen. Bei aller Genauigkeit muss es dabei gleichzeitig gelingen, Leser an den Text, der hier in Auszügen wiedergegeben ist, zu binden, die sich selbst bereits eine feste Meinung gebildet haben. Dies gelingt hier durch eine Mischung aus **Provokation** auf der einen und aus der **Berufung auf Fakten und Autoritäten** auf der anderen Seite.

Der Effekt der Provokation wird bei einem so polarisierenden Thema wie Vegetarismus vor allem durch **drastische Darstellungen** sowie die konsequente Vermenschlichung der Tiere erreicht. Eine sehr deutliche Beschreibung findet man zum Beispiel in der ironisch eingeleiteten Passage Z. 49–52: „Das Recht des Tieres […] besteht demgegenüber darin, vor dem Zerstückelt- und Ausgenommenwerden durch einen Metallbolzen" betäubt zu werden. Iris Radisch schildert die weiteren Einzelheiten des Tötungsprozesses, macht durch die detaillierten Angaben auf den industriellen Charakter dieses Vorgangs aufmerksam und wehrt gleichzeitig das Gegenargument einer humanen Tötung von Schlachtvieh ab. Sie kommt in einer Ergänzung am Ende des Auszugs darauf zurück. In Klammern heißt es dort: „sehr häufig werden Tiere in der industriellen Schlachthausroutine nicht gründlich genug betäubt und schreiend bei lebendigem Leib gehäutet und zerstückelt." (Z. 96–98) Durch die Klammern entsteht der Eindruck von Beiläufigkeit, was aber im **ironischen** Gegensatz zur enthaltenen Information steht. Ein ähnlicher Effekt wird erreicht und noch ins Sarkastische gesteigert, wenn Iris Radisch die „Unsitte des angeblich besonders schmackhaften Menschenfleischverzehrs" (Z. 87 f.) erwähnt und wieder in Klammern die Anekdote ergänzt, dass es „Wilde" gegeben habe, die sich „auf dem Totenbett" gerührt an den Genuss von Menschenfleisch erinnerten (vgl. Z. 88–90). Die Autorin will damit ihre Aussage belegen, dass sich Gegner des Vegetarismus nicht auf die Essgewohnheiten vorzivilisatorischer Gesellschaften als besonders natürliche Form berufen dürften.

Am letzten Beispiel zeigt sich Radischs Kunstgriff, durch die Gleichsetzung oder den Austausch von tierischen und menschlichen Eigenschaften **Denktabus** zu **brechen**. Dazu verwendet sie immer eine bestimmte **Wortwahl**. Gleich im ersten Satz schreibt sie von den „Leichen" (Z. 1) der Tiere, die gegessen werden. Bei Tieren spricht man üblicherweise von Kadavern. Auch die anfangs bereits thematisierte Verwendung des Verbs „morden" ist ein Beispiel für dieses Verfahren der **Vermenschlichung**, das auch in umgekehrter Richtung angewandt wird. So unterscheidet Iris Radisch wie in der Fauna auch beim Menschen zwischen Pflanzen- und Fleischfressern. An einer Stelle nutzt sie dazu auch den biologischen Fachausdruck „Karnivoren" (vgl. Z. 78). Als Metonymie formuliert sie, dass es mit den Zähnen entschieden sei, ob man Tiere töten dürfe (vgl. Z. 2 f.). Damit erfüllt sich in der Wortwahl und der Wahl sprachlicher Mittel das in der **Überschrift** paradox formulierte Motto des Textes „Tiere sind auch nur Menschen".

Diese deutliche Sprache könnte denjenigen Leser, der sich bisher ohnehin den Forderungen der Vegetarier verschlossen hat, gleich vom Weiterlesen abhalten. In Z. 70 f. wird eine solche Gefahr sogar von der Autorin selbst offen angesprochen. Iris Radisch arbeitet dem aber entgegen, indem sie sich auf Autoritäten aus ganz unterschiedlichen wissenschaftlichen Bereichen beruft. Sie geht auf **ökologische** (vgl. Z. 38 f.), **anthropologische** (vgl. Z. 75–80) aber auch **ethische Expertenmeinungen** ein und zitiert sie teilweise mit konkreten Zahlen oder zeigt durch den Gebrauch der Fachbegriffe, dass sie sich gründlich mit dem Thema beschäftigt hat. Diese Bezüge sorgen im Zusammenspiel mit der für das Plädoyer gebotenen Deutlichkeit für die Versachlichung der Darstellung. Im letzten Teil, der dann wesentlich stärker **emotionalisiert**, setzt sie mehr auf die Wirkungen des Mediums Film (vgl. Z. 96) und der Literatur (Verweis auf den Literaturnobelpreisträger J. M. Coetzee, Z. 99). Ganz verzichtet sie aber trotz provozierender Denkanstöße auf eine verletzende oder beleidigende Diffamierung derjenigen Leser, die Fleisch essen und sich vermutlich in der Mehrheit befinden. Das erreicht Iris Radisch vor allem dadurch, dass sie oft in der 1. Person Plural schreibt, z. B.: „Bleibt nur noch die Frage, ob wir Tiere überhaupt töten dürfen." (Z. 27 f.) oder: „Warum sollten wir ausgerechnet an der Fleischtheke in der Steinzeit stehen bleiben?" (Z. 90 f.) Nur an einer Stelle spricht sie von sich selbst, wenn sie ebenfalls im Plural „die in meiner Familie seit Generationen verbreitete Unfähigkeit, Tiere zu essen," (Z. 18 f.) erwähnt. Sie macht durch den Plural deutlich, dass sie nicht nur die Antwort auf eine private Frage sucht, sondern ein ethisches Problem diskutieren möchte, das alle angeht.

Die Beantwortung der ethischen Frage: „Darf der Mensch Tiere töten, um sie zu essen?" müsste sich eigentlich der rein naturwissenschaftlichen Argumente enthalten. Aber sie spielen nun mal in der Auseinandersetzung eine zentrale Rolle und berühren andere grundlegende Probleme unserer Zeit.

Dabei sieht Iris Radisch ohnehin einen größeren Teil der Gesellschaft bereits auf ihrer Seite: „Vegetarismus [ist] in jedem Sinn in der Mitte der Gesellschaft angekommen." (Z. 21) Ihre Belege (erste vegetarische Mensa, vegetarische Restaurants in allen größeren Städten) lassen sich durchaus noch erweitern. Die steigende Produktvielfalt in den Supermärkten umfasst eine immer reichhaltigere Palette von bewusst als vegetarisch deklarierten Produkten. Selbst große Fast-Food-Ketten haben den Bedarf erkannt und Gemüse-Burger mit der Kennzeichnung „vegetarisch" in ihr Angebot aufgenommen. Hier geht es aber wesentlich um marktwirtschaftliche Entscheidungen, die nur auf einen **Trend** antworten. Kann aber ein solcher entscheidend für die Beantwortung der Frage sein, wer wen töten darf? Eine Mode kann man an- und ablegen wie den Nerzpelz, der – trotz aller Kampagnen in den letzten Jahren – immer wieder in Modeläden auftaucht. Eine ethische Entscheidung erforderte mehr Konsequenz.

Um die Essgewohnheiten dauerhaft zu ändern, spielen eher schon die negativen Folgen des Fleischkonsums eine Rolle. Iris Radisch bezieht sich zunächst auf die Gesundheit: Viele der verbreiteten Krankheiten unserer Zeit werden durch das übermäßige Essen von Fleisch begünstigt. Viele **Lebensmittelskandale** der jüngeren Vergangenheit zeigen, dass gerade die Produktion tierischer Nahrungsmittel sehr anfällig ist: BSE, Gammelfleisch oder Dioxin-Eier sind Schlagworte, die die Essgewohnheiten vieler Menschen zumindest für eine kurze Zeit infrage stellen. Hier geht es aber weniger um die grundsätzliche Entscheidung für oder gegen tierische Produkte. Vielmehr sollte die Menge sowie die Art und Weise der Produktion überdacht werden. Das gilt ebenso für die Bedenken bezüglich der durch die **Massentierhaltung** bedingten ökologischen Schäden, die das Klima (vgl. Z. 36–41), das Wasser und die Wälder (vgl. Z. 42–44.) erheblich gefährden. Iris Radisch sieht darin eher den Ausdruck „von luxuriösen Diskussionen" (Z. 34). Diese Wertung trifft auf unsere Gesellschaft sicherlich zu, denn wieder sind es marktwirtschaftliche Entscheidungen, die mit dem Ziel eines niedrigen Preises zu einer immer stärker industrialisierten Produktion geführt haben. Doch dies gilt zum Teil auch für die Produktion pflanzlicher Nahrungsmittel, denn hier greift der Mensch ebenfalls durch die Rodung der Wälder, Einsatz von Pflanzenschutzmitteln oder mit den Mitteln der

Gentechnik in die Ökosysteme ein. Während solche industriellen Methoden den Überfluss in den reichen Regionen der Erde gewährleisten, stellt sich mit dem Blick auf die Bevölkerung ärmerer Gebiete die Frage nach der Notwendigkeit von Massenproduktion und die Frage nach der Rechtfertigung des Fleischverzehrs ganz anders. Kann ein Vegetarier in einer deutschen Großstadt mit dem vegetarischen Restaurant vor der Haustür und der Vielfalt unterschiedlicher Produkte im Supermarkt um die Ecke von den **hungernden Menschen** auf der Welt wirklich verlangen, dass sie sich zunächst über die ethische Frage, ob man Tiere töten darf, Gedanken machen, bevor sie ein Stück Fleisch essen, um ihren Hunger zu stillen?

Der in der Welt so unterschiedliche Umgang mit Nahrungsmitteln hat seine Wurzeln in einem besonderen, meist **traditionellen Verhältnis zur Natur** und insbesondere zu den Tieren. Iris Radisch stellt für unsere Gesellschaft fest: „Wir haben das Tier in uns vergessen und vergessen das Tier, sobald es auf unserem Teller liegt.“ (Z 92 f.) Dieses Vergessen hat mit der Entfremdung vom Herstellungsprozess des Fleischs zu tun. Die Tötung und Verarbeitung der Tiere findet hinter den Mauern von Fleischfabriken statt, in die nur wenige Menschen Einblick haben. Auch wenn man in einigen ländlichen Gegenden noch die Tradition der Hausschlachtung kennt und ein Angler oftmals seinen Fang noch selbst ausnehmen kann, ist kaum noch jemand gegen seinen Willen mit dem Sterben des Schweins oder des Fischs konfrontiert. Zu den Tieren, die wir essen, haben wir durch Industrialisierung und Urbanisierung die Beziehung verloren. Andererseits ist die Bindung zu manchen Haustieren, die in den Genuss „sonderbare[r] Mitleidsnischen“ (Z. 102 f.) geraten, umso größer geworden. So erhält der eigene Hund oder die eigene Katze das beste Fleisch vom Rind, das einem in der Werbung angepriesen wird. Eine **Widersprüchlichkeit**, die fragen lässt, woraus man diese Ungleichbehandlung von Tieren überhaupt ableiten kann. Man kann es sich sicherlich einfach machen und auf die kulturellen Traditionen einer Gesellschaft hinweisen, in denen sich diese Unterschiede zwischen schmackhafter Hauptmahlzeit und niedlichem Spiel- und Lebensgefährten entwickelt haben. Als Beleg werden da immer Kulturen auf der Welt genannt, in denen Hunde und Katzen auf der Speisekarte stehen. Die Diskussion, welches Tier – mitunter wie – zum Verzehr getötet werden darf, berührt ja bei einem Großteil der Menschheit auch tief **religiöse Fragen**, wenn man an das Verbot des Schweinefleischs im Islam und Judentum oder an die Verehrung der Rinder im Hinduismus denkt. Durch die Globalisierung treffen solche Vorstellungen und Traditionen immer öfter aufeinander. Angesichts dieser Tatsache fällt es schwer, von *einer* Natur des Menschen zu sprechen, um die eigenen Nahrungsgewohnheiten zu rechtfertigen. Somit hält Iris Radisch diesen Begriff zu Recht für einen Ausdruck von Intoleranz, wie er auch in anderen chauvinistischen Denkmustern („Natur der Frau, Natur der Schwarzen und so weiter“, Z. 74 f.) vorkommt. Deshalb können auch akademische Debatten (vgl. Z. 75–80) nicht von dem ethischen Kernthema ablenken.

Noch größer und grundlegender für die Problematik ist nämlich die Frage nach dem **ungleichen Recht auf Leben** beim Menschen und beim Tier. Sie hat eine ethische Dimension, die in vielen Debatten unserer Welt des technischen Fortschritts eine Rolle spielt: Darf man, was man kann? Dem Menschen ist es durch die Entwicklung der Technik von der ersten Pfeilspitze an bis hin zur fabrikartigen Massentierhaltung gelungen, die Möglichkeiten der Erfindungsgabe seines Gehirns gegenüber den Tieren einzusetzen. Iris Radisch fragt aber, ob es möglich sei, „dass, was seit Jahrtausenden als normal gilt, dennoch ein ungeheueres Unrecht ist?“ (Z. 57 f.) Mit den genannten Argumenten gelingt es ihr, diesem Zweifel durchaus Nahrung zu geben. Dazu gehört auch die Frage, ob es überhaupt einen Qualitätsunterschied zwischen einer humanen und einer qualvollen Tötung gibt.

Der Fortschritt der menschlichen Zivilisation beruht nicht nur auf einer Aneinanderreihung von Erfindungen. Wer die Geschichte kennt, weiß, dass der Mensch sich nur fortentwickelt hat, wenn er althergebrachte **Denkmuster** infrage gestellt hat. Vor nicht allzu langer Zeit war es nicht selbstverständlich, dass alle Individuen von Geburt die gleichen Rechte haben. Traditionen der unterschiedlichen Behandlung von Ständen, Rassen oder Geschlechtern waren und sind sogar teilweise noch tief im Denken und Handeln der Menschen verankert. Dennoch hat der Zweifel an deren Rechtmäßigkeit die Gesellschaft dauerhaft verändern können. Sollte demnach auch die Ungleichbehandlung unter den Lebewesen, seien sie nun Mensch oder Tier, nicht für alle Ewigkeit gelten? Iris Radisch kann zwar einige sogenannte **Tierethiker** nennen, die diesen Gedanken mit sämtlichen Konsequenzen zu Ende denken (vgl. Z. 54: Peter Singer, Tom Regans, Helmut F. Kaplan, Ursula Wolf). Ihre Namen spielen aber außerhalb eines Fachpublikums, wie z. B. dessen der Anhänger der Tierrechtsorganisation PETA, keine große Rolle. Die Mehrheit der Vegetarier wird sich kaum auf sie berufen.

Letztendlich wird die **Entscheidung**, ob man Fleisch isst oder nicht, für viele Menschen eine **persönliche** sein. Iris Radisch zeigt in ihrem Plädoyer viele Argumente auf, die für die vegetarische Lebensweise sprechen. So vielfältig sind dementsprechend wohl auch die Wege zum Vegetarismus. Doch die Frage „Wer darf wen töten?“ geht weit über ökologische oder gesundheitliche Gründe hinaus. Sie ist aber, gerade weil sie unser alltägliches Leben so betrifft, ebenfalls keine reine Frage der Philosophen mit dem Fachgebiet Tierethik. Juristisch ist sie in unserer Gesellschaft eindeutig gelöst. Das Grundgesetz regelt in den Grundrechten die Menschenrechte und nicht die Rechte der Lebewesen, es klammert mit dem Schutz der Menschenwürde die Würde der Tiere klar aus. Nur in wenigen Fällen der Gesetzbücher genießen alle Lebewesen eine von der Sache unterschiedene Behandlung. Doch diese rechtlichen Bedingungen trennen nicht die persönliche von der ethischen Fragestellung, selbst wenn man juristisch korrekter fragen würde: „Wer darf was töten?“ In unserem persönlichen Empfinden sind Tiere nämlich eigentlich nicht sächlich. Der Mensch hat die Eigenschaft, **Empfindungen gegenüber Tieren aufzubauen**. Er identifiziert sich mit ihnen und in der Literatur nutzt er sie zum Beispiel in der Fabel, um menschliche Eigenschaften allegorisch zu reflektieren. In Zoos werden süße Eisbärbabys und schielende Opossums zu Medienstars. Dies unterscheidet die Menschen von den karnivoren Tieren, deren Beziehung zu ihrer Beute allein auf Instinkten basiert. Hier liegt ein möglicher Widerspruch zur Naturthese. Etwas, was so viele menschliche Emotionen auslöst, kann eigentlich nicht wie ein lebloser Gegenstand behandelt werden. Und doch geschieht dies jeden Augenblick in den Schlachthäusern. Trotzdem bleibt auch im vorliegenden Plädoyer ungelöst, warum Tiere in den Rechten völlig gleichgestellt sein sollten, ihr grausames Verhalten gegenüber der eigenen Beute aber mit dem Unterschied des reinen Instinkts gerechtfertigt wird.

Iris Radisch möchte, indem sie die **aktuellen Aspekte des Vegetarismus** in ihrem Plädoyer zum Thema macht, den Leser mit der ethischen Problematik konfrontieren. Daraus können weitere Diskussionen entstehen, die zum **Überdenken der persönlichen Haltung** führen. Den Schritt zur Änderung des eigenen Verhaltens muss jeder alleine tun.

Angelika Mechtel (1943 – 2000)

Katrin

Ich habe seine Kinder geboren. Ich habe mich eingeordnet. Ich habe versucht, ihn zu sehen, wie ich sah, daß meine Mutter ihren Mann gesehen hatte. Ich habe gelernt, Windeln zu waschen, Kinder zu trösten und Ordnung zu halten.

Ich habe einmal Mathematik und Latein gelernt, Physik und Französisch. Ich war eine mittelmäßige Schülerin. Ich habe mich streicheln lassen und schlagen. Ich habe zurückgeschlagen; habe gelernt, daß er mir überlegen ist.

Ich habe meinen Leib beobachtet, wie er anschwoll. Ich habe die Geburten überstanden; habe mir gesagt, dafür bist du eine Frau. Ich habe mir zugeredet, ich wollte glücklich sein. Ich habe ihn zur Arbeit geschickt und das Essen gekocht.

Ich habe seine Angst gesehen, als ich im Fieber lag, und seine Ungeduld, wenn das Baby schrie.

Ich habe zugelassen, daß er meine Mutter fortschickte, weil sie in der Ein-Zimmer-Wohnung die Windeln am Ofen trocknete und die Milch vors Fenster stellte. Ich habe gelernt, daß er sagen durfte, was er dachte: Was sollen die Leute von uns denken? Ich habe nichts begriffen. Ich habe mich eingelebt.

Ich habe nach seinem Ärger gefragt. Ich habe ihm zugehört; habe seinen Chef begrüßt, Kollegen bewirtet.

Ich habe mich von seiner Mutter belehren lassen. Ich war freundlich zu ihr. Ich habe von ihr gelernt, wie er gewohnt war zu leben und was er am liebsten aß. Ich habe mich darauf eingestellt. Ich habe mir sagen lassen, wie sie ihre Kinder erzogen hat. Ich habe meinen Kindern beigebracht, bitte zu sagen und danke, einen Knicks zu machen oder einen Diener, die schöne Hand zu geben und Weihnachtslieder zu singen. Ich habe ihren Sohn kennengelernt. Ich habe Angst gehabt.

Ich habe versucht, verständig zu sein und Nachsicht zu üben. Ich habe die Fehler bei mir gesucht. Ich habe immer gehofft, daß er auch mein großer Bruder sein könnte. Davon habe ich ihm nie etwas gesagt.

Ich habe ihm gesagt, daß ich ihn liebe. Ich habe Zärtlichkeit gelernt; habe die Kinder in Schutz genommen, wenn er wütend war; habe gelernt, daß er wütend sein durfte. Ich habe es mir erklären können. Ich bin nicht verzweifelt. Ich habe mir gesagt, daß ich glücklich bin.

Ich war glücklich, wenn er mich in seinen Armen begrub, wenn er freundlich war. Ich habe ihn trösten können, habe ihm Mut zugesprochen. Ich hatte mir einen sanften Mann gewünscht. Ich habe in geschlossenen Räumen geweint. Ich habe gewußt, daß Depressionen krankhaft sind. Ich habe mich allein gefühlt. Ich habe mir Mut gemacht. Ich habe gesehen, wie meine Hände den Händen meiner Mutter ähnlich wurden; habe mir gesagt, daß die täglichen Niederlagen nichts sind gegen meine Zuneigung. Ich habe mich nicht gefragt.

Wir haben die Anfänge überstanden. Ich habe gelernt, mit seinen Ängsten zu leben. Ich habe ihn geweckt, wenn er nachts in seinen Träumen schrie, habe ihm gesagt: Ich bin es. Ich habe mir seine Träume erzählen lassen. Ich habe zugehört. Ich habe gelernt, auch seine Schwester zu sein. Ich habe mir sagen lassen, daß ich eine mütterliche Ausstrahlung hätte. Ich habe mir gedacht, du mußt warm und weich sein wie ein Muttertier; du mußt eine Höhle sein. Ich habe unsere Kinder geliebt. Zuflucht, habe ich gedacht. Ich habe mich preisgeben wollen, aber ich habe es nicht gekonnt. Ich habe mich schuldig gefühlt.

Ich habe mir vorgestellt, daß es vorübergeht, daß wir älter werden und ruhiger. Ich habe gelernt, daß ich einen Mann nicht mehr ändern kann. Ich habe mich nicht daran gehalten. Ich habe gelernt, Latein zu vergessen und die höhere Mathematik.
Ich habe ihm Mut zugesprochen, als er arbeitslos wurde. Ich habe gelernt, Umzüge zu organisieren, Wohnungen einzurichten und mit dem Geld auszukommen. Ich habe die Krankheiten unserer Kinder überstanden. Ich habe Träume gehabt.
Ich habe Tabletten geschluckt gegen Kopfschmerzen, Tabletten gegen Schlaflosigkeit; ich habe Rückenschmerzen behandeln lassen und Blutarmut. Ich war eine Schlafwandlerin.
Ich habe streiten gelernt; habe Grabenkämpfe geführt. Ich bin in die Verweigerung gegangen, ich habe kein Wort mehr mit ihm gesprochen. Ich bin wütend geworden, wenn er wütend war. Ich habe mir gewünscht, daß die Kinder schnell groß werden.
Ich habe kapituliert, habe mir die Pulsadern aufgeschnitten, aber ich habe nicht sterben wollen. Ich habe es zugelassen, daß er mir den Arm abband; daß er für den Hausarzt einen Unfall erfand. Ich habe gehofft, daß einer fragen würde.
Ich habe mich selbst gefragt.
Wir haben es überstanden. Ich habe ihm den beruflichen Erfolg gewünscht. Ich habe um zwei Kindergartenplätze gekämpft; habe die Oberschwester mit Geschenken bestochen. Ich habe die Pille genommen. Ich habe mir gesagt: Du kannst keine Angst mehr haben. Ich habe meine Gefühle abgewehrt; ich habe eine Grenze gezogen. Ich habe nicht mehr zugelassen, daß mich einer verletzt.
Ich habe Schreibmaschine schreiben gelernt und Stenografie. Ich habe eine Arbeit angenommen. Ich habe Selbstvertrauen gewinnen wollen. Ich habe Geld nach Hause gebracht. Zu Weihnachten habe ich einen Kreislaufkollaps überwunden.
Ich habe halbtags gearbeitet wegen der Kinder.
Wir haben uns Urlaub leisten können und Anschaffungen. Wir sind vorangekommen. Ich habe nicht auf die Zeit geschaut. Ich habe gesagt: Die Neunzig-Stunden-Woche bringt mich nicht um.
Meine Hoffnungen habe ich nicht aufgegeben, ich habe sie verschüttet.
Wir haben ein Haus gebaut; haben die Kinder aufs Gymnasium geschickt. Wir sind dem Elternbeirat beigetreten. Wir haben uns engagiert, wo wir selbst betroffen waren. Wir haben es vermieden, Erinnerungen nachzuhängen. Ich habe mich arrangiert; habe gelernt, mit seinem Temperament umzugehen. Ich bin nicht untergegangen. Ich habe wieder Latein und Mathematik gelernt, als die Kinder es lernten.
Ich habe es nicht aufgegeben, mich von meinem Glück zu überzeugen. Ich bin hartnäckig gewesen. Ich habe es für mich behalten. Unsere Tochter habe ich zum Protest erzogen.
Ich habe gelernt, allein zu sein.
Gestern habe ich meine Tochter in Begleitung eines jungen Mannes gesehen. Ich habe ihm davon erzählt. Ich habe gesagt: Sie ist dir ähnlicher als mir. Ich habe mich gefragt, ob das eine Chance ist.

In: Mechtel, Angelika: Die Träume der Füchsin. Erzählungen. Stuttgart: Deutsche Verlagsanstalt 1976, S. 7–11.

Arbeitsanweisung

Interpretieren Sie den Text unter besonderer Beachtung des Rahmenthemas.

Hinweise und Tipps

Die **Arbeitsanweisung** verlangt eine **Interpretation** des Textes unter besonderer Beachtung des Rahmenthemas „Tradition ist nicht die Anbetung der Asche, sondern die Weitergabe des Feuers." Beginnen Sie im Hauptteil mit dem Verweis auf die **zwei inhaltlichen Teile:** Katrins am herkömmlichen Rollenbild orientiertes Eheleben sowie ihr missglückter Emanzipationsversuch. Anschließend könnten Sie Überlegungen darüber anstellen, welcher **Textsorte** der Text zuzuordnen wäre: Es handelt sich um eine Erzählung mit Elementen der Kurzgeschichte. Danach kann der recht kurze **Analyseteil** folgen, da der Text sprachlich bzw. formal nicht sehr ergiebig ist. Sie werden herausfinden, dass es sich um einen **Monolog** mit vorwiegend parataktischem Satzbau im **Perfekt** handelt mit Wiederholungen, Anaphern, Parallelismen, wodurch der Text auf den Leser eintönig und monoton wirkt. Nun sollten Sie sich ausführlich der **Titelfigur** zuwenden: Charakterisieren Sie sie und interpretieren Sie ihre Entwicklung aspektorientiert anhand der zwei Teile. Katrin ist ein typisches Beispiel für eine Frau, die sich am **Rollenbild** vergangener Generationen orientiert, ihr mangelt es an Selbstbewusstsein, sie leugnet ihre eigenen Bedürfnisse, erfüllt fremde Erwartungen, hat ein übersteigertes Schuldgefühl, leidet physisch wie psychisch und verklärt die Realität. Versäumen Sie es nicht, am und mit dem Text zu arbeiten, indem Sie **zitieren** bzw. auf Textstellen **verweisen**. Der halbherzige **Emanzipationsversuch** scheitert, worauf sie am Ende ihre Hoffnungen auf die **Tochter** projiziert. Sie werden sich sicher fragen, warum die Protagonistin trotz des hohen Leidensdrucks nicht die nahe liegende **Konsequenz** zieht, sich von ihrem Mann scheiden zu lassen. Versuchen Sie, eine Antwort darauf zu geben unter Beachtung der Sozialisation der Figur. Leiten Sie über zum **Abiturthema** und setzen Sie die tradierte Rolle der Frau in Beziehung zu den modernen Möglichkeiten, welche sich das weibliche Geschlecht seit Beginn der **Frauenbewegung** im 19. Jahrhundert mühsam erkämpft hat. Am Ziel, der wirklichen **Gleichberechtigung**, sind die Frauen dennoch nicht. Wenn Ihnen weitere **literarische Figuren** bekannt sind, die sich als Vergleichs- bzw. Kontrastfiguren eignen, können Sie diese in Ihre Ausarbeitung einbringen. In **Einleitung und Schluss** könnten Sie beispielsweise darüber nachdenken, inwieweit Frauen der Gegenwart in männlichen Domänen erfolgreich sind und ob es einer Frauenquote in Politik und Wirtschaft bedarf.

Lösungsvorschlag

Einleitung

Was haben Angela Merkel, Silvia Neid und Margret Suckale gemeinsam? Sie sind weiblich und dennoch in Männerdomänen erfolgreich. Angela Merkel ist als Bundeskanzlerin eine der mächtigsten und einflussreichsten Frauen der Welt. Silvia Neid hat das Amt der Bundestrainerin im Frauenfußball inne und gewann mit der Nationalmannschaft 2007 die Weltmeisterschaft. Topmanagerin Margret Suckale ist Personalvorstand und Arbeitsdirektorin der Deutschen Bahn und damit einziges weibliches Vorstandsmitglied in einem der 100 größten Unternehmen Deutschlands. Dass Frauen in vornehmlich männlich dominierten Bereichen erfolgreich sind, ist noch nicht selbstverständlich. Ihren erfreulicherweise zunehmenden Erfolg haben sie sich seit dem Beginn der Frauenbewegung im 19. Jahrhundert hart erkämpft, sie sind jedoch noch lange nicht am Ziel.

Hauptteil

Katrin ist die literarische **Titelfigur** der Erzählung von Angelika Mechtel, die 1976 im Band *Die Träume der Füchsin* erschienen ist. Sie ist die typische Vertreterin eines konservativen Frauenbildes. Mechtel lässt ihre Protagonistin in **zwei Teilen** aus ihrem Leben erzählen: Im ersten Teil (Z. 1–54) geht es um ihre Ehe, die sich am Rollenverhalten vergangener Generationen orientiert, und im zweiten Teil (Z. 55–85) wird deutlich, dass ihr Emanzipationsversuch wenig erfolgreich ist.

Der Text ist eine **Erzählung** mit Merkmalen der **Kurzgeschichte**. Eine Figur, Katrin, steht im Mittelpunkt. Der Leser wird, was ein typisches Merkmal der Kurzgeschichte ist, in die Handlung geworfen mit der Aussage: „Ich habe seine Kinder geboren." (Z. 1) Katrin schildert aus der **Ich-Perspektive**, wie sich ihr Leben an der Seite ihres Mannes, also eine größere zeitliche Spanne, gestaltet hat, was eher auf eine Erzählung hindeuten würde. Dabei werden einerseits typische Stationen im Leben eines Paares, wie Kinderkriegen, Umzüge, Hausbau, Erwerbstätigkeit, aufgegriffen. Andererseits jedoch spielen psychische Momente der Frau, die gewöhnlich unsichtbar für Außenstehende ablaufen, wie Angst, Unsicherheit, Widerstand, Suizidversuch, eine entscheidende Rolle. Katrin wird älter, unternimmt währenddessen Versuche, sich zu emanzipieren, was jedoch nicht gelingt. Sie hat sich im Verlauf der Handlung nicht wesentlich verändert, was ebenso auf die Textsorte der Kurzgeschichte deutet wie auch die Schlussgestaltung. Der Text endet mit der Hoffnung, dass es Katrins Tochter einmal besser gelingen werde, ein selbstbestimmtes Leben zu führen.

Der **Zeitraum**, in dem Katrins Lebensgeschichte spielt, umfasst mehrere Jahre. Er beginnt mit der Geburt der Kinder und endet damit, dass sie „gestern" ihre Tochter in Begleitung eines jungen Mannes gesehen hat. Die Tochter ist demnach inzwischen in dem Alter, in dem man gewöhnlich den ersten Freund hat, vielleicht 14 oder 15. Zudem verweist die Hauptfigur auf Ereignisse, die länger zurückliegen, wie ihre eigene Schulzeit.

Die Autorin lässt ihre Hauptfigur als Ich-Erzählerin **monologisch** überwiegend im **Perfekt** aus deren Leben erzählen. Sie bedient sich vorwiegend des parataktischen **Satzbaus**, wodurch die Aussagen recht kurzatmig dargeboten werden. Es scheint ein unablässiger Erzählstrom zu sein, mit dem Katrin einem Gesprächspartner leicht auf die Nerven gehen würde. Er spiegelt die **Monotonie** ihres Lebens wider. Der Text wird durch die oben erwähnten zwei Teile strukturiert. Er ist geprägt von **Anaphern**, **Parallelismen** sowie **Wiederholungen** der immer gleichen Personal- und Possessivpronomen *ich, er, ihm, meine, seine.*

Die Hauptfigur heißt **Katrin**, ein Name, den viele Eltern in den 1960er- und 1970er-Jahren schön fanden und für ihre kleinen Mädchen ausgesucht haben. Dies könnte darauf hinweisen, dass das Schicksal Katrins verallgemeinerbar ist. So wie ihr ging und geht es vielen anderen Frauen. Der Name beginnt mit dem Buchstaben K. Auch die berühmten drei Bereiche, die traditionell den Frauen zugewiesen wurden und womöglich auch noch werden, beginnen mit K: Kinder, Küche, Kirche. Insofern assoziiert der Leser mit dem Titel eine **konservative Allerweltsfrau**. Der Monolog erinnert an die **Protokollliteratur** der 1970er-Jahre, die vor allem durch Maxie Wander sowohl in der DDR als auch in der BRD populär wurde. In ihrem Band *Guten Morgen, du Schöne* lässt sie Frauen verschiedener Herkunft und unterschiedlichen Alters über ihre Alltagserfahrungen, Befindlichkeiten und Wünsche sprechen.

Katrin ist verheiratet und Mutter. Sie sei „eine mittelmäßige Schülerin" (Z. 4 f.) gewesen, habe „einmal Mathematik und Latein gelernt, Physik und Französisch" (Z. 4). Die Fächer stehen eher im Stundenplan eines Gymnasiums, woraus man schließen könnte, dass Katrin dort gelernt hat und intelligent ist. Sie kann ihren Kindern, als sie selbst am Gymnasium sind, bei den Hausaufgaben helfen (vgl. Z. 78 f.). Offensichtlich **fehlt** es **ihr an Selbstbewusstsein**, denn sie hat sich in ihren Entscheidungen immer nach anderen gerichtet, v. a. nach ihrem Mann und dessen Mutter. Sie erfüllt stets fremde Erwartungen. Ihre erste Feststellung lautet, sie „habe *seine* Kinder geboren." (Z. 1) Das ist, wenn es keine flapsige Bemerkung sein soll, die provokante Aussage einer Mutter, durch die der Leser emotional sofort ins Thema eingeführt wird. Ihr **Mann dominiert das Familienleben**, wie es jahrhundertelang üblich gewesen ist. Er scheint sie sogar geschlagen zu haben, woraus sie gelernt habe, dass er ihr überlegen sei (vgl. Z. 5 f.). Sie fügt sich, passt sich seinen Wünschen und Bedürfnissen an, ordnet sich bedingungslos unter, wie sie es von ihren Eltern vorgelebt bekommen hat: „Ich habe versucht, ihn zu sehen, wie ich sah, daß meine Mutter ihren Mann gesehen hatte.“ (Z. 1 f.) Sie hält den Mund, wenn reden besser wäre. Innerhalb der Beziehung scheint es **kaum echte Kommunikation** zu geben und wenn, dann stehen die Befindlichkeiten ihres Mannes zur Diskussion, z. B. fragt sie nach *seinem* Ärger (vgl. Z. 16) oder nach *seinen* Träumen, wenn er nachts schreit (vgl. Z. 40), spricht *ihm* Mut zu, als er arbeitslos wird (vgl. Z. 49). Sie lässt sich belehren, z. B. von seiner Mutter, und verbietet sich in ihrer Sehnsucht nach Harmonie, die doch nur eine Scheinharmonie sein kann, Ehrlichkeit sowie die Äußerung eigener Wünsche. Wenn sie nicht mit ihm spricht, so glaubt sie, sei das eine Art der Rebellion. Streiten, das zu jeder Beziehung gehört und reinigend wie ein Gewitter sein kann, endet in „Grabenkämpfe[n]“ (Z. 55), d. h., jeder wirft dem anderen Argumente, die ihm später leid tun, an den Kopf, ohne auf den anderen zu hören. Viele Worte werden verbraucht, ohne ein Vorankommen zu ermöglichen, und beide gehen verletzt aus der Krise. **Angepasstes Verhalten** gibt sie ihrerseits an die Kinder weiter, indem sie Erziehungsprinzipien der Schwiegermutter übernimmt, die Wert auf altmodische Höflichkeitsformen wie Knicks und Diener legt (vgl. Z. 21 f.).

Die Familie funktioniert auf der Basis, dass er das Geld verdient und sie die Kinder versorgt. Sie hat „ihn zur Arbeit geschickt und das Essen gekocht.“ (Z. 9) So kann sich das Paar einen bescheidenen Wohlstand leisten, ein Haus bauen, die Kinder im Gymnasium lernen lassen und in den Urlaub fahren. Dass es auch Krisen übersteht, ist vor allem der Hauptfigur zu verdanken, denn sie kommt selbst in einer engen Einraumwohnung mit zwei Kindern zurecht, lässt zu, dass er ihre eigene Mutter fortschickt, die der Tochter im Haushalt ein wenig unter die Arme greifen will, geht sparsam mit dem wenigen Geld um und organisiert Umzüge. Später trägt sie durch eigene Arbeit zum Einkommen der Familie bei. Was sie nach Hause bringt, ist Geld, kein Selbstvertrauen, wie sie gehofft hat (vgl. Z. 68 f.). Katrin **leugnet eigene Bedürfnisse**. Gleich im zweiten Satz der Erzählung heißt es: „Ich habe mich eingeordnet.“ (Z. 1) Sie macht sich vor, selbst nicht so wichtig zu sein. Ihre Kinder nimmt sie in Schutz, wenn er wütend ist, und will glauben, dass das ein normales Verhalten für einen Mann bzw. Vater sei. Wie ein Almosen nimmt sie Zärtlichkeiten entgegen, wenn er sie einmal in „seinen Armen begrub, wenn er freundlich war“ (Z. 31), und redet sich in diesen wenigen Augenblicken ein, glücklich zu sein. Katrin **sehnt sich nach Geborgenheit**, möchte einen Freund oder Bruder an ihrer Seite, Qualitäten die ihr Mann ihr nicht geben kann oder will, wohingegen sie sich einbildet, im richtigen Moment schwesterlich zu reagieren (vgl. Z. 40 f.). Es ist fraglich, ob er ihr sensibles Eingehen auf seine Ängste überhaupt registriert. Von eigenen **Träumen** spricht sie wie über alles andere, was ihr wichtig ist, im Perfekt, sie hat sie „gehabt“ (Z. 51) und begräbt sie von Anfang an. Sie vergisst Latein und Mathematik (vgl. Z. 48), die eine Voraussetzung dafür wären, weiter zu lernen, ein Studium zu absolvieren und einen akademischen Beruf anzustreben. In der Bemerkung „Ich habe mir vorgestellt, daß es vorübergeht, daß wir älter werden und ruhiger“ (Z. 46) liegt Resignation.

Katrin sehnt sich nach **Glück**, sie nimmt sich vor bzw. redet sich ein, glücklich zu sein (vgl. Z. 8 f. und 29 f.), und hat es nicht aufgegeben, sich von ihrem Glück zu überzeugen (vgl. Z. 80). Was für Katrin allerdings wirkliches Glück sein könnte, erfährt der Leser nicht. Sicher hängt es eng mit der Sehnsucht nach **Anerkennung**, der Akzeptanz ihrer Person zusammen. Das was sie tut, für den Mann, für die Kinder, scheint selbstverständlich. Aber sie fühlt sich allein und ausgenutzt, hat ihre Hoffnungen zwar nicht aufgegeben, aber „verschüttet“ (vgl. Z. 74). Man fragt sich, wo dabei der Unterschied ist. Sie rückt sich die Realität so zurecht, damit sie damit leben kann. Zudem macht sich ein übersteigertes **Schuldbewusstsein** bemerkbar: „Ich habe die Fehler bei mir gesucht“ (Z. 24 f.) und „Ich habe mich schuldig gefühlt“ (Z. 44 f.), was sich offensichtlich auf alles, was um sie herum geschieht, bezieht. Für ihre Kinder will sie „Muttertier“ (Z. 42) und „eine Höhle“ (Z. 43) sein. „Ich habe unsere Kinder geliebt. Zuflucht, habe ich gedacht“ (Z. 43), wobei nicht klar wird, wer für wen Zuflucht sein soll, sie für ihre Kinder oder die Kinder für sie. Die Protagonistin erträgt klaglos **körperliche**

Leiden und glaubt, das gehöre zum Frausein. Sie übersteht die Geburten, Fieber, schluckt Tabletten gegen Kopfschmerzen und Schlaflosigkeit, lässt Rückenschmerzen und Blutarmut behandeln, schlafwandelt, bekommt einen Kreislaufkollaps, was kein Wunder ist bei einer Neunzig-Stunden-Woche. Sie spürt das Älterwerden: „Ich habe gesehen, wie meine Hände den Händen meiner Mutter ähnlich wurden" (Z. 34 f.). Die **psychischen Leiden** Angst, Depressionen, Einsamkeit, Unterlegenheits- und Schuldgefühle sowie Wut führen schließlich dazu, dass sie sich die Pulsadern aufschneidet. Es ist zu vermuten, dass sie nicht wirklich sterben, sondern damit ein Zeichen setzen wollte: Seht her, mir geht es schlecht, helft mir! Aber der Ehemann, der sie rechtzeitig findet, bindet den Arm ab und belügt den Arzt. Keiner fragt nach den wahren Ursachen.

Katrins **Emanzipation bleibt ein Versuch**. Sie probiert, ohne sonderlichen Erfolg, ihrem Ehemann Widerstand entgegenzusetzen, sie spricht für eine Zeit nicht mit ihm, führt „Grabenkämpfe" (Z. 55), lässt Gefühle zu, handelt in Ansätzen selbstbestimmt, indem sie die Pille nimmt, um keine weiteren Kinder auf die Welt zu bringen, und geht arbeiten. Ihr Aufschrei in Form des Suizidversuchs verhallt ungehört. Der Leser gewinnt im Verlauf der Erzählung das traurige Gefühl, dass das, was Katrin in einem Leben durchmacht, ausreichend wäre für drei Leben. Einem schlimmen Ereignis folgt ein noch schlimmeres und sie kann sich nicht dagegen wehren. Kurzzeitig hat man den Eindruck, dass sich die Beziehung der beiden verbessert, nämlich in den wenigen Zeilen, als aus dem ständigen „Ich" ein „**Wir**" wird (Z. 71 und Z. 75 f.). Die Familie leistet sich Urlaub und Anschaffungen, sie baut ein Haus, schickt die Kinder aufs Gymnasium, engagiert sich im Elternbeirat. Außenstehende würden sie, vielleicht sogar neidvoll, eine glückliche Familie nennen. Das positive Bild nach außen würde Befürchtungen des Mannes „Was sollen die Leute von uns denken?" (Z. 14) zerstreuen. Der Satz „Wir haben es vermieden, Erinnerungen nachzuhängen" (Z. 76 f.) rückt das schöne Bild zurecht: Es ist nur die **Fassade**, die die Leute zu sehen bekommen.

Die Protagonistin greift schließlich zu einem Mittel, dessen sich viele Eltern bedienen: Sie projiziert ihre **Hoffnungen auf die Tochter**. Die soll nun das verwirklichen, was ihr selbst nicht vergönnt gewesen ist. Katrin sagt zufrieden oder vielleicht triumphierend zu ihrem Mann: „Sie ist dir ähnlicher als mir." (Z. 84) Die Tochter könnte die Erste sein, die aus einer langen Reihe von Frauen ausbricht, die immer wieder das alte Rollenbild ihrer Mütter und Großmütter übernommen haben. Die Mutter fragt sich jedoch zu Recht, ob das eine Chance sei. Was ist gewonnen, wenn nun anstatt des Mannes die Frau die Beziehung dominiert? Der richtige Weg wäre der, dass die Partner in einer Beziehung gleichberechtigt sind, dass sie gemeinsam planen, Chancen gleichermaßen wahrnehmen und jeder seine Lebensziele verfolgt. Rechtlich wäre das möglich. Im **Grundgesetz**, Artikel 3, steht seit 1949 der Satz: Männer und Frauen sind gleichberechtigt. Acht Jahre später wurde er ins bürgerliche Gesetzbuch aufgenommen. Spätestens jetzt sollte sich für die Frauen alles zum Besseren wenden. Aber dem war nicht so. Es galt weiterhin das Ideal einer kinderreichen Familie, welche die Mutter als **fleißige und aufopferungsvolle Hausfrau** treu umsorgte. Diesem **Idealbild** entspricht Katrin. Es ist ihr wenig möglich, daraus einfach auszubrechen. Sie rebelliert, sie jammert, sie hadert mit den Gegebenheiten, aber sie hat es durch ihre **Sozialisation** kaum in der Hand, ein selbstbestimmtes Leben zu beginnen. Ihren Kindern sollte dies schon eher gelingen.

Immerhin könnte sie sich scheiden lassen und mit den Kindern in eine Wohnung ziehen. Je nachdem, zu welchem Zeitpunkt sie das tun würde, hätte sie es leichter oder schwerer nach ihrer Entscheidung. Wenn die Kinder aus dem Gröbsten heraus sind, könnte sie arbeiten und sich ihren Lebensunterhalt selbst verdienen. Würde sie sich früher zu dem Schritt entschließen, dann hätte sie als alleinerziehende Mutter mit mehr Schwierigkeiten zu kämpfen. Was Katrin davon abhält, kann man nur vermuten. Vielleicht das verminderte Ansehen innerhalb der Gesellschaft, die geschmälerte Lebensqualität, vielleicht ist sie einfach nicht mutig genug. Sie müsste nicht gleich eine Aussteigerin werden wie die Figur Kate in Anna Gavaldas Buch *Alles Glück kommt nie*, die nach einem schweren Schicksalsschlag inmitten von wilder

Natur zusammen mit einer Schar Kinder und einem alten Hund selbstbestimmt auf einem Bauernhof lebt. Ein Unterschied besteht auch darin, ob Katrin im Westen oder Osten von Deutschland gelebt hat. Während sich im Westen das traditionelle Bild der Familie noch lange hielt, nahm die DDR eine andere Entwicklung. Dort gehörten erwerbstätige Frauen bald zum Alltag. Der Staat richtete zahlreiche Betreuungsmöglichkeiten ein, sodass auch Mütter einer beruflichen Tätigkeit nachgehen konnten. Es sei dahingestellt, welche politischen Ziele er damit verfolgte.

Katrin ist ein typisches Beispiel dafür, wie **Tradition** einen Menschen in seiner Entwicklung hemmen bzw. einschränken kann. Dazu passt das **Abiturthema**, das von einem Zitat Gustav Mahlers gebildet wird: „Tradition ist nicht die Anbetung der Asche, sondern die Weitergabe des Feuers.“ Das ist ein schmerzhafter Prozess, denn er erfordert Mut und Opfer. Frauen mussten den Männern in jahrelangem Kampf das Recht auf **Gleichberechtigung** abtrotzen. Es ist tatsächlich noch gar nicht so lange her, dass in den Augen der Gesellschaft die einzige Aufgabe einer Frau die Sorge für Ehemann, Familie und Haushalt sein sollte. Die Männer, die Ascheanbeter, sorgten und sorgen dafür, dass der Kampf der Frauen, der Feuerträgerinnen, um Gleichberechtigung so lange dauert und nicht zu Ende ist. Es ist noch immer so, dass Frauen in Deutschland für die gleiche Tätigkeit im Schnitt 23 % weniger verdienen als ihre männlichen Kollegen. Sie bekommen auch seltener Sonderzahlungen, wie Urlaubs- oder Weihnachtsgeld, bzw. werden mit weniger Geld am Gewinn des Unternehmens beteiligt. Katrin hat um zwei Kindergartenplätze gekämpft und die Oberschwester bestochen, um arbeiten gehen zu können. Noch immer ist es wegen fehlender Kita-Plätze schwierig für Mütter, Kind und Karriere unter einen Hut zu bringen. Der Kampf um Gleichbehandlung dauert an. Katrins Tochter wird es vermutlich besser gelingen, die Vorteile der Gleichberechtigung für sich zu nutzen und sie in ihrer Beziehung zu leben.

Eine **weitere literarische Figur**, die ungefähr in der gleichen Zeit wie Katrin angesiedelt ist, ist Hilla Palm aus Ulla Hahns biografischem Roman *Das verborgene Wort*. Die Hauptfigur wächst in einer engen katholischen Dorfgemeinde im Deutschland der 1950er- und 1960er-Jahre auf. Wie sie es im Gegensatz zu Katrin schafft, ihrem vorgezeichneten Schicksal als Verkäuferin zu entgehen und wie die Musik, die Sprache, Gedichte und Bücher ihr weiteres Leben bestimmen, wird von Ulla Hahn spannend erzählt.

Schluss

Frauen drängen wie selbstverständlich in immer mehr Männerdomänen und deren Führungsetagen. Jedes Jahr nehmen viele Mädchen am Girlsday teil, an dem sie in eigentlich typisch männliche Berufe hineinschnuppern können. Dennoch setzen sich Politikerinnen und Frauenrechtlerinnen für eine gesetzlich geregelte Frauenquote ein. Ist diese angesichts der erfreulichen Fortschritte bei der Gleichberechtigung der Geschlechter in Deutschland notwendig? Die Meinungen gehen auseinander. Die Befürworter bestehen darauf, weil ihrer Meinung nach nur auf diesem Weg die Benachteiligung von Frauen beendet werden könne. Die Gegner behaupten, dadurch würden bei gleicher Qualifikation die Männer benachteiligt. Ganz gleich, wie die Sache ausgeht, die Frauen kann niemand mehr aufhalten.

Deutsch (Thüringen): Abiturprüfung 2011
Aufgabe 4: Interpretation eines dramatischen Textes

Frank Wedekind (1864–1918)

Frühlings Erwachen. Eine Kindertragödie

Im Mittelpunkt stehen vierzehnjährige Schüler, die mit ihren Fragen in der Pubertät von Eltern und Schule allein gelassen werden.
Der Schüler Moritz beging Selbstmord. Für diesen Freund hatte Melchior eine Aufklärungsschrift verfasst, die nach dessen Tod gefunden wurde und Anlass dafür ist, dass er vor die versammelte Lehrerschaft zitiert wird.

Dritter Akt, Erste Szene

Konferenzzimmer.
An den Wänden die Bildnisse von Pestalozzi[1] und J. J. Rousseau[2]. Um einen grünen Tisch, über dem mehrere Gasflammen brennen, sitzen die Professoren Affenschmalz, Knüppeldick, Hungergurt, Knochenbruch, Zungenschlag und Fliegentod. Am oberen Ende auf erhöhtem Sessel Rektor Sonnenstich. Pedell[3] Habebald kauert neben der Tür.

SONNENSTICH: … Sollte einer der Herren noch etwas zu bemerken haben? – – Meine Herren! – Wenn wir nicht umhinkönnen, bei einem hohen Kultusministerium die Relegation unseres schuldbeladenen Schülers zu beantragen, so können wir das aus den schwerwiegendsten Gründen nicht. Wir können es nicht, um das bereits hereingebrochene Unglück zu sühnen, wir können es ebensowenig, um unsere Anstalt für die Zukunft vor ähnlichen Schlägen sicherzustellen. Wir können es nicht, um unsern schuldbeladenen Schüler für den demoralisierenden Einfluß, den er auf seinen Klassengenossen ausgeübt, zu züchtigen; wir können es zuallerletzt, um ihn zu verhindern, den nämlichen Einfluß auf seine übrigen Klassengenossen auszuüben. Wir können es – und der, meine Herren, möchte der schwerwiegendste sein – aus dem jeden Einwand niederschlagenden Grunde nicht, weil wir unsere Anstalt vor den Verheerungen einer Selbstmord-Epidemie zu schützen haben, wie sie bereits an verschiedenen Gymnasien zum Ausbruch gelangt und bis heute allen Mitteln, den Gymnasiasten an seine durch seine Heranbildung zum Gebildeten gebildeten Existenzbedingungen zu fesseln, gespottet hat. – – Sollte einer der Herren noch etwas zu bemerken haben?

KNÜPPELDICK: Ich kann mich nicht länger der Überzeugung verschließen, daß es endlich an der Zeit wäre, irgendwo ein Fenster zu öffnen.

ZUNGENSCHLAG: Es he-herrscht hier eine A-A-Atmosphäre wie in unterirdischen Kata-Katakomben, wie in den A-Aktensälen des weiland Wetzlarer Ka-Ka-Ka-Ka-Kammergerichtes.

SONNENSTICH: Habebald!

HABEBALD: Befehlen, Herr Rektor!

SONNENSTICH: Öffnen Sie ein Fenster! Wir haben Gott sei Dank Atmosphäre genug draußen. – Sollte einer der Herren noch etwas zu bemerken haben?

FLIEGENTOD: Wenn meine Herren Kollegen ein Fenster öffnen lassen wollen, so habe ich meinerseits nichts dagegen einzuwenden. Nur möchte ich bitten, das Fenster nicht gerade hinter meinem Rücken öffnen lassen zu wollen!

SONNENSTICH: Habebald!

HABEBALD: Befehlen, Herr Rektor!

SONNENSTICH: Öffnen Sie das andere Fenster! – – Sollte einer der Herren noch etwas zu bemerken haben?

HUNGERGURT: Ohne die Kontroverse meinerseits belasten zu wollen, möchte ich an die Tatsache erinnern, daß das andere Fenster seit den Herbstferien zugemauert ist.

SONNENSTICH: Habebald!

HABEBALD: Befehlen, Herr Rektor!

SONNENSTICH: Lassen Sie das andere Fenster geschlossen! – Ich sehe mich genötigt, meine Herren, den Antrag zur Abstimmung zu bringen. Ich ersuche diejenigen Herren Kollegen, die dafür sind, daß das einzig in Frage kommen könnende Fenster geöffnet werde, sich von ihren Sitzen zu erheben. *(Er zählt:)* Eins, zwei, drei. – Eins, zwei, drei. – Habebald!

HABEBALD: Befehlen, Herr Rektor!

SONNENSTICH: Lassen Sie das eine Fenster gleichfalls geschlossen! – Ich meinerseits hege die Überzeugung, daß die Atmosphäre nichts zu wünschen übrigläßt! – – Sollte einer der Herren noch etwas zu bemerken haben? – – Meine Herren! – Setzen wir den Fall, daß wir die Relegation unseres schuldbeladenen Schülers bei einem hohen Kultusministerium zu beantragen unterlassen, so wird *uns* ein hohes Kultusministerium für das hereingebrochene Unglück verantwortlich machen. Von den verschiedenen von der Selbstmord-Epidemie heimgesuchten Gymnasien sind diejenigen, in denen fünfundzwanzig Prozent den Verheerungen zum Opfer gefallen, von einem hohen Kultusministerium suspendiert worden. Vor diesem erschütterndsten Schlage unsere Anstalt zu wahren, ist unsere Pflicht als Hüter und Bewahrer unserer Anstalt. Es schmerzt uns tief, meine Herren Kollegen, daß wir die sonstige Qualifikation unseres schuldbeladenen Schülers als mildernden Umstand gelten zu lassen nicht in der Lage sind. Ein nachsichtiges Verfahren, das sich unserem schuldbeladenen Schüler gegenüber rechtfertigen ließe, ließe sich der zur Zeit in denkbar bedenklichster Weise gefährdeten Existenz unserer Anstalt gegenüber *nicht* rechtfertigen. Wir sehen uns in die Notwendigkeit versetzt, den Schuldbeladenen zu richten, um nicht als die Schuldlosen gerichtet zu werden. – Habebald!

HABEBALD: Befehlen, Herr Rektor!

SONNENSTICH: Führen Sie ihn herauf!

(Habebald ab.)

ZUNGENSCHLAG: Wenn die he-herrschende A-A-Atmosphäre maßgebender-seits wenig oder nichts zu wünschen übrigläßt, so möchte ich den Antrag stellen, während der So-Sommerferien auch noch das andere Fenster zu-zu-zu-zu-zu-zu-zu-zu-zuzumauern!

FLIEGENTOD: Wenn unserem lieben Kollega Zungenschlag unser Lokal nicht genügend ventiliert erscheint, so möchte ich den Antrag stellen, unserm lieben Herrn Kollega Zungenschlag einen Ventilator in die Stirnhöhle applizieren zu lassen.

ZUNGENSCHLAG: Da-da-das brauche ich mir nicht gefallen zu lassen! – Gro-Grobheiten brauche ich mir nicht gefallen zu lassen! – Ich bin meiner fü-fü-fü-fü-fünf Sinne mächtig …!

SONNENSTICH: Ich muß unsere Herren Kollegen Fliegentod und Zungenschlag um einigen Anstand ersuchen. Unser schuldbeladener Schüler scheint mir bereits auf der Treppe zu sein.

(Habebald öffnet die Türe, worauf Melchior, bleich, aber gefaßt, vor die Versammlung tritt.)

SONNENSTICH: Treten Sie näher an den Tisch heran! – Nachdem Herr Rentier Stiefel[4] von dem ruchlosen Frevel seines Sohnes Kenntnis erhalten, durchsuchte der fassungslose Vater, in der Hoffnung, auf diesem Wege möglicherweise dem Anlaß der verabscheuungswürdigen Untat auf die Spur zu kommen, die hinterlassenen Effekten[5] seines Sohnes Moritz und stieß dabei an einem nicht zur Sache gehörigen Orte auf ein Schriftstück, welches uns, ohne noch die verabscheuungswürdige Untat an sich verständlich zu machen, für die dabei maßgebend gewesene moralische Zerrüttung des

Untäters eine leider nur allzu ausreichende Erklärung liefert. Es handelt sich um eine in Gesprächsform abgefaßte, *Der Beischlaf* betitelte, mit lebensgroßen Abbildungen versehene, von den schamlosesten Unflätereien strotzende, zwanzig Seiten lange Abhandlung, die den geschraubtesten Anforderungen, die ein verworfener Lüstling an eine unzüchtige Lektüre zu stellen vermöchte, entsprechen dürfte. –

MELCHIOR: Ich habe …

SONNENSTICH: Sie haben sich ruhig zu verhalten! – Nachdem Herr Rentier Stiefel uns fragliches Schriftstück ausgehändigt und wir dem fassungslosen Vater das Versprechen erteilt, um jeden Preis den Autor zu ermitteln, wurde die uns vorliegende Handschrift mit den Handschriften sämtlicher Mitschüler des weiland Ruchlosen verglichen und ergab nach dem einstimmigen Urteil der gesamten Lehrerschaft sowie in vollkommenem Einklang mit dem Spezial-Gutachten unseres geschätzten Herrn Kollegen für Kalligraphie die denkbar bedenklichste Ähnlichkeit mit der *Ihrigen.* –

MELCHIOR: Ich habe …

SONNENSTICH: Sie haben sich ruhig zu verhalten! – Ungeachtet der erdrückenden Tatsache der von seiten unantastbarer Autoritäten anerkannten Ähnlichkeit glauben wir uns vorderhand noch jeder weiteren Maßnahmen enthalten zu dürfen, um in erster Linie den Schuldigen über das ihm demgemäß zur Last fallende Vergehen wider die Sittlichkeit in Verbindung mit daraus resultierender Veranlassung zur Selbstentleibung ausführlich zu vernehmen. –

MELCHIOR: Ich habe …

SONNENSTICH: Sie haben die genau präzisierten Fragen, die ich Ihnen der Reihe nach vorlege, eine um die andere, mit einem schlichten und bescheidenen „Ja“ oder „Nein“ zu beantworten. – Habebald!

HABEBALD: Befehlen, Herr Rektor!

SONNENSTICH: Die Akten! – – Ich ersuche unseren Schriftführer, Herrn Kollega Fliegentod, von nun an möglichst wortgetreu zu protokollieren. – *(Zu Melchior:)* Kennen Sie dieses Schriftstück?

MELCHIOR: Ja.

SONNENSTICH: Wissen Sie, was dieses Schriftstück enthält?

MELCHIOR: Ja.

SONNENSTICH: Ist die Schrift dieses Schriftstücks die Ihrige?

MELCHIOR: Ja.

SONNENSTICH: Verdankt dieses unflätige Schriftstück Ihnen seine Abfassung?

MELCHIOR: Ja. – Ich ersuche Sie, Herr Rektor, mir *eine* Unflätigkeit darin nachzuweisen.

SONNENSTICH: Sie haben die genau präzisierten Fragen, die ich Ihnen vorlege, mit einem schlichten und bescheidenen „Ja“ oder „Nein“ zu beantworten!

MELCHIOR: Ich habe nicht mehr und nicht weniger geschrieben, als was eine Ihnen sehr wohlbekannte Tatsache ist!

SONNENSTICH: Dieser Schandbube!!

MELCHIOR: Ich ersuche Sie, mir einen Verstoß gegen die Sittlichkeit in der Schrift zu zeigen!

SONNENSTICH: Bilden Sie sich ein, ich hätte Lust, zu Ihrem Hanswurst an Ihnen zu werden?! – Habebald …!

MELCHIOR: Ich habe …

SONNENSTICH: Sie haben so wenig Ehrerbietung vor der Würde Ihrer versammelten Lehrerschaft, wie Sie Anstandsgefühl für das dem Menschen eingewurzelte Empfinden für die Diskretion der Verschämtheit einer sittlichen Weltordnung haben! – Habebald!!

HABEBALD: Befehlen, Herr Rektor!

SONNENSTICH: Es ist ja der Langenscheidt zur dreistündigen Erlernung des agglutinierenden Volapük[6]!

MELCHIOR: Ich habe …

SONNENSTICH: Ich ersuche unseren Schriftführer, Herrn Kollega Fliegentod, das Protokoll zu schließen!

MELCHIOR: Ich habe …

SONNENSTICH: Sie haben sich ruhig zu verhalten!! – Habebald!

HABEBALD: Befehlen, Herr Rektor!

SONNENSTICH: Führen Sie ihn hinunter!

[…] (1891)

Wedekind, Frank: Frühlings Erwachen. Eine Kindertragödie. In: Wedekind, Frank: Werke in zwei Bänden. Band 1. München 1994, S. 518–523.

1 Pestalozzi (1746–1827): Schweizer Pädagoge, Sozialreformer, Philosoph und Politiker. Sein pädagogisches Ziel war eine ganzheitliche Volksbildung zur Stärkung der Menschen für das selbstständige und kooperative Wirken in einem demokratischen Gemeinwesen.

2 Rousseau (1712–1778): Pädagoge, Schriftsteller, Philosoph und Naturforscher. In seinem pädagogischen Hauptwerk „Emile" beschreibt er als Erziehungsziel die Entfaltung aller natürlichen Kräfte des Menschen.

3 Pedell: Diener, Bote oder Hausmeister in akademischen Einrichtungen

4 Rentier Stiefel: französisch veraltend für Rentner, Moritz' Vater

5 Effekten: beweglicher Besitz

6 agglutinierendes Volapük: künstliche Welthilfssprache

Arbeitsanweisung

Interpretieren Sie das Gespräch im Lehrerzimmer und setzen Sie sich mit dem Berufsethos der handelnden Personen auseinander.

Hinweise und Tipps

Voraussetzungen

Frank Wedekinds Stück *Frühlings Erwachen* hat einen festen Platz im Deutschunterricht. Es stellt junge Menschen mit ihren Problemen in den Mittelpunkt, die auch der heutige jugendliche Leser grundsätzlich kennt. Obwohl dem modernen Leser viele der Situationen, denen sich die jungen Menschen im Bühnenstück gegenübersehen – so werden die Schüler weder von den Lehrern noch den Eltern sexuell aufgeklärt –, befremdlich erscheinen werden, weckt die Situation der Heranwachsenden in Wedekinds Stück doch das Interesse des Lesers/Zuschauers. Ähnliche Fragen wird er sich auf der Suche nach dem Sinn des eigenen Lebens, nach der Gestaltung seines Lebensentwurfes auch gestellt haben bzw. stellen.

Die Lösung der Aufgabe setzt die Kenntnis des gesamten Stückes nicht voraus.

Erläuterung der Aufgabenstellung

Die Aufgabe verlangt sowohl die Interpretation der Szene als auch die Auseinandersetzung mit dem Berufsethos der handelnden Personen. Dabei ist Ihnen die Vorgehensweise freigestellt. Der Operator „Interpretieren Sie" gibt die deutende Erschließung des Textes vor. Sie können die beiden Arbeitsaufträge nacheinander ausführen oder – wie im folgenden Lösungsvorschlag umgesetzt – miteinander verschränken, also das Ethos der Lehrer bereits während der Interpretation problematisieren.

Die Frage nach dem Berufsethos der handelnden Lehrer wird sich Ihnen im Verlaufe der Arbeit mit dem Text immer wieder stellen. Es bietet sich an, Ihre Überlegungen an entsprechender Stelle anzubringen, einige abschließende Gedanken zu dieser Problematik sollten Ihre Arbeit jedoch zusätzlich abrunden. Natürlich können Überlegungen zur Auffassung vom Lehrerberuf auch den Einstieg zu Ihren Darlegungen bilden.

Der Gesprächsverlauf der Szene sollte nachgezeichnet werden, wobei die Konzentration auf Hauptsächliches durchaus legitim ist. Wesentliche vom Autor verwendete sprachliche und

dramaturgische Gestaltungsmittel sind zu benennen und in ihrer Wirkung zu beschreiben. Die Sprache der Figuren ist als Mittel ihrer Charakterisierung zu betrachten und zu analysieren. Ebenso müssen Sie die Figurenrede in ihrer Wirkung auf den Dialogpartner und auf den Zuschauer/Leser berücksichtigen. Auch die Besonderheit der Namen der Figuren verdient hinsichtlich der Figurencharakterisierung Erwähnung.
Um Ihre eigene Position deutlich zu machen, sollten Sie die Haltungen der Figuren nicht nur darstellen und erläutern, sondern auch werten. Zur Untermauerung Ihrer Ansichten müssen Sie Textzitate geschickt in Ihre Darlegungen einfügen.

Lösungsvorschlag

Von Lehrerzimmern ging für Schüler schon immer eine besondere Faszination aus. Ihre Tür war meist verschlossen, ihr Betreten nur in Ausnahmefällen gestattet. Dass in diesem Zimmer die geballte Lehrerschaft zusammentraf und – vermutlich – über nichts anderes als die Schüler sprach, machte den Respekt – oder die Furcht? – vor diesem Raum nicht geringer.
Zum Glück haben die jungen Menschen, die heute unsere Schulen besuchen, eine natürliche Beziehung zu Autoritäten, und die Lehrerzimmer an modernen Schulen sind keineswegs „heilige Hallen“. Auch geht es wesentlich anders zu als im Konferenzzimmer des Gymnasiums, in das Frank Wedekind den Leser/Zuschauer in der ersten Szene des dritten Aktes seiner 1891 veröffentlichten „Kindertragödie“ *Frühlings Erwachen* hineinführt.

Obwohl an den Wänden dieses Lehrerzimmers die **Porträts großer Pädagogen** hängen, scheinen die Ansichten Pestalozzis und Rousseaus für die am Gymnasium unterrichtenden Professoren keinerlei Bedeutung für ihre Arbeit zu haben. Je länger man das Treiben in diesem Raum beobachtet, desto stärker werden die Zweifel daran, ob man wirklich die Gespräche zwischen Lehrern belauscht. Die Frage nach der beruflichen Eignung der hier versammelten Lehrer stellt sich dem heutigen Leser recht früh. Da wird von Schuld und Sühne gesprochen, von Demoralisierung, von Züchtigung. Was veranlasst die Anwesenden dazu, sich innerhalb ihrer Lehranstalt mit solchen moralischen Kategorien auseinandersetzen zu müssen?

Der Grund für die **Einberufung des Kollegiums** ist ein tragischer: Ein Schüler, Moritz Stiefel, hat **Selbstmord** begangen. Es wird aber im Lehrerzimmer nicht über diesen Tod gesprochen, sondern über einen Umstand, der die Lehrer weitaus stärker beschäftigt: In Moritz' Nachlass ist eine **Aufklärungsschrift** über den Beischlaf (vgl. Z. 85) gefunden worden, die dessen Freund Melchior für ihn verfasst hat. Diese Schrift nun ist es, die die Professoren derart empört, dass sie die Relegation Melchiors, der vor die Herren zitiert wurde, beraten. Im Grunde ist diese „Anhörung“ eine Farce, denn das **Urteil** über Melchior ist **bereits gesprochen**.

Die zur Beratung versammelten Lehrer waren wohl bereits in regen Meinungsaustausch über den Vorfall getreten, als Rektor Sonnenstich – von seiner exponierten Sitzposition an der Stirnseite des Konferenztisches aus – die Gesprächsführung übernimmt. Er fragt seine Kollegen zunächst, ob sie „noch etwas zu bemerken“ (Z. 1) hätten. Weil niemand auf seine Frage reagiert, sieht er sich ermuntert, seine Ansichten darzulegen.

Melchiors **Schuld steht nicht zur Debatte**, der Rektor spricht, und das mehrmals, von ihm als „unsere[m] schuldbeladenen Schüler“ (Z. 3). Auch die Entfernung Melchiors aus der Schule wird nicht diskutiert, wie der Leser/Zuschauer das erwarten könnte, sondern der Rektor führt **Gründe für die Unausweichlichkeit der Relegation** an. Nachdem er betont hat, gar nicht anders zu können, als den Schüler der Schule zu verweisen, zählt er Gründe für diese „Entscheidung“ auf, wobei er sich einer umständlichen bürokratischen Sprache bedient. Dabei verstärkt er den Eindruck, selbst nicht entscheiden zu dürfen, indem er jede Begründung mit denselben Worten beginnt: „Wir können es nicht …“ (Z. 4–11). Außerdem stellt Sonnenstich von Anfang an klar, dass es keinen Zweifel an der erzieherischen Maßnahme geben kann, indem er seine Motive als „schwerwiegendste Gründe“ (Z. 4) bezeichnet. Allerdings versteckt sich der Rektor hinter dem Kollegium, denn ohne dass ein Gespräch auch nur stattgefunden hätte, in welchem jeder Lehrer seine Meinung hätte äußern dürfen, spricht er bei der Begründung der Maßnahme in der ersten Person Plural. Der Ausschluss von der Schule soll also beim „hohen Kultusministerium“ (Z. 2) beantragt werden. Der Rektor will die Verantwortung in dieser „heiklen Angelegenheit“ nicht übernehmen, ist freilich auch nicht bereit – er denkt in keinster Weise daran – das Problem intern zu lösen, geschweige denn die Sache auf sich beruhen zu lassen.

Welches sind nun die **Begründungen** für diese folgenschwere Bestrafung Melchiors? Zunächst soll mit Melchiors Rauswurf „das bereits hereingebrochene Unglück“ (Z. 4f.) gesühnt und die Schule „für die Zukunft vor ähnlichen Schlägen“ (Z. 6) geschützt werden. Ein nicht unwesentlicher Grund wird an dritter Stelle genannt, scheint aber eines der Hauptmotive der Lehrer zu sein – der Schüler soll gezüchtigt werden „für den demoralisierenden Einfluß, den er auf seinen Klassengenossen ausgeübt“ (Z. 7f.) hat. Der Rektor steigert die Spannung, indem er „zuallerletzt“ (Z. 8) die verheerenden Folgen andeutet, die Melchiors schlechter Einfluss „auf seine übrigen Klassengenossen“ (Z. 9) zweifellos haben würde. Um diesen zu verhindern und – Rektor Sonnenstich führt tatsächlich einen weiteren, den „schwerwiegendste[n]“ (Z. 10) Grund an – um seine „Anstalt vor den Verheerungen einer Selbstmord-Epidemie zu schützen“ (Z.11f.), gebe es keine andere Entscheidung als die bereits erwähnte. Einen solchen Zustand, wie er „bereits an verschiedenen Gymnasien zum Ausbruch gelangt“ (Z.12f.) sei, will Sonnenstich an seiner Anstalt unbedingt verhindern. Er bedauert, dass es nicht gelungen sei, den Gymnasiasten „durch seine Heranbildung zum Gebildeten“ sowie seine damit „gebildeten Existenzbedingungen“ (Z.14f.) vom Selbstmord abzubringen. Sonnenstich hat keine Ahnung davon, was in seinen Schülern vorgeht, welche Probleme und scheinbar unüberwindbaren Hindernisse sich gerade in der Pubertät vor jungen Menschen auftürmen können. Diese dann mit dem Hinweis auf Bildung und geebnete Wege abtun zu wollen, offenbart sein **pädagogisches Versagen**.

Wohl schwer von seiner eigenen Argumentation und besonders von der Gescheitheit seiner letzten Worte beeindruckt und erschöpft, fragt der Rektor nach einer kleinen Pause endlich seine Kollegen: „Sollte einer der Herren noch etwas zu bemerken haben?“ (Z.15f.) Diese Art der Fragestellung ist als Ermunterung zur Meinungsäußerung denkbar ungeeignet, aber das weiß der Rektor. Und auch seine Kollegen wissen, was von ihnen erwartet wird.

So ist die Äußerung Professor Knüppeldicks gar nicht so verwunderlich. Erwartet der Leser zunächst einen Beitrag in der Sache, vielleicht sogar einen Widerspruch – „Ich kann mich nicht länger der Überzeugung verschließen, dass es endlich an der Zeit wäre …“ (Z.17f.) –, ist seine Verwunderung und Enttäuschung entsprechend groß, wenn er den Satz des Professors zu Ende gelesen hat „… irgendwo ein Fenster zu öffnen.“ (Z. 18) Wie kann ein Lehrer in einer solchen Situation, in der er über die Zukunft eines jungen Menschen zu entscheiden hat, so viele Worte verschwenden, um ein Fenster öffnen zu lassen?

Dass der stotternde Professor Zungenschlag sich nur äußert, um mit der Schilderung der Atmosphäre den Wunsch seines Vorredners zu unterstützen, befremdet den Leser schon gar nicht mehr. Vielmehr erwartet er mit einiger Spannung den Fortgang der **Posse**.

Der Rektor fordert den neben der Tür kauernden Pedell dazu auf, das Fenster zu öffnen, schließlich habe man, im Gegensatz zum Inneren des Zimmers, „Atmosphäre genug draußen“ (Z.24f.). Sonnenstich scheint den Zweck der Konferenz nicht aus den Augen verloren zu haben und will zu ihm zurückkehren, denn er wiederholt seine Frage (vgl. Z. 25). Anstatt dass sich die Herren jedoch auf den Anlass ihrer Zusammenkunft konzentrieren und ihr Vorgehen in der Angelegenheit abstimmen, entsteht eine **Diskussion um das Öffnen eines Fensters**. Freilich ist dieses Hin und Her gar nicht so abwegig, wie es erscheint, denn – es gibt nichts abzusprechen. Das **Schicksal Melchiors** ist nicht nur besiegelt, es **interessiert** auch **keinen der Professoren**.

Wedekind **karikiert** sie nicht nur durch ihr kindisches Verhalten, sondern auch durch ihre **sprechenden Namen**. Die Überhöhung trägt durchaus komische Züge und gibt die so bemüht ernsthaft auftretenden und sich wichtig nehmenden Herren der Lächerlichkeit preis. Auch die Autorität des Rektors muss vor solch unsinnigem Verhalten kapitulieren. Zwar versucht Sonnenstich immer wieder, insgesamt viermal, die Herren zur Ordnung zu rufen, aber seine monotone und halbherzige Fragestellung „Sollte einer der Herren noch etwas zu bemerken haben?“ wird überhört. Einzig dem Diener Habebald, der vor lauter Anordnungen gar nicht weiß, was er tun soll, und in seiner Hilflosigkeit nur zu einem unterwürfigen Satz fähig ist (vgl. Z. 23, 30, 36, 42, 60), gehört vielleicht ein wenig das Mitgefühl des Lesers.

Es scheint, als gelinge es Rektor Sonnenstich dann doch, ein Machtwort zu sprechen und zum Ernst zurückzukehren, denn er fordert seine Kollegen zur Abstimmung auf. Aber – er lässt die wegen der Entlassung eines Schülers zusammengekommenen Kollegen über das Öffnen eines Fensters votieren! Und: Seine Kollegen, die sich bisher mit keinem Wort zur Angelegenheit Melchior geäußert haben, stehen nun tatsächlich zur Abstimmung auf und lassen sich abzählen. Die **groteske Abstimmung** hat zur Folge, dass die Fenster geschlossen bleiben, zumal der Rektor der Ansicht ist, „daß die Atmosphäre nichts zu wünschen übrigläßt!“ (Z. 44)

Spätestens hier ist sich der Leser dieser Szene im Klaren darüber, dass trotz des tragischen Geschehens, der Selbsttötung des Schülers Moritz, der Autor der „Kindertragödie“ nicht auf **Komik** verzichten will. Diese tritt in vielfältiger Gestalt in Erscheinung: als feine Stichelei, wenn ausgerechnet Professor Zungenschlag stark stottert, in den lächerlich wirkenden Namen der Professoren, in Worten und Wendungen, die einerseits bezeichnen, andererseits entlarven, und schließlich als Groteske, wenn erwachsene Männer mehr Aufhebens um das Öffnen oder Schließen eines Fensters machen als um die Zukunft eines Schülers. Mit all diesen **satirischen Mitteln entlarvt** Wedekind die Dummheit, Borniertheit und das Unvermögen der Lehrer.

Nachdem er seine unsinnige Frage nach einer eventuellen Wortmeldung ein letztes Mal gestellt hat, worauf erwartungsgemäß niemand reagiert, kommt Rektor Sonnenstich wieder auf den Anlass der Konferenz zurück. Mit vielen Worten, unter denen wiederholt die selbstgerechte Formulierung von „unserem schuldbeladenen Schüler“ (vgl. Z. 46, 53f., 55) vorkommt, begründet er die Entscheidung gegen Melchior: Er hat Angst, seinerseits von „einem hohen Kultusministerium [...] für das hereingebrochene Unglück verantwortlich“ (Z. 46–48) gemacht zu werden, wie dies an anderen Gymnasien geschehen sei (vgl. Z. 48–51). Sonnenstich verrät hier bei allem herrischen Gebaren seinen **Untertanengeist**. Auch könne man es sich nicht erlauben, „die sonstige Qualifikation unseres schuldbeladenen Schülers als mildernden Umstand gelten zu lassen“ (Z. 53f.). (Immerhin wird mit dieser Anmerkung wenigstens ein gutes Haar an Melchior gelassen, denn seine guten Leistungen kann man ihm dann doch nicht absprechen.) Zwar versichert Sonnenstich, dass diese Entscheidung das Kollegium tief schmerze (vgl. Z. 52f.), aber das nimmt ihm der Leser nicht ab. Der Rektor sieht sich und seine Kollegen als „Hüter und Bewahrer [der] Anstalt“ (Z. 52) und in dieser Funktion in der Pflicht, allem „Ungesunden, Unnormalen“ entschieden entgegenzutreten.

Es stellt sich die Frage, was denn an dieser Schule bewahrenswert ist, was behütet zu werden verdient. Nach allem, was der Leser bisher über diese Lehranstalt und ihre „Pädagogen“ erfahren hat, scheint das nicht viel zu sein. Sicherlich geht es um Leistung, denn die von Melchior erzielten Zensuren werden auch vom Rektor anerkannt. Ansonsten aber scheint der **junge Mensch nur als Objekt** betrachtet und behandelt zu werden, dem Wissen vermittelt und das – auch durch Drill – zu unbedingtem Gehorsam erzogen wird. Das Streben nach Selbstständigkeit im Denken und im Handeln wird nicht gefördert, sondern unterdrückt. Probleme, denen sich junge Menschen gegenübersehen, werden ignoriert. Wichtig ist nicht der Schüler, sondern der Ruf der Schule als Lehranstalt. Die Lehrer sind nicht die Partner der Schüler, sondern deren Pauker. Ein Versagen gibt es nur auf der Seite der Schüler, die Lehrer stellen sich die Frage nach ihrem Anteil, z. B. an der gefürchteten „Selbstmord-Epidemie", gar nicht erst. Die in diesem Lehrerzimmer versammelten Professoren haben von den fortschrittlichen Zielen ihrer dekorativ zur Schau gestellten großen Kollegen Pestalozzi und Rousseau keine Ahnung, wohl nicht einmal das Bedürfnis, sich mit deren Ideen zu beschäftigen. Wedekind gestaltet mit der Szene eine scharfe, teilweise ins Groteske umschlagende **gesellschaftskritische Satire**, in der er das **obrigkeitshörige Denken** sowie die autoritären, hierarchischen Strukturen des wilhelminischen Kaiserreichs bloßstellt. In einer stark militaristisch geprägten Gesellschaft fungiert die Schule nur noch als „**Zuchtanstalt**".

Schließlich wird Habebald aufgefordert, „ihn" – der Schulleiter hält es nicht für nötig, den Namen des Schülers zu nennen, und zeigt auch damit seine Ablehnung des Jungen – heraufzuführen. Sofort nach Abgang des Pedells wird die unselige Nörgelei wegen des Fensters wieder aufgenommen. Nur regt Professor Zungenschlag jetzt bissig an, das andere Fenster auch noch zumauern zu lassen, woraufhin es fast zum Streit mit Fliegentod kommt. Dem Rektor gelingt es nur mit dem Hinweis darauf, dass der vorzuführende Schüler „bereits auf der Treppe zu sein" (Z. 73 f.) scheint, die beiden Streithähne zum Schweigen zu bringen.

Melchior tritt „bleich, aber gefaßt, vor die Versammlung" (Z. 75) seiner Lehrer. Nachdem Rektor Sonnenstich den Jungen zum Nähertreten aufgefordert hat, legt er ohne weitere Einleitung in vielen Worten den Anlass der Vorladung dar, wobei er weit ausholt und sich wieder eines geschraubten Satzbaus bedient. Es zeigt sich erneut (vgl. Z. 1–16 und Z. 43–59), dass **Sonnenstich sich gern reden hört** und sich quasi an seinen eigenen Worten berauscht. Aus seiner **Bewertung der „Tat"** und ihres Urhebers macht er keinen Hehl. Seine Darlegungen sind gespickt mit abwertenden Attributen: „ ruchlose[r] Frevel" (Z. 78), „verabscheuungswürdige Untat" (Z. 80, 82), „moralische Zerrüttung" (Z. 83), „Untäter" (Z. 84). Als er nicht umhin kann, den Stein des Anstoßes zu nennen, stellt er all seine **Verachtung** zur Schau, indem er Melchiors Aufsatz und dessen Verfasser mit Superlativen und weiteren abwertenden Attributen betitelt. Die Arbeit sei eine „[…] von den schamlosesten Unflätereien strotzende […] Abhandlung" (Z. 86 f.), ihr Verfasser „ein verworfener Lüstling" (Z. 87), der die „geschraubtesten Anforderungen […] an eine unzüchtige Lektüre" (Z. 87 f.) habe.

Melchior nutzt eine kurze Atempause des sich ereifernden Rektors zum **Widerspruch**. Weit kommt er nicht, denn der Professor schneidet ihm das Wort ab, indem er die beiden Worte des Schülers („Ich habe …", Z. 89) für sich nutzt und einen Befehl daraus macht: „Sie haben sich ruhig zu verhalten!" (Z. 90)

Sonnenstich fährt also fort und legt stolz die Vorgehensweise dar, die zur Aufdeckung des „Frevels" geführt hat. Dass er, wie bisher auch, affektiert spricht, dass er seine Verachtung Melchiors weiterhin deutlich zeigt, passt zu seinem selbstherrlichen Auftreten. Melchiors zweiten Versuch eines Einwandes weist Sonnenstich entschieden zurück, indem er dem Jungen erneut klarmacht, wie der sich zu verhalten habe, nämlich ruhig. Aus der Befragung ist längst ein **Verhör** geworden, Melchior bekommt nicht die Möglichkeit, seine Ansicht darzulegen. Es wird erneut deutlich, dass es um den Jungen im Grunde gar nicht geht. Hier will ein selbstgefälliger **Schulleiter**, stillschweigend unterstützt von seinen willfährigen Kollegen, seine **Macht demonstrieren** und **ein Exempel statuieren**. Ihren vorläufigen Höhepunkt erreicht die blasierte Rede des Rektors, als er Melchior für die „Selbstentleibung" (Z. 102) Moritz' verantwortlich macht.

Ein drittes Mal versucht Melchior, das Wort zu ergreifen (vgl. Z. 104), erneut wird er von seinem Rektor barsch unterbrochen und im hochfahrenden Ton darauf hingewiesen, wie er auf „die genau präzisierten Fragen" (Z. 105) zu antworten habe, nämlich „mit einem schlichten und bescheidenen ‚Ja' oder ‚Nein'" (Z. 106). Der Diener Habebald wird herbeordert, um die Akten zu bringen, Professor Fliegentod zum Protokollanten ernannt und zum „möglichst wortgetreu[en]" (Z. 110) Mitschreiben angehalten. Das **Protokoll** soll offensichtlich den objektiven Verlauf der Anhörung beglaubigen.

Nun folgt das Verhör. Melchior beantwortet alle Fragen wahrheits- und wunschgemäß mit einem klaren „Ja". Auch seine Urheberschaft leugnet Melchior nicht, verwahrt sich aber gegen die Unterstellung, seine Abfassung sei „unflätig", und ersucht den Rektor, ihm „*eine* Unflätigkeit darin nachzuweisen." (Z. 118) **Sonnenstich fühlt sich in die Enge getrieben** und weicht aus, indem er den Schüler erneut und völlig unsinnig darauf hinweist, wie er die Fragen zu beantworten habe. Aber Melchior lässt sich nicht unterkriegen. Nachdrücklich macht er dem Professor deutlich, nichts anderes geschrieben zu haben als das, was diesem hinlänglich bekannt sei. Diese Direktheit verschlägt dem Lehrer fast die Sprache, er kann nur zu einer Beleidigung greifen: „Dieser Schandbube!!" (Z. 123) Melchior fühlt sich bestärkt und insistiert (vgl. Z. 124f.). Im Gegensatz zu seinem Schüler, der trotz seiner prekären Lage vor dem Tribunal der Professoren mit der gebotenen Höflichkeit auftritt, verliert der Schulleiter seine Beherrschung. Er schreit Melchior an und macht sich damit lächerlich.

Als Melchior erneut ansetzt, um seine Position zu erklären, unterstellt der Professor dem Schüler, weder „Ehrerbietung vor der Würde [seiner] versammelten Lehrerschaft" noch „Anstandsgefühl" (Z. 129f.) zu besitzen. Dem Leser stellt sich erneut die Frage, worin die Würde dieser Lehrerschaft denn bestehen soll, wofür diese Lehrer Achtung verdient hätten. Was in diesem Lehrerzimmer geschieht, ist in vielerlei Hinsicht würdelos. Melchior kennt seine Schule und seine Lehrer zu gut, als dass er ihnen den eingeforderten Respekt (weiterhin) entgegenbringen könnte.

In das Durcheinander äußert sich Melchior erneut, aber die Aufforderung Sonnenstichs an den Schriftführer, „das Protokoll zu schließen" (Z. 137f.), schneidet ihm das Wort ab. Für den Rektor hat die Befragung eine **unerwartete**, **peinliche Wendung** genommen. Sieht er auch keine Niederlage für sich ein, will er doch möglichst vertuschen, dass die Anhörung nicht nach seinen Vorstellungen verlaufen ist.
Melchior will nicht aufgeben und versucht es noch einmal: „Ich habe ..." (Z. 139) Das ist auch das letzte Mal, dass er zu Wort kommt, denn Sonnenstich hat sich wieder so weit gefasst, dass er seinen Schüler in bewährter Manier in die Schranken weisen kann. Allerdings brüllt er seinen stereotypen, unsinnigen Satz in den Raum (vgl. Z. 140), um sofort nach dem Pedell zu rufen und diesen anzuweisen, Melchior aus dem Raum zu führen.

Wie wird es Melchior nach diesem Vorfall gehen? Wird er bei jemandem Verständnis, ja Hilfe finden? Das sind einige der Fragen, die sich der Leser womöglich stellen wird. Vielleicht wird er auch darüber nachdenken, wie er in einer ähnlichen Konfliktsituation fühlen, denken und handeln würde. Ist der Leser ein **Schüler**, so wird er hoffen, von seinen Lehrern ernst genommen, als Partner behandelt und als eigenständige Persönlichkeit respektiert zu werden. Er will gleichermaßen gefordert und gefördert werden und das nicht nur im Hinblick auf seine schulischen Leistungen. Seine Entwicklung soll nicht beschränkt werden, sondern ihm sollen Möglichkeiten eröffnet werden, sich selbst zu entdecken und seine Pläne zu verwirklichen.
Der **Lehrer**, der die Szene aus Wedekinds Stück liest, fragt sich Ähnliches: Welchen Anspruch habe ich als Lehrer? Will ich nur ein Vermittler von Wissen sein oder bin ich für meine Schüler auch ein Erzieher, der ihre Stärken fördert, ihnen beim Ausgleich ihrer Schwächen hilft? Wie gehe ich mit meinen Schülern um? Respektiere ich sie?
Die Fragen, was einen guten Lehrer ausmacht und wie ein wohltuendes Verhältnis zwischen Schüler und Lehrer sein soll, können vielfältig beantwortet werden. Eins jedoch ist klar: So, wie Wedekind die Professoren karikierend darstellt, wird kein Lehrer sein wollen, und kein Schüler hat solche Lehrer verdient!

Wulf Kirsten (geb. 1934)

Unvergeßlicher Augenblick

der sommer schlägt sein grünes dach
über den feldweg
bis auf die steinigen weinbergäcker.
waldwärts zwei räderzeilen, tief
in den lehm geschnitten.

mutter im gespräch mit Lorenz, dem bäckergesellen,
spaziergänger unter kirschbäumen.
meine augen starren auf wadenstrümpfe,
geschmückt mit flauschigen bommeln,
sonntäglich weiß.

gesicht und stimme vergessen.
auf den wortlaut
gab ich nicht acht.
der bäcker mußte einrücken.
blieb an der ostfront verschollen.

geführt von anderen händen,
schnellt sein brotschieber
über die fußgrube.
die kirschallee ist abgehaun.
der wind hat freie bahn.

ich seh mich an der hand der mutter
in der allee.
ein schattengang voller laubfrische.
ein gespräch unterm kirschbaum,
belebend belanglos.

die erinnerungen meiner augen
hängen gebannt
und verwundert
an den bommeln
des bäckersonntags. (1992)

Aus: Kirsten, Wulf: Stimmenschotter. Gedichte 1987–1992. Zürich: Ammann Verlag 1993, S. 9–10.

Arbeitsanweisung

Interpretieren Sie das Gedicht.

Hinweise und Tipps

Voraussetzungen

Die vorliegende Aufgabe ist in ihrer Konzeption auf das Wesentliche reduziert: Ein einzelner, lyrischer Text steht im Mittelpunkt und die Aufgabenstellung setzt neben der Interpretation keine weiteren Handlungsschritte voraus. Sie haben hier somit die Gelegenheit, eine **klassische Gedichtinterpretation** mithilfe der von Ihnen eingeübten **Arbeitstechniken** zu verfassen. Auf der anderen Seite würden Bezugstexte oder weitere Teilaufgaben, wie sie durch den *Thüringer Lehrplan für das Fach Deutsch in der Oberstufe* vorgesehen sind, auch immer Hinweise auf eine inhaltliche Schwerpunktsetzung bieten. Diese Funktion entfällt in diesem Fall. Allerdings erschließt sich das Gedicht durch die **klare Sprache** und den **Lebensbezug** relativ schnell. Kenntnisse über den Autor Wulf **Kirsten** und sein Werk sind nicht unbedingt vorauszusetzen. Hinweise zu textexternen Untersuchungsaspekten ergeben sich allenfalls aus dem Geburtsjahr des Autors und dem Zeitpunkt der Veröffentlichung des Gedichts. Zur besseren Einordnung dieser Daten ist eine gute Orientierung in der **Geschichte des letzten Jahrhunderts** durchaus hilfreich. Die in einer Strophe vorhandenen Hinweise auf den Zweiten Weltkrieg sollten aber nicht zu einer rein historischen Schwerpunktsetzung verleiten.

Die Aufgabe verlangt Leistungen in allen drei Anforderungsbereichen, die laut den *Einheitlichen Prüfungsanforderungen in der Abiturprüfung Deutsch (EPA)* zu einer vollständigen Aufgabenstellung gehören:
Anforderungsbereich I (Grundlagen an Wissen/Kennen konkreter Einzelheiten): **Allgemeinwissen** zu gesellschaftlichen Prozessen insbesondere zu historischen Bedingungen des 20. Jahrhunderts sollte zur Einordnung herangezogen werden können. Die formalen **Gestaltungsmittel** des Gedichtes sind zu erkennen und mit den fachspezifischen Begriffen zu beschreiben.
Anforderungsbereich II (Organisation des Arbeitsprozesses): Die **Struktur** und die Einzelelemente des Textes sind zu erfassen, zu beschreiben und in ihrer **Bedeutung** zu erläutern. Daraus leitet sich das begründete Ergebnis der Analyse ab. Eine selbstständige Erarbeitung von Schwerpunkten und ihre sinnvoll gegliederte Darstellung ist durch die allgemein formulierte Aufgabenstellung notwendig.
Anforderungsbereich III (Fähigkeit zur eigenen Urteilsbildung): Die **Aussage** des Gedichtes ist zu erfassen und darzustellen. Die jeweiligen Deutungen müssen zu einer Sichtweise führen, die eine Übertragung der dargestellten Problematik auf umfassendere Lebensbereiche zulässt. Die Wirkung des Textes kann **bewertet** werden.

Erläuterung der Aufgabenstellung

Die Arbeitsanweisung verwendet nur den **Operator** „Interpretieren Sie …", der nach den EPA dem dritten Anforderungsbereich eindeutig zugeordnet ist und die **selbstständige und komplexe Bearbeitung** in einem zusammenhängenden Interpretationsaufsatz zum Ziel hat. Die Gliederung dieser Textart erfordert für den Hauptteil immer die Entscheidung, ob man sich an der **Chronologie** des Gedichts orientiert oder bestimmte **Untersuchungsaspekte** übergreifend in thematischen Blöcken behandelt. Da bei Wulf Kirstens Text eine inhaltliche Dreiteilung und daran orientiert die Darstellung eines Prozesses vorausgesetzt wird, bietet es sich an, im Wesentlichen dem Lauf des Gedichts zu folgen. Um sprachliche Veränderungen zu charakterisieren, werden aber immer auch Vergleiche zwischen den Strophen notwendig sein. Zu Beginn sollte allerdings ein **Überblick** über das Gedicht die notwendigen Voraussetzungen schaffen. Dem klassischen Einleitungssatz (Angaben zu Autor, Titel, Textart, Erscheinungsjahr) wird im folgenden Lösungsvorschlag eine inhaltliche Hinführung zum Thema des Gedichts vorangestellt. So entsteht ein **Rahmen**, der die anschließenden Details der Analyse gleich in einen größeren Zusammenhang stellt. Ein Überblick sollte zunächst über textexterne Untersuchungsaspekte und dann über die äußere Form informieren. Einige Angaben zum Autor wurden im Lösungsvorschlag zweckmäßig eingesetzt, können aber nicht erwartet werden. Das Beispiel zeigt recht gut, dass man aus Quellenangaben keine spekulativen Schlüsse auf den Autor ziehen sollte, da es sich bei Kirsten nicht um einen Schweizer handelt, obwohl er

seinen Gedichtband *Stimmenschotter*, aus dem der vorliegende Text stammt, bei einem Züricher Verlag veröffentlicht hat.
Zum Überblick über die äußere Form gehören Hinweise zu **Umfang** sowie **Aufbau** von Strophen und Versen. Hierbei spielen eventuell Reim und Rhythmus eine Rolle. Auch die Beobachtung, dass sie wie im vorliegenden Fall fehlen, ist notwendig. Auffälligkeiten in der Groß- und Kleinschreibung und in der Wortwahl gelten ebenfalls für das gesamte Gedicht und können bereits Hinweise zur Deutung geben, die dann mit Blick auf die einzelnen Strophen vertieft werden sollten. Wer deren Verlauf folgt, sollte das **Gliederungsprinzip** zur besseren Orientierung ebenfalls vor der Vertiefung darstellen. Abschnittsweise werden nun die Details immer auch unter der Voraussetzung beschrieben, in welchem Verhältnis sie zu den vorher genannten Prinzipien stehen und wie sie die Struktur des Gedichts spiegeln.
Zuletzt erfolgt eine **Zusammenfassung**, die die Entwicklung noch einmal insgesamt verdeutlichen soll. Dabei können Sie wichtige Aspekte zur abschließenden **Bewertung** heranziehen. Nicht zu vergessen ist eine Bezugnahme auf die Einleitung, mit der Sie den Rahmen schließen.

Lösungsvorschlag

Einleitung

Manchmal sagen wir „Das sehe ich noch als Bild vor mir, …“ und wollen damit die Erzählung einer **Erinnerung** einleiten, die sich uns so eingebrannt hat, dass sie wie ein Foto abrufbar zu sein scheint. Aber unser Gedächtnis ist kein Fotoalbum, keine schreibgeschützte Speicherkarte einer Digitalkamera. Diese Bilder in unserem Kopf sind bruchstückhaft. Ganz bestimmte Gegenstände, Gesichter oder Gegenden stehen Pars pro Toto für die jeweilige Erinnerung. Zudem sind die Augenblicke, die wir abrufen, nicht nur optisch hinterlegt, denn auch Gerüche, Geräusche und Gefühle tragen einen beträchtlichen Teil dazu bei. Manches davon bleibt von der frühen Kindheit bis ins hohe Alter präsent, aber der jeweilige **Kontext** kann sich verändern und mit ihm die Erinnerung. Deswegen ist die Foto-Metapher, nach der Vollständiges gleichbleibend abgebildet wird, für die Erinnerung doch nicht so geeignet.

Da ist es eher der Begriff der **lebendigen Erinnerungen**, der zu Wulf **Kirstens** Gedicht *Unvergeßlicher Augenblick* passt. Das lyrische Ich gibt dort einen Moment der **Kindheit** wieder und verknüpft ihn mit dem Wissen über die folgenden Veränderungen. Dadurch wird aus einem zufälligen Augenblick der Teil einer **reflektierten** Erinnerung. Das Gedicht erschien als Teil des 1993 veröffentlichten Lyrikbandes *Stimmenschotter. Gedichte 1987–1992*. Der Entstehungszeitraum ist somit identisch mit der Zeit des politischen Wandels in der DDR, den der 1934 in einem Dorf bei Dresden geborene Autor aktiv miterlebte. Dass in diesen Jahren viel in Bewegung geraten war, mag den Titel des Bandes mit beeinflusst haben, denn Schotter befestigt die Straßen. In jedem Fall spielen Wege und ihre Verfassung in *Unvergesslicher Augenblick* ebenfalls eine Rolle (vgl. zum Beispiel „den feldweg“, V. 2–5 und die „kirschallee“, V. 19 sowie 21 f.). Auf diesen Wegen bleiben auch die Erinnerungen in **Bewegung**. Die Eindrücke des lyrischen Ichs können durchaus mit denen aus Wulf Kirstens Kindheit korrespondieren. Das ließe sich zum einen zeitlich belegen, denn es wird von einem Bäcker berichtet, der nach dem geschilderten Moment an der Front im Osten verschollen bleibt. Die Kindheit liegt also vor dem Ende des Zweiten Weltkriegs, das Kirsten als 11-Jähriger erlebte. Zum anderen finden sich die „weinbergäcker“ (V. 3) räumlich in der sächsischen Heimat des Lyrikers an der Elbe.

Das Gedicht besteht aus sechs Strophen, die jeweils 5 Verse umfassen. Damit erschöpft sich allerdings die Regelmäßigkeit des Textes. Die Verse sind reimlos und folgen keinem festen Rhythmus. Längere Verse wechseln sich mit kürzeren ab, dominieren allerdings in der ersten Hälfte. Mit der Kürze der Verse sind zahlreiche **Enjambements** verbunden. Die letzte Strophe besteht aus einem einzigen Satz. Aber auch in den vorigen Abschnitten fließen die Sätze mitunter über die Versenden hinaus, was dem gesamten Text eine dynamische Wirkung gibt (z. B. „schnellt sein brotschieber/über die fußgrube.", V. 17 f.). Die Grenzen der Strophen werden dabei allerdings nicht überschritten. Eine Besonderheit der Orthografie, die sich ansonsten an die damals geltenden Regeln hält, ist die **Kleinschreibung** aller Satzanfänge und Substantive, außer des einzigen Eigennamens („Lorenz", V. 6). Die Substantive werden dadurch zwar an die anderen Wortarten angeglichen, erhalten aber gleichzeitig durch den gehäuften **Nominalstil** eine besondere Funktion. Ein Beispiel dafür ist die folgende Satzellipse aus der ersten Strophe: „waldwärts zwei räderzeilen, tief/in den lehm geschnitten." (V. 4 f.) Die Hauptbedeutung liegt auf dem Substantiv, dem Neologismus „räderzeilen", der durch ein Adjektiv und ein Partizip näher erläutert wird. Durch die Wortwahl und das Enjambement wirkt die Ellipse trotz des fehlenden Prädikats kaum statisch. Die Bevorzugung von Partizipien gegenüber dem Verb in seiner vollständigen und flektierten Form findet sich weitere Male im Text, z. B. bei „geschmückt mit flauschigen bommeln" (V. 9) oder „geführt von anderen händen" (V. 16).

Durch eine Satzellipse und die Hervorhebung zweier durch eine Konjunktion verbundener Substantive wird der Nominalstil noch einmal besonders im ersten Vers der dritten Strophe deutlich: „gesicht und stimme vergessen." (V. 11) Dieser Vers markiert einen ersten inhaltlichen **Einschnitt** innerhalb des Gedichts, das sich in **drei gleich große Abschnitte** teilen lässt. Im ersten Teil, bestehend aus erster und zweiter Strophe, wird der titelgebende unvergessliche Augenblick als Moment der **Gegenwart** dargestellt. In den beiden mittleren Strophen folgen **Prozesse** des Vergessens und der Veränderungen. In den abschließenden zwei Strophen ist der Moment zur rückblickenden **Erinnerung** geworden.

Woran lässt sich dieser Prozess, den ein „Unvergeßlicher Augenblick" hier durchläuft, festmachen? Die zwei Prädikate, die sich im ersten Teil – dem Augenblick in der Gegenwart – finden lassen, stehen im Präsens („schlägt", V. 1; „starren", V. 8). Die **Perspektive des lyrischen Ichs** wird als eine unmittelbare und ungefilterte Betrachtung des Moments wiedergegeben: „meine augen starren auf wadenstrümpfe" (V. 8). Dass es der Blick eines kleineren Kindes ist, verdeutlicht die dargestellte Sichtachse, die nicht weit über die Beine der Mutter hinausgeht. Die Bezeichnung der beobachteten Personen vermittelt ebenfalls keine Distanz. Der Verzicht auf ein besitzanzeigendes Pronomen bei „mutter" (V. 6) am Beginn der zweiten Strophe entspricht der Bezeichnung durch ein Kind. Auch ihr Gesprächspartner Lorenz wird in einer Parenthese so bezeichnet, als ob das lyrische Ich die Kenntnis von dessen Person beim Leser voraussetzen könnte, denn die Aufmerksamkeit gilt „*dem* bäckergesellen" (ebd.) und nicht *einem* Bäckergesellen.

In den insgesamt nur acht kurzen und etwas längeren Versen entsteht das Bild einer **Idylle**, das vollständig wirkt. Dazu trägt bei, dass – wie bei einer Bildbeschreibung – zunächst die gesamte Perspektive entwickelt wird und dann der Blick immer mehr ins Detail geht. Zunächst ruft die Personifikation „der sommer schlägt sein grünes dach" (V. 1) gleich zu Beginn allein durch die ganz allgemeine Nennung der Jahreszeit in Verbindung mit der Farbe der Natur eine Reihe von **Assoziationen** auf, die ein ungebrochenes Landschaftsbild erzeugen. In dieser Landschaft führt das lyrische Ich den Blick nun „über den feldweg" (V. 2) und „waldwärts" (V. 4). Gerade dieser etwas antiquiert wirkende Neologismus betont den **romantisierenden** Charakter einer Landschaftsidylle. Auch die Räderzeilen, die „tief/in den lehm geschnitten" (V. 4 f.) sind, verweisen zurück auf eine lange Vergangenheit, in der Wagen auf dem Weg zu den „weinbergäcker[n]" (V. 3) gefahren sind. Auf einer weiteren Ebene aber stehen die Spuren gleichzeitig als Metapher für eine Erinnerung, die sich eben „tief" und deutlich „geschnitten" verfestigt hat. Sie übernehmen tatsächlich die Funktion des geschriebenen Wortes, das etwa in der Literatur oder in der Geschichtsschreibung im Dienst der Erinnerung steht, denn die Räder bilden Zeilen wie Sätze bzw. Verse.

Am Ende des Abschnittes stehen als Detail die Bommeln an den Wadenstrümpfen. Zusätzliche Nähe erzeugt die Beschreibung der Bommeln als flauschig (vgl. V. 9). Hier wird das einzige Mal in der Erinnerung ein anderer als der optische Sinn bedient. Die nachgeschobene Ergänzung „sonntäglich weiß" (V. 10) schließt den ersten Abschnitt ab. Bis zu diesem Punkt ist der Moment unberührt, symbolisiert durch das unschuldige Weiß, das gleichzeitig einen Bogen zum natürlichen Grün im ersten Vers zulässt. Es handelt sich um die beiden einzigen farblichen Beschreibungen im Gedicht. Die Erwähnung des Wochentags zeigt, dass der Augenblick ein zufälliger sein muss. Es ist kein bestimmter Tag, kein bestimmtes Ereignis, das hier wiedergegeben wird. Es könnte sich um jeden normalen Sonntag jener Kindheit handeln, denn immer wieder werden dann die frisch gewaschenen Bommeln getragen, wobei ungeklärt bleibt, zu welchem der Personen das Kleidungsstück gehört. Es ist aber eben auch **kein Alltag**. Der Leser sieht die „spaziergänger" (V. 7) und nicht die Werktätigen, was die Idylle betont. Arbeit spielt dagegen im mittleren Teil des Gedichts eine Rolle.

In der dritten Strophe setzen Prozesse des Vergessens und der Veränderung ein. Sie beginnen gleich mit der Ellipse „gesicht und stimme vergessen" (V. 11). Hier erfolgt auch der Wechsel in der **Zeitform**. Die Verben stehen im Präteritum („gab", V. 13; „mußte", V. 14; „blieb", V. 15). Das lyrische Ich blickt also jetzt aus der Gegenwart auf den in der Vergangenheit liegenden Augenblick. Dabei wird gleich eingeräumt, dass nicht nur Teile der Erinnerung dem Vergessen zum Opfer gefallen sind, sondern der Moment nie in seiner Vollständigkeit wahrgenommen wurde: „auf den wortlaut/gab ich nicht acht." (V. 12 f.) Die Erinnerung ist also von vornherein **selektiv**. Für den Leser des Gedichts bleibt offen, welche Inhalte die Gespräche zwischen den Spaziergängern hatten. Die Frage, in welchem Verhältnis die Mutter und der Bäckergeselle zueinander standen, könnte nur spekulativ beantwortet werden. Es scheint aber für die Erinnerung des lyrischen Ichs auch nicht von Relevanz zu sein. Nur die Person, die sich erinnert, entscheidet für sich, welche Teile eines Moments nicht vergessen werden. Aber nicht nur dadurch verändert sich der Augenblick. Was ist passiert seit dem unvergesslichen Augenblick? Aus dem „bäckergesellen" (V. 6) ist ein „bäcker" (V. 14) geworden. Über ihn erhalten wir weiterhin die Informationen, dass er „einrücken" musste und „an der ostfront verschollen" blieb (V. 14 f.). Mit den Worten „einrücken" und „osftront" wird beim Leser eine klare historische Vorstellung vom Bäcker, der aus dem **Zweiten Weltkrieg** als Soldat nicht mehr heimkehrt, aufgerufen. Über diese Worte hinausgehende Informationen sind nicht notwendig, denn sie allein sprechen ein kollektives Gedächtnis an, das zahlreiche andere Schicksale dieser Art kennt.

Obwohl der Bäcker Lorenz, der ja immerhin als einzige Person im Text namentlich genannt wird, ein Teil des unvergesslichen Augenblicks ist, löst sein Verlust **keine** offene **Trauer** aus. Das Leben geht weiter: „geführt von anderen händen,/schnellt sein brotschieber/über die fußgrube." (V. 16–18) Dass ein anderer Mensch nun Brot und Brötchen herstellt, scheint unerheblich. Es ist als Metonymie nur von den „händen" die Rede. Die Backtätigkeit bleibt dieselbe. Durch den Gebrauch von Fachbegriffen aus dem Bäckerhandwerk („brotschieber", „fußgrube") wird die Emotion aus der Information herausgehalten. Dennoch ist die „fußgrube" – ähnlich wie die „räderzeilen" (V. 4) – auch wieder eine Metapher für die Spuren der Vergangenheit, denn es handelt sich um die Vertiefung an der Stelle, an der ein Bäcker Tag für Tag steht, um mit dem Schieber das Brot in den Ofen zu schieben. Hier wird zudem der Kontrast zwischen der sonntäglichen Idylle der ersten beiden Strophen und der alltäglichen Arbeit deutlich.

Die Idylle wird aber nicht nur durch den Krieg gestört. Der Mensch hat in die **Landschaft** eingegriffen, denn „die kirschallee ist abgehaun" (V. 19). Diese Information wird erneut sachlich und emotionslos in einem zwar vollständigen, aber parataktisch auf das Wesentliche reduzierten Hauptsatz gegeben. Das grüne Dach aus dem ersten Vers des Gedichts existiert nicht mehr. Dass dies eine Wirkung auf die Menschen hat, macht die Metapher „der wind hat freie bahn" (V. 20) klar. Der Wind stört nicht nur die Idylle, sondern sorgt dafür, dass Spuren und mit ihnen die Erinnerungen schneller wieder verschwinden. Am Ende der vierten Strophe haben sich die Bedingungen also sichtbar verändert. Wir wissen nun, dass es den Ort des unvergesslichen Augenblicks in dieser Form nicht mehr gibt und dass durch den Krieg mindestens eine Person, an die sich die Erinnerung knüpft, nicht mehr da ist. Beides sind Prozesse, an denen der Mensch die Verantwortung trägt. Hinzu kommt das selektive Erinnern des lyrischen Ichs.

Unter diesen neuen Voraussetzungen wird der Augenblick in den letzten beiden Strophen nun **wiederholt**. Doch die Auswirkungen sind beträchtlich, wie sich an Inhalt und Sprache festmachen lässt. Das lyrische Ich wechselt in eine **Außenperspektive:** „Ich seh mich an der hand der mutter" (V. 21). Dass grammatisch wieder die Zeitform der Gegenwart eingenommen wird, ist dadurch berechtigt, dass der Prozess des Erinnerns ausgedrückt wird und nicht mehr dessen Inhalte. Hierfür wird dagegen ganz auf Verben verzichtet (vgl. V. 23 ff.). So heißt es in der letzten Strophe auch: „die erinnerungen meiner augen/hängen gebannt" (V. 26 f.). Diese Stelle bezieht sich direkt auf Vers 8 „meine augen starren". Nur ist jetzt der Begriff der Erinnerung sozusagen zwischengeschaltet. Erneut verwendet der Autor einen Körperteil als Metonymie, wie er es bereits bei den Händen des neuen Bäckers getan hat.

Der Bäcker aus dem erinnerten Augenblick der ersten beiden Strophen wird hier als Person nicht mehr genannt. Allein die Mutter bleibt präsent, zu der die Nähe durch die „hand" noch verstärkt wird. Das letzte Wort des Gedichts erinnert zwar noch einmal an den Bäcker, jedoch ist er als Teil des Wortes „bäckersonntags" (V. 30) reduziert auf einen Anlass. Der Gesamtblick auf die Landschaft geht im letzten Teil ebenfalls verloren. Die Perspektive richtet sich auf die Spaziergänger „in der allee" (V. 22). Diese Allee bildet einen „schattengang voller laubfrische" (V. 23) und vermittelt somit den Eindruck eines abgeschlossenen Raums. Sprachlich wirkt die Erinnerung **fragmentarischer**. In der fünften Strophe sind drei Satzellipsen aufzählend aneinandergereiht (vgl. V. 23–25). Es fehlt die Dynamik, die in den beiden ersten Strophen noch durch Wortwahl und Enjambements erzeugt wurde. Die Versübergänge im letzten Satz (V. 26–30) erzeugen durch die Kürze der Verse und deren schnellen Wechsel eher einen auseinanderreißenden Eindruck.

Doch im Vergleich zur ersten Darstellung des Augenblicks wird am Schluss nicht nur reduziert. Hinzugefügt wird nämlich eine **Reflexion** und **Wertung** des lyrischen Sprechers. Er ist „verwundert" (V. 28) über die in V. 29 wieder erwähnten Bommeln an den Strümpfen der Spaziergänger. Er beginnt also, auch Fragen an den Moment zu stellen, die allerdings hier nicht ausformuliert werden. Möglich wäre, dass er sich darüber wundert, warum die Spaziergänger jeden Sonntag die Wadenstrümpfe mit den weißen Bommeln trugen. Er könnte sich aber auch fragen, warum er sich gerade an dieses Teil eines Kleidungsstücks erinnert, obwohl der Augenblick doch noch so viele andere, sicherlich bemerkenswerte Details mit sich gebracht hat. Das Gesicht und die Stimme des Bäckers etwa hat er vergessen und seine Person hat er aus seiner Erinnerung ganz gestrichen. Die Inhalte der Gespräche bewertet er sogar als „belebend belanglos" (V. 25). Durch die **Alliteration** ist diese Einschätzung zusätzlich betont. Die Zusammenstellung, die einen ganzen Vers bildet, wirkt zudem gegensätzlich, denn während belanglos eher abwertet, bekommen die Gespräche durch die belebende Wirkung eine positive Funktion.

Das Entscheidende an einer Erinnerung ist aber ihre **Lebendigkeit**. Nur so erhält ihre Bedeutung auch noch heute ihre Funktion. Wenn besondere Augenblicke unvergessen bleiben, dann bedeutet dies eben nicht, dass sie als ein objektives Abbild für die Ewigkeit erhalten sind. Sie verändern sich dadurch, dass wir uns verändern, durch neue Informationen, eine neue Sicht auf die Welt, durch den Wandel der Gesellschaft und unserer Umwelt. Diesen Prozess möchte Wulf **Kirsten** anhand der kurzen Kindheitserinnerung in seinem Gedicht *Unvergesslicher Augenblick* verdeutlichen. Dazu nutzt er dessen dreiteiligen Aufbau, das Mittel der Wiederholung sowie eine Sprache, die sowohl die **Dynamik** der Erinnerungsprozesse ausdrückt als auch durch zahlreiche Begriffe dem Leser **Assoziationen** ermöglicht. Letztere zeigen zudem, dass Erinnern nicht nur ein individueller, sondern auch ein **kollektiver** Prozess sein kann.

Deutsch (Thüringen): Abiturprüfung 2012
Aufgabe 1: Freie Erörterung

William Shakespeare (1564–1616)

„Die Zeit ist aus den Fugen: Schmach und Gram,
Dass ich zur Welt, sie einzurichten, kam!“

Shakespeare, William, Hamlet. Prinz von Dänemark. Übersetzt von A. W. Schlegel. 1. Akt/5. Szene. Stuttgart 2001, S. 33.

Arbeitsanweisung

Setzen Sie sich mit dem Zitat auseinander und gehen Sie dabei auf literarische Beispiele ein.

Hinweise und Tipps

Ein Zitat und die vorliegende Arbeitsanweisung sind typisch für die freie Erörterung. Erfassen Sie zunächst den **Inhalt der Aussage** und geben sie diesen wieder. Im konkreten Fall ist gemeint, dass ein **Einzelner gesellschaftliche Krisen sowie das Entsetzen über die Anforderung an sich selbst, die Welt wieder „einzurichten“, also einzurenken, erkennt**. Wenn Sie Shakespeares „Hamlet“ gelesen oder im Unterricht behandelt haben, sind Sie zweifelsohne im Vorteil und können verdeutlichen, was der Dänenprinz konkret meint, wenn er sagt: „Die Zeit ist aus den Fugen“. Den Helden können Sie im Spannungsfeld von gesellschaftlichen Missständen und seiner persönlichen Herausforderung zeigen.

Es bietet sich an, auf das **Abiturrahmenthema** „Jeder Versuch eines Einzelnen, für sich zu lösen, was alle angeht, muss scheitern.“ einzugehen. Es lässt sich gut auf Hamlets Situation beziehen. Stellen Sie auch ähnlich gelagerte **Konflikte anderer literarischer Figuren** dar. Da das Zitat des Rahmenthemas von Dürrenmatt stammt, sollte das Drama **„Die Physiker“**, aus dessen Anhang es entnommen ist, eine Rolle spielen – zumal die Hauptfigur, der Wissenschaftler Möbius, solch ein Einzelner ist, der versucht, etwas alleine zu lösen, das alle angeht. Ein anderer Einzelner, der in gewissem Sinne als Gegenbeispiel angeführt werden kann, weil er sich lediglich radikal der Gesellschaft entzieht, ist der Schüler Pierre Anthon aus Janne Tellers Roman „**Nichts**. **Was im Leben wichtig ist**“. Auch die Erzählung **„Der Tunnel“** von Dürrenmatt kann erwähnt werden, weil in eine alltägliche Situation, eine Zugfahrt, etwas Absurdes einbricht, deren Auswirkungen die Hauptfigur, ein Student, nicht aufhalten kann. Beziehen Sie Werke, die Sie gelesen oder idealerweise im Unterricht behandelt haben, in Ihre Erörterung ein.

Fragen Sie sich resümierend, ob die Zustände, auf die ein Hamlet in unserer **heutigen Welt** träfe, ihn ebenfalls zum Klagen veranlassen würden. Dies muss wohl bejaht werden, denn zu viele Aufgaben, vor denen die Menschheit steht, sind bisher ungelöst geblieben. Ein Exkurs in das Werk **„Die acht Todsünden der zivilisierten Menschheit“** des Verhaltensforschers Lorenz wäre hier beispielsweise möglich. Eine aktuelle filmische Dokumentation („**Taste the Waste**“) dient als weiterer Beleg für die „aus den Fugen“ geratene Zeit: Darin wird die enorme Lebensmittelverschwendung in der Welt thematisiert.

In der **Einleitung** könnten Sie einmal vom Gegenteil ausgehen, also von einer paradiesischen Welt ohne „Schmach und Gram“, wie sie sich Thomas Morus in seinem Werk **„Utopia“** ausgedacht hat. Der **Schluss** bezieht sich hier auf **moderne Hamlet-Inszenierungen**.

Lösungsvorschlag

Einleitung
Alle, Männer wie Frauen, arbeiten drei Stunden am Vormittag und nach einer Mittagspause, in der gemeinschaftlich gespeist wird, drei Stunden am Nachmittag. Nach der Arbeit vergnügt man sich bei Spiel und Unterhaltung – im Sommer im Freien, im Winter in Sälen. Alles gehört allen, jeder erhält, was er braucht, auf Märkten, zu denen jeder das bringt, was er hergestellt hat. Man muss nichts bezahlen, denn niemand nimmt mehr, als er für sich selbst benötigt. Kranke werden sorgsam gepflegt, Kriege verabscheut. Der Ort, an dem die Menschen so zusammenleben, ist die Insel **Utopia**. Sie ist der Fantasie des Dichters Thomas Morus zuzuschreiben. Morus lebte vor Shakespeare im England des 15./16. Jahrhunderts.

Hauptteil
Das Utopia des Thomas Morus scheint das genaue Gegenteil von dem Ort zu sein, dessen Zustände Shakespeares **Hamlet** am Ende der 5. Szene im 1. Akt beklagt: „**Die Zeit ist aus den Fugen: Schmach und Gram, / Dass ich zur Welt, sie einzurichten, kam!**" Was der junge Dänenprinz gerade von einem Geist erfahren hat, in dessen Gestalt ihm sein Vater erschienen ist, ist kaum zu ertragen – kein Wunder, dass er lamentiert: König Claudius hat seinen Bruder umgebracht, um auf dessen Thron zu gelangen und die Königin zu ehelichen. Hamlet ist der Sohn des Ermordeten und der Neffe des Mörders. Der Geist trägt ihm auf, Claudius zu töten und so Rache zu üben. Der Held befindet sich im **Zwiespalt zwischen der Größe der Aufgabe und der Realität seiner Welt**. Eine Schmach, also eine Schande, sei es und Gram, tiefen Kummer, empfindet er darüber, dass ausgerechnet er die aus den Fugen geratene Zeit – „**Etwas ist faul im Staate Dänemarks**" (1/4) – wieder ins Lot bringen soll.

Was faul ist, ist offensichtlich: Auflösung, Sittenlosigkeit und Habgier dominieren das Zusammenleben. Alle gültigen Normen einer menschlichen Gemeinschaft sind dadurch gestört oder aufgehoben. Das Sagen haben die, die am rücksichtslosesten ihre Ansprüche zum eigenen Vorteil durchsetzen und sich dem jeweiligen Herrscher anbiedern. Folgerichtig muss der alte Hamlet als Relikt einer untergegangenen Zeit sterben, um den zerstörerischen Kräften den Weg an die Macht frei zu machen. Claudius und seine Büttel glauben rücksichtslos wirken zu können, haben jedoch die Rechnung ohne das Volk gemacht, auf das allein Hamlet zählen kann. Im weiteren Verlauf des Stückes wird es genügend Gelegenheiten für den Prinzen geben, den Racheauftrag des Geistes auszuführen, die er jedoch, für den Zuschauer bzw. Leser zunächst unverständlich, verstreichen lässt.

Hamlet nimmt seine **Verantwortung gegenüber der Welt** zwar an, ist aber kein Mann der Tat. Er ist ein Intellektueller zwischen höfischer und bürgerlicher Welt, ein Denker, der sich viele Fragen zum menschlichen Dasein stellt. Mit zu wenig Selbstvertrauen ausgestattet, hinterfragt er sich und sein Handeln, grübelt und neigt zur Melancholie. Hamlet ist sich seiner selbst nicht sicher und schwankt zwischen dem **Gebot des Geistes** und seinem **Gefühl**. Zwei Möglichkeiten eröffnen sich dem Prinzen: Er kann das Recht durch Rache, also durch Mord an Claudius, wieder herstellen, oder er kann sich seinem Auftrag durch Selbstmord – „Sein oder Nichtsein" (3/1) – entziehen. Ersteres kommt für ihn nicht in Frage, weil er sich durch den Gewaltakt auf die gleiche Stufe wie die Mörder seines Vaters stellen würde. Letzteres wäre ein allzu simpler Ausweg. Im Bewusstsein dieser **Zwangslage** wird sein Handeln gehemmt. Erst bei einem Anschlag auf sein Leben tötet der junge Hamlet den König und damit seinen Onkel bzw. Stiefvater, lässt jedoch auch sein eigenes durch einen vergifteten Degen. **Am Ende scheitert der Held an sich selbst**, bar jeder Illusion, als Einzelner die Verhältnisse ändern, die Welt „einrichten" zu können. Zurück bleiben zahlreiche Tote und die Feststellung: „Der Rest ist Schweigen." (5/2)

Auf Hamlet trifft die Aussage von Friedrich Dürrenmatt zu: „**Jeder Versuch eines Einzelnen, für sich zu lösen, was alle angeht, muss scheitern.**" Er, der Einzelne, versagt beim Versuch, sowohl dem Auftrag seines toten Vaters gerecht zu werden als auch die Zustände am Hof und im Lande zu ändern. Hamlet wird selbst Opfer der Zeit und muss scheitern, weil er ist nicht im Besitz der Mittel ist, die Welt „einzurichten". Jedoch symbolisiert er einen Typus Mensch, der sich auf seiner Suche nach der idealen Lösung von ungünstigen Bedingungen nicht abschrecken lässt. Die Figur steht beispielhaft für jemanden, der Schwierigkeiten hat, Denken und Handeln in Einklang zu bringen in einer Zeit, die „aus den Fugen" ist.

Dürrenmatts These stammt aus dem Anhang zu den „**Physikern**". Die Aussage davor führt unmittelbar zu ihr hin: „**Was alle angeht, können nur alle lösen.**" Der Schweizer Dichter beschäftigte sich Zeit seines Lebens mit Themen wie Weltuntergang, Katastrophe, Recht und Gerechtigkeit, was sich auch in dieser Komödie widerspiegelt. Sie ist vor dem Hintergrund des Kalten Krieges im 20. Jahrhundert sowie der Bedrohung durch einen **Atomkrieg** entstanden. Hamlet und **Möbius**, die Hauptfigur bei Dürrenmatt, haben einige **Parallelen:** Beide sind Kämpfer gegen ein ganzes System, grüblerisch veranlagt und beide stellen sich verrückt, Hamlet, um die Rache vorzubereiten, Möbius, um zu verhindern, dass sein Wissen in falsche Hände gelangt. Der Wissenschaftler will die Menschheit vor seinen eigenen Erkenntnissen, der Weltformel, schützen und das Wohl anderer nicht gefährden. Mutig gibt er deswegen Familie, Freiheit, Liebe, Ruhm und Anerkennung auf und nimmt so seine **Verantwortung gegenüber der Gesellschaft** wahr. Indem er sich aus der Gemeinschaft in eine psychiatrische Klinik zurückzieht, versucht er ganz altruistisch, den **Konflikt** zwischen seinen wissenschaftlichen Ansprüchen und der drohenden Anwendung seiner Forschungsergebnisse zum Wohl der Menschheit zu lösen.

Sein Handeln soll nicht von Meinungen, sondern von logischen Schlüssen und insofern **von Vernunft bestimmt** sein. Ihm ist bewusst, dass Denkfehler zur Katastrophe, zum Untergang der Menschheit führen würden. **Er handelt als Einzelner**, wird sogar zum Mörder, **aber scheitert**, denn seine Erfindung wird in die Hände derer gelangen, vor denen er sie verstecken wollte. Die Anstaltsleiterin, die einzig wahre Verrückte, hat alle Aufzeichnungen Möbius' kopiert und will damit die Weltherrschaft erlangen. Die Alternativen, die ihm sowie den anderen zwei Physikern Einstein und Newton bleiben, spricht er deutlich aus: Entweder sie blieben im Irrenhaus oder die Welt werde eines. Entweder sie löschten sich im Gedächtnis der Menschheit aus oder die Menschheit erlösche. Seine Freiheit ist in jedem Falle verloren, entweder als Gefangener im Irrenhaus oder als Gefangener in einem politischen System, dem er sich draußen unterzuordnen hätte. Dürrenmatt hat in seinem Drama gezeigt, dass ein Zurückhalten von Erkenntnissen in der heutigen Zeit nicht mehr denkbar ist – die Zeiten fordern aber ein Zurückhalten im Handeln.

Mit dem Themenkomplex **Wissenschaft – Wissenschaftler – Verantwortung** haben sich schon mehrfach Dichter auseinandergesetzt. Johann Wolfgang Goethes Zauberlehrling ist solch eine Figur, welche die Geister, die sie rief, nicht mehr los wird. Weitere Beispiele sind Mary Shelleys Frankenstein oder Bertolt Brechts Galileo Galilei.

Einer, der sich wie Möbius aus der Gesellschaft zurückzieht, und zwar auf einen Pflaumenbaum, ist der Schüler **Pierre Anthon** aus Janne Tellers Roman „**Nichts. Was im Leben wichtig ist**". Am ersten Tag des neuen Schuljahres steht er einfach auf und geht – weil nichts im Leben irgendeine **Bedeutung** habe. Daher lohne es sich auch nicht, irgendetwas zu tun. Im Gegensatz zu Hamlet ist Pierre Anthon ein **Antiheld**, denn es wird nicht ersichtlich, dass er als Einzelner etwas erreichen will, das alle angeht. Dass ein Geschehen in Gang gesetzt wird, bei dem die Mitschüler in ihrer **Sinnsuche** beweisen wollen, dass es doch etwas gebe, das eine Bedeutung habe, hat er gar nicht beabsichtigt. Gemeinsam haben diese damit einen verhängnisvollen Weg eingeschlagen, in dem es bald nicht mehr um Sinnsuche, sondern um **Rache und Opfer** geht. Was ambitioniert beginnt mit dem Errichten eines „Bergs der Bedeutung", gipfelt in kaum fassbaren Grausamkeiten. Am Ende geht der Berg, den Pierre Anthon zynisch als „Misthaufen" bezeichnet, in Flammen auf, und außer Asche bleibt – *nichts.*

Mit „Nichts." endet auch Dürrenmatts parabelhafte surreale Kurzgeschichte „**Der Tunnel**". Darin fährt ein Student, wie zuvor schon oft, im Zug. Diesmal jedoch rast er ungewöhnlich lange durch einen Tunnel, den der Protagonist vorher kaum wahrgenommen hat. Der Student fragt sich zum Zugführer durch, der sich die Situation nicht erklären kann. Gemeinsam kämpfen sie sich zur Lokomotive vor, deren Führerstand sie leer vorfinden – der Lokführer ist schon lange abgesprungen. Die Maschine gehorcht nicht mehr, die Notbremsen versagen und **der Zug rast unablässig dem Abgrund entgegen**. Auf die verzweifelte Frage des Zugführers, was sie tun könnten, antwortet der Student: „Nichts." Mutig sieht er am Ende der Gefahr ins Auge. Das ist bemerkenswert, denn zu Beginn der Erzählung wird beschrieben, dass er alle Sinnesorgane verstopft und seinen Körper mit Fett gepolstert hat, um sich gegen „das Schreckliche hinter den Kulissen" abzuschotten.

Der Zug steht symbolisch für das in „Alltagsgleisen" verlaufende Leben, das **Normale**, in das plötzlich die **Katastrophe** einbricht, die keiner wahrhaben will. Durch den endlosen Sturz ins Erdinnere gerät hier die Zeit aus den Fugen. Der Einzelne, der Student, sucht zwar nach einer **Lösung** des Problems, kann jedoch nichts ausrichten gegen Ignoranz oder Fatalismus der anderen. Während die Mehrheit der Reisenden so tut, als sei nichts passiert, die Brisanz der Lage also nicht erkennt oder erkennen will, versucht der Student wenigstens, die aus den Fugen geratene Welt „einzurichten".

Würden **heutige Hamlets** auch befinden, die Zeit sei aus den Fugen? Würden sie ebenfalls Klage darüber erheben, wie sie als Einzelne alles wieder ins Lot bringen sollen? Der österreichische Verhaltensforscher und Nobelpreisträger **Konrad Lorenz** untersuchte in seinem 1973 erschienenen Werk „**Die acht Todsünden der zivilisierten Menschheit**" Vorgänge, die seiner Meinung nach zur „Dehumanisierung" der Menschheit beitrügen. Sie bedrohten nicht nur unsere Zivilisation und Kultur, sondern die Menschheit als Ganzes. Detailliert erörtert der Autor acht Gründe: Überbevölkerung, Umweltverschmutzung, technologischer Fortschritt, Hedonismus, genetischer Verfall, Verlust bewährter Traditionen, zunehmende Indoktrinierbarkeit und die Aufrüstung mit Kernwaffen.

Hatte Lorenz recht mit seiner Analyse? – Die Ergebnisse von damals decken sich zumindest in einigen Punkten mit denen von heute. Im Rahmen des „**Millennium Projects**" werden alljährlich Wissenschaftler, Firmenchefs und Politiker zu den größten Herausforderungen für den Planeten befragt. Resultat: Energiekrise und Klimawandel, Bevölkerungswachstum, Terrorismus und Massenvernichtungswaffen, organisierte Kriminalität sowie autoritäre Regime. Der moderne Hamlet würde angesichts dieser Probleme wie der Shakespeare'sche stöhnen: „Die Zeit ist aus den Fugen." Die Menschheit steht also vor schier **unlösbaren Aufgaben**, und obwohl die Probleme schon lange bekannt und benannt worden sind, muss dennoch das Fazit gezogen werden, dass unter sämtliche Ziele und Vorhaben, die in Konferenzen, Erklärungen oder Konventionen vereinbart wurden, bislang eine **Bilanz des Scheiterns** zu ziehen ist. Noch nie war die Entwaldungsrate größer als heute, nie wurden mehr Treibhausgase in die Atmosphäre geblasen, noch nie waren so viele Tier- und Pflanzenarten vom Aussterben bedroht und nie zuvor wurde so viel fruchtbares Ackerland in Monokulturen umgewandelt. Als die bislang letzte große Warnung an die Menschheit kann die Nuklearkatastrophe von Fukushima gelten. Es scheint, als seien Menschen wie Staaten die Interessen von heute wichtiger als die Bedrohungen von morgen. Hamlet kann seinen Müll trennen, Vegetarier werden oder nur noch zu Fuß gehen – er als Einzelner wird nicht lösen, was alle angeht. Gefragt sind tragfähige Lösungen zum Schutz der Erde und eine **nachhaltige Entwicklung**.

Auch eine bemerkenswerte **filmische Dokumentation** aus dem Jahr 2011 stellt unter Beweis, wie sehr unsere Zeit aus den Fugen geraten ist: „**Taste the Waste**" von Valentin Thurn. Der Regisseur beschäftigt sich in seinem Film mit der **Verschwendungskultur** der Menschen. Nahezu die Hälfte aller Lebensmittel, die auf der Erde produziert oder geerntet werden, landen als „verkaufsunfähige Ware" auf dem Müll, nur weil Bananen braune Flecken haben,

Gurken krumm und Kartoffeln zu klein gewachsen sind oder Joghurt kurz vor dem Ablauf des Mindesthaltbarkeitsdatum steht. Diese Verschwendung ist umso erschreckender, weil gleichzeitig in Afrikas ärmsten Regionen Kinder reihenweise hungers sterben. Dabei könnten mit dem Essen, das alleine in Europa und Nordamerika weggeworfen wird, alle Hungernden der Welt dreimal satt werden. Die Dokumentation findet aber auch Ansätze zum Umdenken und Vorbilder wie eine Gruppe junger Menschen (sogenannte „Mülltaucher"), die zum überwiegenden Teil von in Supermärkten weggeworfenem Essen leben, nicht etwa, weil sie arm sind, sondern weil sie sich von moralischen Prinzipien leiten lassen und trotz unüberwindlich scheinender Hindernisse als Einzelne den Kampf für die aus den Fugen geratene Zeit antreten wollen – trotz „Schmach und Gram".

Schluss
Die Tragödie „**Hamlet**" steht auch heute noch häufig auf den Spielplänen der **Theater**. Manche Regisseure fühlen sich dabei dem klassischen Original Shakespeares verpflichtet, indem sie versuchen, das Stück so authentisch wie möglich auf die Bühne zu bringen. Andere holen den jungen Prinzen in die **Gegenwart** und irritieren damit bewusst ihr Publikum, das den Helden mit langen Dreadlocks, im schlackernden Anzug und mit Chucks an den Füßen kaum noch zu erkennen vermag. Hamlets ewiges Schwanken zwischen dem anerzogenen Drang zur Blutrache und den fortschrittlichen Ansätzen zum Bestehen in der Gegenwart werden deutlich gemacht. Doch bei aller Modernisierung muss auch dieser einstige Rebell **scheitern**, weil er nicht in der Lage ist, gegen die Verhältnisse der Zeit anzukämpfen. Er stirbt mit dem bitteren Gedanken, dass sich die Zeiten nicht ändern werden. Dürrenmatt behält schließlich recht: „Jeder Versuch eines Einzelnen, für sich zu lösen, was alle angeht, muss scheitern."

Deutsch (Thüringen): Abiturprüfung 2012
Aufgabe 2: Textgebundene Erörterung

Axel Hacke (geb. 1956)
Giovanni di Lorenzo (geb. 1959)

Wofür stehst Du? Was in unserem Leben wichtig ist. Eine Suche.
(Auszug aus dem Vorwort)

[…]

Seit einigen Jahren sind jüngere Menschen dabei, die Schlüsselstellen in unserem Staat zu besetzen. Bezeichnend ist, dass ihnen allen – von Philipp Rösler, dem Gesundheitsminister in der schwarz-gelben Regierung, über Sigmar Gabriel, dem vorerst letzten Hoffnungsträger der SPD, bis hin zu Reinhold Beckmann, dem Fernsehjournalisten der ARD – etwas attestiert wird, was sogleich als Schwäche erscheint: sie seien pragmatisch und dabei so flexibel, dass sie ihre Haltungen immer wieder justierten, je nachdem, was gerade opportun ist, also kollektiv unfähig, auf die Frage zu antworten: Wofür stehst Du eigentlich?

Die Frage provoziert Abwehr, und das ist verständlich: Sie ist voller Vorwurf, sie dient manchmal, wenn sie von Älteren gestellt wird, auch zur Überhöhung der eigenen Generation. Und sie ist leider auch nur von einigen Helden und Heldinnen oder von etwas tumben Menschen immer eindeutig zu beantworten. Die großen Themen unserer Zeit – Klimawandel, Überbevölkerung oder Gerechtigkeit – sind nicht nur gewaltig groß, sie sind auch unfassbar kompliziert. Die Vielschichtigkeit der Probleme und ihre monströsen Ausmaße machen offenbar ohnmächtig oder etwas feige oder beides zugleich.

Es gibt in Deutschland einen massenhaften Rückzug aus gesellschaftlicher Verantwortung, was allein schon daran sichtbar wird, wie wenig Auswahl es bei der Besetzung der meisten politischen Ämter gibt, von den Kommunen bis in die Parlamente. Und daran, wie viele Menschen selbst noch den kleinsten Schritt der Teilhabe am Ganzen scheuen: den Gang an die Wahlurne, alle paar Jahre. Ja, selbst Politiker in höchsten Ämtern scheinen bisweilen die Last der politischen Verantwortung abschütteln zu wollen, wie im Jahr 2010 die Fälle Koch, Köhler und von Beust zeigten.

Was hilft dagegen?

Jedenfalls kein Kanon neuer Werte – die altbekannten wie Gerechtigkeit, Mitmenschlichkeit oder Bewahrung der Schöpfung sind fordernd genug. Und bitte auch kein Handbuch der Alltagsmoral! Wer von diesem Buch einen Leitfaden, Anweisungen und Tipps für das eigene Leben erwartet, vielleicht sogar ein vollständiges Kompendium von Werten für alle Lebenslagen – der legt es am besten *jetzt* aus der Hand!

Von uns kommt erst einmal das Eingeständnis einer Schwäche, nämlich das Bekenntnis der eigenen Ambivalenz. Aus kaum einer Krise oder Konfrontation, sei sie beruflich, privat oder politisch, kommt man mit nur einer einzigen Erkenntnis heraus, oft aber mit vielen Widersprüchen. Aber das zu akzeptieren, ist am Ende keine Schwäche, sondern eine Stärke.

Beim Versuch, zu beschreiben, was uns wichtig ist im Leben und was uns fehlt, haben wir uns an unsere eigene Erfahrungswelt gehalten. Es war unvermeidlich, dass wir dabei viel von uns preisgeben mussten, mehr als wir uns am Anfang vorgestellt hatten – und oft mehr als uns lieb war. Anders aber scheint uns ein Buch wie dieses nicht glaubwürdig zu sein. Es ist deshalb auch eine Inventur geworden: Was haben wir erlebt? Was regt uns noch auf? Wo haben wir uns davongestohlen? Wann belügen wir uns?

Überall in der Gesellschaft ist eine große Sehnsucht nach Klarheit, nach Führung und Eindeutigkeit zu spüren. Wir kennen das von uns selbst. Dieses Bedürfnis ist indes kaum zu erfüllen: Es führt in die Irre, wenn man nur dem Leben ständig mit Moral entgegentritt, es muss ja auch die Moral dem Leben standhalten.

Viele Menschen fühlen sich deswegen orientierungslos. Einige suchen Halt in Heilslehren, weitaus mehr (was in jedem Fall ungefährlicher ist) in Ratgebern. Andere flüchten sich in Zynismus. Und wir? Relativieren wir mit unserem Bekenntnis zur Ambivalenz Werte und entwerten sie damit?

Nein, denn wir wissen sehr wohl, dass man auch heute noch in vielen Situationen sehr klar zwischen Gut und Böse unterscheiden kann – und muss. Wir haben nur versucht, ehrlich zu bleiben: Es reicht nicht, die richtigen Maßstäbe im Leben zu finden. Man muss sie auch vermitteln können, sie mit sich und anderen immer wieder ausmachen.

Wir sind aber auch getrieben von dem Wunsch, der durch Erklärungsversuche aller Art vertuschten Gleichgültigkeit vieler Menschen gegenüber anderen, der Gesellschaft und dem Staat etwas entgegenzusetzen.

Die meisten von uns leben in einem Umfeld, das von ihnen fast nie tief greifende Wert-Entscheidungen verlangt. Wer von uns muss je sein Leben, seinen Wohlstand, die Sicherheit seiner Familie aufs Spiel setzen, indem er für etwas Gerechtes eintritt: einen Menschen vor der Verfolgung durch die Polizei einer Diktatur verstecken oder sich gegen Schläger stellen, die andere bedrohen, oder an einer Demonstration teilnehmen, deren Teilnehmer damit rechnen müssen, im Gefängnis zu landen? Wie viele von uns verzichten auf etwas Wichtiges, weil ihnen ein moralischer Aspekt noch wichtiger ist?

Aber gerade weil wir so wenig riskieren, darf man von uns etwas erwarten: dass wir uns jeden Tag erinnern, wofür wir stehen möchten, ein bewusstes Leben führen, uns der Momente entsinnen, an denen wir den eigenen Werten nicht gewachsen waren und von uns selbst verlangen, es beim nächsten Mal besser zu machen. […]

(2010)

Aus: Hacke, Axel; di Lorenzo, Giovanni: Wofür stehst Du? Was in unserem Leben wichtig ist. Eine Suche. Köln 2010, S. 10–13.

Arbeitsanweisung

Setzen Sie sich auch auf der Grundlage eigener Erfahrungen mit den Positionen der Autoren auseinander.
Stellen Sie dabei einen Bezug zum Rahmenthema her.

Hinweise und Tipps

Voraussetzungen
Die textgebundene Erörterung hält in diesem Abitur-Jahrgang das **Vorwort eines Sachbuches** als Textgrundlage bereit. Da es sich nur um einen Auszug handelt, kann die Kenntnis des Gesamttextes naturgemäß nicht vorausgesetzt werden. Viel bedeutsamer ist die Tatsache, dass die Aufgabe in eine ausdrücklich gewünschte Auseinandersetzung mit dem Rahmenthema mündet.

Da dieser **Bezug zum Rahmenthema** – ein Zitat von Friedrich Dürrenmatt: „Jeder Versuch eines Einzelnen, für sich zu lösen, was alle angeht, muss scheitern." – nicht die ursprüngliche Absicht des Textes bzw. seiner Autoren ist, kann die gestellte Aufgabe nur dann vollständig bearbeitet werden, wenn es Ihnen gelingt, diesen Bezug im Laufe Ihrer Arbeit von außen an den Text heranzutragen. Die Einheitlichen Prüfungsanforderungen in der Abiturprüfung Deutsch (EPA) fordern für diesen Aufgabentyp allerdings auch eine genaue Auseinandersetzung mit der **Problemfrage der Textvorlage**. Die möglichen Gefahren liegen also sowohl in der fehlenden oder falschen Bezugnahme auf das Rahmenthema als auch darin, den roten Faden des Textes aus den Augen zu verlieren. Ein drittes Element der Aufgabe sind **eigene Erfahrungen**, die in der gewünschten Individualität von Belegen und Beispielen in jeder Erörterung einen großen Stellenwert haben. **Allgemeinwissen** aus anderen Fächern (Geschichte, Sozialkunde, Ethik) hilft beim Verständnis der angesprochenen politischen Zusammenhänge.

Die Aufgabe verlangt Leistungen in allen drei Anforderungsbereichen, die laut Einheitlichen Prüfungsanforderungen in der Abiturprüfung Deutsch (EPA) vorausgesetzt werden:

Anforderungsbereich I (Grundlagen an Wissen/Kennen konkreter Einzelheiten): Kenntnisse über die Bedeutung von einigen Fremdwörtern sind unerlässlich; Hilfe könnte dabei zusätzlich die Verwendung eines Wörterbuchs zur deutschen Sprache leisten, das Ihnen offiziell als Hilfe zur Verfügung steht. Ein hohes Maß an Allgemeinwissen im gesellschaftlichen sowie im politischen Bereich erleichtert nicht nur das Verständnis des Textes, sondern verschafft Ihnen eine größere Palette an Belegen und Beispielen. Dabei ist einfaches Alltagswissen hierbei schon grundsätzlich hilfreich. Mit der Aussage des Rahmenthemas sollten Sie sich bereits im Vorfeld gründlich auseinandergesetzt haben.

Anforderungsbereich II (Organisation des Arbeitsprozesses): Die Erfassung von Inhalt und Argumentation des Textauszugs ist für die Erfüllung der Aufgabe zentral. Die Gewichtung der Sachverhalte muss dabei in eigenen Worten deutlich werden. Eigene Argumente, Belege und Beispiele sind im Hinblick auf diese Gewichtung auf ihre Eignung zu prüfen. Zur Darstellung der Wirkung sowie zum Hervorheben von Kernaussagen der Autoren sollten Sie im analytischen Teil auch auf Techniken des Zitierens zurückgreifen.

Anforderungsbereich III (Fähigkeit zur eigenen Urteilsbildung): Das Ergebnis der Texterschließung sollte die begründete Stellungnahme sein. Dabei muss die Verknüpfung mit dem Rahmenthema präsent bleiben. Das erkennbare Anwenden von Argumentationsstrategien wird verlangt.

Erläuterung der Aufgabenstellung
Die Aufgabenstellung geht in zwei Teilaspekten über eine reine Aufforderung zur **Texterörterung** hinaus: Erstens sollen **eigene Erfahrungen** eingebracht werden, zweitens sollen Sie einen **Bezug zum Rahmenthema** herstellen.

Um dem Aufsatz einen persönlichen Charakter zu verleihen, bietet sich für den Einstieg in die Thematik eine Brücke zu Ihrer eigenen Erfahrungswelt an. Der im folgenden Lösungsvorschlag gewählte Weg (soziale Netzwerke) ist dafür nur ein Beispiel. Im Laufe der Einleitung sollte dann bereits – neben der Nennung des Textzusammenhangs – der Bezug zum Rahmenthema ins Spiel gebracht werden. Nach einer kurzen **Inhaltswiedergabe** schließt sich ein analytischer Überblick über die **Vorgehensweise der Autoren** an. Dabei sollte – neben der Präsentation von Kenntnissen im Bereich der sprachlichen Mittel – immer der **Bezug zur Argumentation** gewahrt bleiben. Der **Zusammenhang zwischen Inhalt und Form**, der die Deutung eines Textes immer ausmacht, wird gerade hier in diesem Vorwort deutlich, wenn die Autoren ihre eigene Vorgehensweise selbst erläutern.

Bei der Auswahl **persönlicher Erfahrungen** ist Ihr Spielraum durchaus noch größer als im folgenden Lösungsvorschlag. Gehen Sie dabei ruhig auf Ihre individuelle Entwicklung oder die Ihres Jahrgangs an der Schule ein. Einige Themen (Schülermitwirkung, Engagement in der Freizeit, Pläne nach der Schule) klingen hier zumindest an. Bei der **Einbeziehung des Rahmenthemas** ist es zwar sicherlich gern gesehen, wenn man den Entstehungszusammenhang (21 Punkte zu den „Physikern“) kennt, allerdings kann eine zu intensive Darstellung dieses Kontexts auch in die Irre führen. Die grundlegenden Fragen von Wissenschaft und Verantwortung in Dürrenmatts Komödie haben schließlich nur wenige Berührungspunkte mit den Thesen der Autoren Hacke und di Lorenzo.

Am Ende des Aufsatzes können Sie dann noch einmal eine Brücke zwischen allen Aufgabenteilen schlagen und so ein **Fazit** ziehen.

Lösungsvorschlag

„Gefällt mir!“ – Ein Klick auf das Zeichen mit dem nach oben gestreckten Daumen, und ich zeige allen, was mich interessiert, begeistert, was ich unterstütze und mag. So einfach wie heute in Zeiten der **sozialen Netzwerke** war es noch nie, individuelle Haltungen und Neigungen umfassend zu präsentieren. Millionen von vor allem jungen Menschen beteiligen sich daran durch die Erstellung eines individuellen **Profils im Internet**.

Doch taugt ein solches Profil wirklich als Antwort auf die Frage: „**Wofür stehst Du?**“. Es ist sicherlich kein Zufall, dass heutzutage ein Buch erscheint, das genau diese Frage im Titel stellt. Ihrem Werk gaben die Autoren **Axel Hacke** und **Giovanni di Lorenzo** den Untertitel „Was in unserem Leben wichtig ist. Eine Suche.“ Beide Autoren sind beruflich nah am Puls der Zeit: Hacke äußert sich als Kolumnist regelmäßig in der „Süddeutschen Zeitung“ zu Themen des Alltags, di Lorenzo kennt man neben seiner Haupttätigkeit als Chefredakteur der Wochenzeitung „DIE ZEIT“ als Moderator einer Talkshow. Ihr Buch verstehen sie allerdings nicht als Ratgeber, sondern sie verbinden ihre gesammelten Beobachtungen mit dem Appell, wieder stärker über die Frage des eigenen Standpunktes und vor allem über alle Fragen, die sich aus ihm ergeben, nachzudenken. Die These, dass man die Antworten nicht nur mit sich selbst, sondern auch mit der Gesellschaft ausmachen muss, formulieren Hacke und di Lorenzo bereits im Vorwort, das in einem Auszug der folgenden Darstellung zugrunde liegt. Dass jemand allein keine Lösungen finden kann, ist aber nicht erst eine Erkenntnis der letzten Jahre. So formulierte bereits **Friedrich Dürrenmatt** im Anhang zu seiner Komödie „Die Physiker“: „Jeder Versuch eines Einzelnen, für sich zu lösen, was alle angeht, muss scheitern.“

Am Anfang des Auszugs formulieren die Autoren ihren Eindruck, dass immer mehr junge Menschen in einflussreichen Positionen die Fähigkeit vermissen ließen, sich **eindeutig auf eine Haltung festzulegen** (Z. 1–8). Sie gestehen aber auch ein, dass die Größe der anstehenden Probleme dies immer schwieriger mache, und sie halten fest, dass angesichts dessen insgesamt weniger Menschen die **Möglichkeiten der Mitwirkung** in Gesellschaft und Politik nutzten (Z. 9–22). Hacke und di Lorenzo geben zu, dass sie dafür keine Patentrezepte besäßen, die sie den Lesern vermitteln könnten (Z. 23–28). Vielmehr sei es ihnen wichtig, diesen Missständen mit ihren **eigenen Erfahrungen** etwas entgegenzustellen (Z. 29–39). Das Fehlen eindeutiger Positionen zu den Fragen unserer Zeit verursache bei den Menschen ein Bedürfnis nach Klarheit, das jedoch nicht befriedigt würde; es herrsche Orientierungslosigkeit vor (Z. 40–47). Dies dürfe aber nicht zu einer Beliebigkeit führen, es müsse eher der Antrieb dazu sein, sich immer wieder einer **Werte-Diskussion** zu stellen (Z. 48–54), auch wenn der Druck dazu gering sei, weil wir uns – zumindest in unserer Gesellschaft – den wichtigen Entscheidungen oft leicht entziehen könnten (Z. 55–61). Aufgrund dieses geringen Drucks müsse man sehr bewusst Antworten suchen auf die Frage „Wofür stehst Du?" (Z. 62–65).

„Eine Suche" ist ja auch der Untertitel, den die Autoren für ihr Buch gewählt haben. Bei aller Offenheit ist die Absicht der **Textsorte Vorwort** aber eindeutig: Es soll zum Weiterlesen animieren. In der Buchhandlung gibt ein Vorwort beim Aufschlagen des Buches den entscheidenden Impuls, es zu kaufen. Dem steht paradox gegenüber, dass die Autoren an einer Stelle einer Gruppe explizit empfehlen, das Buch „aus der Hand [zu legen]", und zwar „jetzt", was durch die Kursivschreibung dieses Wortes noch hervorgehoben wird (Z. 28). Sie wollen falschen Erwartungen entgegenwirken, sie hätten ein „Handbuch" mit „Leitfaden, Anweisungen und Tipps" (Z. 25 f.) verfasst. Sie werten eine solche Herangehensweise nicht völlig ab, denn einen derartigen Ratgeber, der Orientierung verspricht, halten sie wenigstens für „in jedem Fall ungefährlicher" als „Heilslehren" (Z. 44 f.), die angesichts von **Orientierungslosigkeit** eindeutige Lösungen vorgaukeln. Mit der anschließenden Feststellung „Andere flüchten sich in Zynismus" (Z. 45 f.) erstellen sie einen Gegensatz zwischen Heilslehre und Zynismus, um die eigene Herangehensweise dann noch im selben Absatz als einen dritten Weg zu eröffnen. Eingeleitet durch eine Frage an sich selbst („Und wir?") charakterisieren die Autoren ihre Haltung sehr präzise: Sie geben ein „Bekenntnis zur **Ambivalenz**" ab (Z. 46, auch schon Z. 29 f.). Ein Bekenntnis fordert eigentlich eine eindeutige Festlegung ein. Das erwartet man z. B. von einem Religionsbekenntnis. Zu jeder anderen Haltung kann man sich aber ebenso bekennen. Das Fremdwort „Ambivalenz" allerdings drückt ‚Mehrdeutigkeit' aus. Hacke und di Lorenzo kombinieren hier also zwei Schlüsselbegriffe ihres Textes zu einer paradoxen Formulierung, die in diesem Kontext aber sinnvoll erscheint. So führen sie dieses Bekenntnis auch als eine „Schwäche" ein (Z. 29), sehen dann aber eine „Stärke" darin, „das zu akzeptieren" (Z. 32 f.). Diese Akzeptanz erwarten sie somit wohl auch von den Lesern, die nach der Lektüre des Vorworts mit keiner „einzigen Erkenntnis", aber mit „vielen Widersprüchen" (ebd.) rechnen sollen.

Gegensätze finden sich in diesem Textauszug deshalb häufiger: So heißt es etwa, dass die Titelfrage „Wofür stehst Du?" „nur von einigen Helden und Heldinnen und von etwas tumben Menschen immer eindeutig zu beantworten" (Z. 11 f.) sei. Wieder verorten sich die Autoren selbst außerhalb dieser gegensätzlichen Paarung. Sie machen somit gleichzeitig ein **Identifikationsangebot** an die Leser, die sich sicherlich nicht als Helden und schon gar nicht als „tumbe" Menschen (ein antiquierter Euphemismus für „dumm") sehen werden. Neben solchen gegeben Gegensätzen werden auch **Schlüsselbegriffe**, die man in der Regel nicht als die zwei Seiten einer Medaille betrachtet, gegenübergestellt: „Es führt in die Irre, wenn man nur dem **Leben** ständig mit **Moral** entgegentritt, es muss ja auch die **Moral** dem **Leben** standhalten." (Z. 42 f.) Diese Gegenüberstellung, die in dieser Form an die eines **Chiasmus** erinnert, ist erneut ein Bekenntnis zur Ambivalenz, denn die Möglichkeit einer völligen Übereinstimmung von Moral und Leben wird hier bezweifelt.

Neben den unlösbaren Gegensätzen sorgen im Text auch **Fragen** für die Darstellung von Mehrdeutigkeiten. Sie treten in verschiedenen Formen und Funktionen auf: Zum einen beginnen die Autoren mithilfe von Fragen einen **Dialog mit dem Leser**, indem sie sie an sich selbst stellen (vgl. z. B. Z. 23). Das kann eine Folge der Tatsache sein, dass hier ein Autoren-Duo einen Text gemeinsam verfasst hat. Zum anderen kommen **rhetorische Fragen** im klassischen Sinne vor: „Wie viele von uns verzichten auf etwas Wichtiges, weil ihnen ein moralischer Aspekt noch wichtiger ist?" (Z. 60 f.) Hier hat die Formulierung die Funktion, die These vom Anfang des Absatzes bewusster zu machen, denn dort heißt es, dass wir „in einem Umfeld [leben], das von [uns] fast nie tief greifende Wert-Entscheidungen verlangt." (Z. 55 f.) Dazwischen untermauern die Autoren diese These mit einer Reihe von konkreten Beispielen, ebenfalls in Frageform (vgl. Z. 56–60). Drittens werden Fragen formuliert, deren **Beantwortung dem Haupttext des Buches vorbehalten** bleiben soll: „Was haben wir erlebt? Was regt uns noch auf? Wo haben wir uns davongestohlen? Wann belügen wir uns?“ (Z. 38 f.) Diese Anhäufung von knapp formulierten Fragen betont die Selbstsicht der Autoren („wir“) in ihrem vergangenen und gegenwärtigen Leben (Perfekt in den Fragen 1 und 3, Präsens in den Fragen 2 und 4).

Dass Hacke und di Lorenzo ihrem gemeinsamen Buchprojekt nicht den Anspruch allgemeingültiger, wissenschaftlicher Unterrichtung geben, wird auch über die **Wortwahl** vermittelt: Schon das „Du“ im Titel erzeugt persönliche Nähe. Die Sätze sind häufig parataktisch, sprechen den Leser oftmals direkt an und die gewählten Begriffe entstammen nicht unbedingt einer soziologischen oder philosophischen Fachsprache. Die verwendeten Fremdwörter (z. B. *opportun, Ambivalenz, Inventur, Zynismus* u. a.) können noch dem allgemeinen Wortschatz zugerechnet werden. Als **Adressaten** des Textes darf man wohl die Leser annehmen, die sonst auch Texte von Hacke und di Lorenzo in deren hauptberuflichen journalistischen Publikationsformen lesen. Somit können die beiden erfahrenen Journalisten davon ausgehen, dass jeder mit den verwendeten aktuellen Beispielen aus Politik und Gesellschaft (z. B. „die Fälle Koch, Köhler und von Beust“, Z. 22) etwas anfangen kann, ohne dass die genauen Hintergründe explizit erläutert würden.

Natürlich könnte man auf die Thesen der Autoren ebenso mit der Nennung **politischer Ereignisse** reagieren: Sind nicht die noch weniger weit zurückliegenden Rücktritte von Guttenberg und Wulff ein Beleg dafür, dass der Druck gesellschaftlicher Werte und nicht das Abschütteln politischer Verantwortung zum offensichtlichen Rückgang politischer Betätigung der Menschen führt? Die Antwort darauf fällt sicherlich ebenfalls ambivalent aus, denn mit Gegenbeispielen im allgemeinen politischen Geschehen ließe sich sicher aufwarten.

Um auf die Welt der sozialen Netzwerke zurückzukommen: Die dortigen Profile drücken genau die Flexibilität in Bezug auf Haltungen aus, die – laut Hacke und di Lorenzo – jungen Verantwortungsträgern als Schwäche ausgelegt wird. Die Frage „Wofür stehst Du?“ lässt sich mit einem solchen Profil tatsächlich nicht so einfach beantworten, denn jeder kann sich mit einem Sammelsurium von Haltungen und Überzeugungen darstellen, das nicht dem Anspruch genügen muss, in sich stimmig zu sein. Das fängt schon bei der Relevanz an: Eine politische Partei kann hier neben dem Lieblingsschokoriegel stehen; man bekennt sich zur eigenen Schule sowie zur meist gesehenen Fernsehserie, indem man auf die jeweilige Homepage verweist. Selbst wenn man diese Vorlieben jeweils mit vielen anderen teilt, ist das Profil etwas Individuelles, das zu keiner echten Gemeinschaft führt oder führen muss. Das ist ein deutliches Beispiel für die **Individualisierung** unserer Gesellschaft. Stehen wir deshalb aber alle ganz alleine vor den großen Problemen der Zeit, die Hacke und di Lorenzo mit „Klimawandel, Überbevölkerung oder Gerechtigkeit“ (Z. 13) benennen? Im Gegenteil: Dadurch, dass wir uns dieser Individualität immer mehr bewusst werden, kann die Akzeptanz für das Anderssein des Gegenübers wachsen. Die genannten Themen treten global in Erscheinung und sind nur global lösbar. Alte Schranken zwischen sozialen Schichten, Nationen, Ideologien oder Hautfarben sind für diese Lösung am meisten hinderlich. Diese zu überwinden ist auch durch das „Bekenntnis der eigenen Ambivalenz“ (Z. 29 f.) möglich. Wenn aus der älteren Generation der Vorwurf kommt, dass sich die Jungen nicht eindeutig genug bekennen würden, verkennt dies die Komplexität der in unserer Zeit anstehenden Probleme, von denen die Älteren vielleicht nicht mehr betroffen sind. Was kann ich alleine in meinem Alltag beispielsweise gegen den Klimawandel tun? Auf diese Frage mag es so viele Antworten geben wie Experten, und immer wieder werden Ergebnisse präsentiert, die die Wirkung des Menschen auf das Klima sogar ganz infrage stellen. Der Einzelne muss sich des Problems nur immer wieder bewusst werden, nach seinem Gewissen und seinen Kenntnissen handeln und ständig bereit sein, seine Überzeugung auch einmal zu ändern, um sich neuen Erkenntnissen anzupassen. Denn aus

Fehlern muss man klug werden können. Das ist eine Überzeugung, die auch Vertreter eines strengen **Werte-Kanons** in unserer Zeit nicht mehr abstreiten können.

Ein solch flexibler Umgang mit Überzeugungen – die angesprochene „Ambivalenz" – ist nicht etwa eine Methode, um es sich leicht zu machen. Vielmehr ist er Voraussetzung, dass man sich immer wieder informiert, überprüft und kritisch reflektiert. Das geht eigentlich nur im Austausch mit den Mitmenschen.

Aufgrund dieser Notwendigkeit zur Anstrengung – so beobachten es Hacke und di Lorenzo – gebe es „in Deutschland einen massenhaften Rückzug aus gesellschaftlicher Verantwortung" (Z. 16 f.). Sie machen das im Wesentlichen an Belegen aus dem Bereich der traditionellen **Parteipolitik** fest: Es gebe immer weniger Anwärter auf politische Ämter, immer weniger Menschen gingen zur Wahl und aktive Politiker zögen sich zurück (vgl. Z. 17–22). Sicherlich könnte man das an glaubwürdigen Statistiken beweisen, aber lässt sich an diesen Zahlen tatsächlich ein Rückgang gesellschaftlicher Verantwortungsbereitschaft messen? Das **Engagement** beginnt doch im Kleinen. Auch der Kurssprecher übernimmt Verantwortung für sein direktes gesellschaftliches Umfeld. Viele Thüringer Schulen machen jetzt gerade ihre ersten guten Erfahrungen mit der direkten Wahl eines Schülersprechers durch alle Schüler einer Schule. In Vereinen machen sich viele – auch junge Menschen – stark für die Gemeinschaft. Das Bedürfnis, freiwillig nach der Schulzeit etwas für die Mitmenschen zu tun, ist bei Schulabgängern in den letzten Jahren durchaus gestiegen. Nach der Aussetzung der Wehrpflicht bzw. des Zivildienstes wählen trotzdem viele Schüler, aber auch Schülerinnen nach ihrem Abschluss den Weg in den neuen Bundesfreiwilligendienst bzw. in ein freiwilliges soziales oder ökologisches Jahr. Sie nehmen für ihren **Dienst an der Gesellschaft** gerne in Kauf, dass ihre weitere Ausbildung in Betrieben sowie Universitäten und somit der Beginn ihres bezahlten Arbeitslebens später beginnt. Die Formen politischer und gesellschaftlicher Meinungsäußerung finden währenddessen nicht mehr so stark in den Ortsverbänden der etablierten Parteien statt; aber wenn jungen Menschen ein Anliegen wichtig ist, dann zieht es sie durchaus auch zu Protesten auf die Straße. Neue Möglichkeiten der Vernetzung haben ganz neue – oft sehr kreative – Formen geschaffen, um auf ein gesellschaftliches Problem aufmerksam zu machen. Der Erfolg der Piraten-Partei in den letzten Monaten hat den anderen Parteien gezeigt, dass ihnen diese neuen Formen auch veränderte Themen und Herangehensweisen abfordern. Unterm Strich mag man Hacke und di Lorenzo deshalb die Frage entgegenhalten, ob ihre Beobachtung eines „massenhaften Rückzugs" nicht eher einer radikalen **Veränderung** gesellschaftlicher Verantwortung entspricht.

Diese Mitwirkungsmöglichkeiten stellen heute Selbstverständlichkeiten dar, für die vergangene Generationen noch kämpfen mussten und die deshalb vielleicht heute nicht mehr so spektakulär wirken. Ähnlich argumentieren die Autoren von „Wofür stehst Du?" im späteren Teil des Textes ja auch (vgl. Z. 55 ff.). Wir leben in einem Umfeld, das uns viele **Freiheiten** ermöglicht. Die Teilnahme an Demonstrationen bedeutet für uns tatsächlich nicht, dass man das Leben aufs Spiel setzen muss. Dass es solche Situationen aber auch noch im 21. Jahrhundert geben kann, zeigen uns die Entwicklungen der Revolutionen im nordafrikanischen Raum.

Unsere freiheitliche Gesellschaft stellt aber auch an jeden die Herausforderung, eigene Lösungen und **eigene Orientierungen** zu finden. Das betrifft ebenso die **Schule** und den **Unterricht**, wie ihn Schüler heute erleben. Ein gutes Abitur erreicht man schon lange nicht mehr nur mit einem Faktenwissen, das, auf eindeutigen Lehren basierend, stur auswendig gelernt und nicht hinterfragt wird. Vielmehr ist es wichtig, sich neben der Anwendung des Wissens positionieren zu können, Wege zur Entscheidungsfindung zu entwickeln und diese zu vertreten. Das gilt für die selbstständige Erforschung naturwissenschaftlicher Phänomene genauso wie für die **Suche nach einem Standpunkt** in den gesellschaftlichen Zusammenhängen, wie sie in Geschichte, Sozialkunde und oft auch im Deutschunterricht eine große Rolle spielen. Solch ein Verständnis von Bildung schützt uns vor „Heilslehren" (Z. 44 f.), also den scheinbaren Lösungen, die uns Eindeutigkeit versprechen, meist zu dem Preis, dass man sich als Mensch komplett unterordnen muss.

Hacke und di Lorenzo schlussfolgern daraus: „Es reicht nicht, die richtigen Maßstäbe im Leben zu finden. Man muss sie auch vermitteln können, sie mit sich und anderen immer wieder ausmachen." (Z. 50 f.) Auf diese These kann man sich – bei aller unterschiedlicher Sichtweise auf die Voraussetzungen in der Gesellschaft heute – gut einigen und sie erinnert ein wenig an **Friedrich Dürrenmatts Worte** „Jeder Versuch eines Einzelnen, für sich zu lösen, was alle angeht, muss scheitern." Der Satz ist dabei sehr eindeutig und direkt: Es geht einfach nicht alleine. Unsere Werte-Entscheidungen müssen mit unserem Umfeld ausgemacht werden, so wie wir umgekehrt erwarten können, dass sich die Gesellschaft unseren eigenen Maßstäben ihrerseits mit Toleranz nähert. Das gilt für die großen Lösungen, mit der wir die Welt erklären wollen, genauso wie für die alltäglichen Entscheidungen, die wir in einer freien Gesellschaft selbst fällen müssen und dürfen.

Deswegen ist es richtig, dass Hacke und di Lorenzo in ihrem Vorwort gemeinsam in den **Dialog mit den Lesern** treten. Sie gehen als Beispiel voran und schildern ihre eigenen Erfahrungen und Haltungen nicht als Ideallösungen, sondern als **Denkanstöße**, an denen sie alle Leser teilhaben lassen wollen. In der Fülle von anklingenden Problemen und Zusammenhängen, die die Auseinandersetzung mit ihrem Text mit sich bringt, zeigt sich, dass ihnen dies bereits im Vorwort gut gelungen ist.

Deutsch (Thüringen): Abiturprüfung 2012
Aufgabe 3: Interpretation eines epischen Textes

Josef Reding (geb. 1929)

Überholte Perspektiven

Der junge Mann mit dem daumenbreiten Backenbart schlug eine Mappe auf, nahm ein einziges, großformatiges Foto heraus und sagte: „Da!“

„Ei der Daus!“, rief der Redakteur. Er liebte es, antiquierte Redewendungen schnoddrig zu verstreuen. „Da haben wir aber etwas Exquisites.“

Der junge Mann blickte stolz auf seine Arbeit. „Braucht gar keine Unterschrift, das Bild. Die Perspektive macht's. Ich hatte Glück. Als die Soldaten am Minister vorbeidefilierten, stand der Einbeinige an der Bordsteinkante. Ich habe zwischen Bein und Krücke hindurch die paradierenden Männer schnappen können. Es war Gegenlicht. Der Krüppel steht wie eine düstere Silhouette vor den strammen Marschierern.“

„Sagen Sie nicht Krüppel, Teurer. Klingt so hart. Sagen Sie besser: Versehrter, Verehrter! Nanu, I am a poet and I didn't know it! Haha! Versehrter, Verehrter reimt sich.“ Der Redakteur nahm das Foto aus der Lichtwolke der Schreibtischleuchte. „Saubere Arbeit“, nickte er. „Ausgezeichnete Idee. Ich bin sicher, daß wir das Ding in unsere Festausgabe nehmen können. An exponierter Stelle. Als Aufmacher. Von den Sachen, die Sie uns in den letzten zwei Jahren hereingegeben haben, ist dieses Foto der dickste Hund. Ich muß noch das Material für die Jubiläumsnummer verwursten. Aber verlassen Sie sich drauf: Ihre Arbeit kommt ganz groß. Nächste Woche haben Sie Belege, cheerio!“

Der junge Mann wartete nicht bis zur nächsten Woche. Daß die Zeitung zum erstenmal eins seiner Fotos in großer Aufmachung bringen wollte, erregte ihn. Mit diesem Bild würde er vorrücken, sich in die Reihe der bewunderten älteren Kollegen stellen, die in den avantgardistischen Kunstzeitschriften standen, die unsere Zeit röntgen. Als er den feuchten, glänzenden Karton aus dem Fixierbad nahm, wußte er, daß er es geschafft hatte. Daß sein Blick geschärft war.

Am Donnerstag war Umbruch der Wochenendausgabe. Am Freitag war der Fotograf in der Redaktion.

„Ah, superb, daß Sie kommen, edler Recke“, sagte der Redakteur und breitete seine Arme aus. „Ihr Meisterstück ist drin. Schauen Sie!“ Der Redakteur faltete genüßlich die Beilage auseinander. Das steife Papier gleißte. „Hier, dreispaltig, und über die halbe Seite. Zufrieden?“

„Verdammt!“, sagte der junge Mann leise. „Was haben Sie mit meiner Arbeit gemacht?“ Langsam würgte er das Blatt. Das Papier lärmte aufgeregt. „Nu nu nu“, brummelte der Redakteur. „Lassen Sie sich erzählen. Stuhl? – Nee? Zigarette? – Auch nee? Also: der Boß wollte nicht an die Chose ran. Wäre überholt, die Kiste, sagte er. Damals, gleich nach der Niederlage, hätte man so etwas bringen können. Aber jetzt hätten wir uns zu einer Familienlektüre ausgewachsen. Da könnten wir den Abonnenten nicht mehr zumuten, beim wohlverdienten Abendstündchen mit solch tristen Sachen belastet zu werden. Verstehen Sie?“ „Nein“, sagte der Backenbärtige.

„Wohlgemerkt, das sagte der Chef. Sie hören doch hoffentlich, daß ich im Konjunktiv spreche. Und Sie wissen doch, wie ich Ihnen gewogen bin, ehrlich. Wenn der Kriegsversehrte nicht im Vordergrund wäre, käme das Bild gut an. Weil es technisch perfekt ist, das Bild. So hat er Ihr Foto gelobt. Na, und weil ich doch weiß, wie sehr Sie den Kies nötig haben“, der Redakteur rieb Daumen und Zeigefinger aneinander, „da habe ich 'ne kleine Änderung vorgeschlagen. Den Ritter von der traurigen Gestalt im Vordergrund hinaus und die hübsche Kleine im Dirndl dafür rein. So ist die Komposition des Fotos nicht gestört, und das Bild paßt nun auch zur Unterschrift: >Wenn die Soldaten durch die

Stadt marschieren …< Beide Bilder sind ja von Ihrer Künstlerhand, Maestro! Das schicke, winkende Mädchen haben Sie uns mal vor einem Jahr gebracht. >Dorfschönheit auf der Brücke< oder so ähnlich. Und unsere Klischierer sind auf Draht. Die haben das doch präzise hingefummelt. Das merkt kein Mensch, daß an dem Foto etwas geändert ist. Gucken Sie doch mal genau hin!"

Der Redakteur begann zu schwitzen. Er reichte dem Backenbärtigen ein neues Zeitungsexemplar.

„Wirklich", flüsterte der junge Mann jetzt und starrte auf das retuschierte Idyll. „Das merkt kein Mensch." Er wischte das Blatt vom Tisch. „Ist die Zeitung schon ausgedruckt?", fragte er.

„Ja", sagte der Redakteur rasch. „Heute nacht die halbe Million Exemplare ausgespuckt. Fix und fertig. Unser Laden funktioniert."

„Das tut er", sagte der junge Mann. „Wahrhaftig, das tut er."

„Nun machen Sie mal nicht so ein trauriges Gesicht, Mylord", sagte der Redakteur. „Ich hätte mir schließlich die Mühe mit Ihren Bildern gar nicht zu machen brauchen, sondern ein anderes nehmen können. Zudem sieht die sanfte Schwingung von einem Paar Mädchenbeinen ästhetischer aus als das deprimierende Krückengerüst, das Sie mit den uniformierten Jungs geknipst haben. Na?"

Der Junge sagte nichts.

Der Redakteur wurde eifrig. „Aber hier, ein Pflästerchen auf Ihre ach so tiefe Seelenwunde. Ich habe die Honoraranweisung für Sie schon ausstellen lassen. Schauen Sie mal auf diesen Abschnitt. Dreistellige Zahl. Ist das denn nichts, Marie?"

Aus: Reding, Josef. Nennt mich nicht Nigger. Kurzgeschichten aus zwei Jahrzehnten. Recklinghausen 1978, S. 150–152.

Arbeitsanweisung

Interpretieren Sie den Text und nehmen Sie zur Intention Stellung.

Hinweise und Tipps

Die Arbeitsanweisung erfordert eine **Interpretation** sowie eine **Stellungnahme zur Autorenintention**. Beginnen Sie die Interpretation mit der Erschließung des Textes nach den Ihnen bekannten Vorgaben wie Inhaltsangabe, Textsorte, Figurencharakterisierung bzw. -konstellation, Zeit- und Raumgestaltung, Erzählverhalten und der sprachlichen Betrachtung.
Die Quellenangabe gibt bereits vor, dass Sie es mit einer **Kurzgeschichte** zu tun haben. Weisen Sie diese Tatsache anhand von einschlägigen **Merkmalen** nach. Auch das **Verhältnis von Titel und Text** sollten Sie berücksichtigen.
Mit den **sprachlichen Mitteln**, die der Autor verwendet, können Sie dann zur **Deutung** überleiten; auf keinen Fall sollten Sie diese bloß benennen. Wörtliche Rede, Metaphern, Personifikationen, Vergleiche etc. tragen wesentlich zur Gesamtaussage bei. Sicher werden Sie auch erkennen, dass die beiden Protagonisten nicht die gleiche Sprache sprechen.
Die **Intention des Autors** besteht im Wesentlichen darin zu zeigen, wie die Wahrheit auf recht einfache Weise manipuliert werden kann; der Betroffene ist kaum in der Lage, dem entgegenzuhalten. Die **Macht des Geldes** klingt ebenso an wie die **Verantwortung der Medien**. Auch wenn die Geschichte im vergangenen Jahrhundert spielt, ist das Thema noch immer bzw. gerade heute ein viel diskutiertes Problem. Nehmen Sie Stellung hierzu.
Andere Autoren haben sich ebenfalls damit befasst, z. B. Günter Kunert in seiner Parabel „Das Bild der Schlacht am Isonzo“, die Sie vergleichend dazu heranziehen können.
In **Einleitung** und **Schluss** bietet es sich an, auszuführen, welche **Dimensionen** Perspektiven haben bzw. welche Autorität der Verfälschung von Wahrheit entgegengesetzt werden könnte – **der kritische und intelligente Medienkonsument**.

Lösungsvorschlag

Einleitung
Was haben Maler, Fotografen, Schriftsteller und Psychologen gemeinsam? Sie haben alle mit dem **Begriff der Perspektive** zu tun, allerdings in ganz verschiedenen Bedeutungen bzw. Zusammenhängen: Der Maler kennt Perspektiven als Methoden beim Zeichnen, z. B. die Kavaliersperspektive. Dem Fotografen gefällt es, das eine Motiv aus der Frosch-, das andere aus der Vogelperspektive abzulichten. Der Schriftsteller muss sich vor dem Schreiben eines Textes über die Erzählperspektive im Klaren sein. Der Psychologe bespricht mit seinen Klienten unterschiedliche Sichtweisen, Standpunkte, Blickwinkel, und Coaching-Agenturen versprechen den Kunden, festgefahrene Routinen zu durchbrechen, **überholte Perspektiven** zu wechseln, um so eine neue Ausrichtung im Leben zu bekommen, sich weiterzuentwickeln, kurz – die Zukunft erfolgreich zu gestalten.

Hauptteil
Josef Reding greift in seiner Kurzgeschichte *Überholte Perspektiven*, 1978 erschienen im Band *Nennt mich nicht Nigger*, verschiedene **Perspektivbegriffe** auf: Für die Hauptfigur, einen jungen Fotografen, ist ein von ihm geschossenes Foto aus genau der richtigen Perspektive aufgenommen, in seiner Aussage stark und zudem technisch perfekt. Er verspricht sich damit gute Aussichten für seine Karriere. Der zuständige Zeitungsredakteur verteidigt aber die Meinung seines Chefs, das Motiv sei in seiner Aussage überholt, und erlaubt sich eine entscheidende Korrektur. Dem Fotografen eröffnen sich nun zwei Möglichkeiten, zwei Perspektiven: ein künstlerisch hochwertiges Foto in seiner ursprünglichen Form verteidigen oder die „weichgespülte“ Version des Geldes wegen absegnen.

Der Fotograf reicht in einer Zeitungsredaktion, im Übrigen nicht zum ersten Mal, eine Fotografie ein. Er ist stolz auf dieses ausdrucksstarke Werk und hegt Hoffnungen auf Verbreitung,

Publicity und künstlerische Anerkennung. Das **Foto** zeigt eine Militärparade im Hintergrund, einen einbeinigen Mann im Vordergrund, und transportiert damit eine **kriegskritische Botschaft**. Der Redakteur verspricht, es in der nächsten Ausgabe groß herauszubringen. Einige Tage später präsentiert er dem Fotografen die Zeitungsseite: Im Hintergrund ist immer noch die Militärparade zu sehen, doch im Vordergrund steht – statt des Verwundeten – nun ein hübsches, winkendes Mädchen im Dirndl. Der junge Mann ist entsetzt über die vorgenommenen **Veränderungen an seinem Bild**, kann aber nichts mehr rückgängig machen, da die Ausgabe schon fertig gedruckt ist. Mit einem fürstlichen Honorar versucht der Redakteur ihn zu besänftigen.

Der Text **beginnt unvermittelt** mit dem Präsentieren des Fotos durch den Fotografen und **endet abrupt** mit dem Geldangebot des Redakteurs. Der Leser weiß nicht, ob der junge Mann das Honorar annimmt, ob er seine Bilder weiterhin Zeitungsredaktionen anbieten wird oder wie es generell mit ihm als Künstler weitergeht. Die beiden Figuren tragen **keine Namen** und stehen **exemplarisch** für die jeweilige Berufsgruppe bzw. für einen Charakter. Reding zeigt in seinen „Überholte[n] Perspektiven" somit ein kurzes (Lehr-)Stück aus dem Leben zweier Menschen, das sich genauso gut auch in anderen Situationen oder Gesellschaftsfeldern abspielen könnte. All diese Elemente können als **typische Merkmale einer Kurzgeschichte** verstanden werden.

Der Fotograf wird als „junge[r] Mann mit […] „daumenbreite[m] Backenbart" (Z. 1) eingeführt, der **professionell** arbeitet. So hat er eine Mappe dabei, aus der er ein großformatiges Foto zieht (Z. 1 f.). Von der Qualität seiner Arbeit wirkt er **überzeugt**, denn für die Präsentation seines Werkes meint er zunächst nur ein einziges Wort („Da!", Z. 2) aufwenden zu müssen. Dies suggeriert: Das Foto ist perfekt, jeder sieht das, es muss in der Zeitung erscheinen, gar keine Frage. Seiner Meinung nach brauche es auch gar keinen Titel, es würde sich durch das gelungene Motiv und die gewählte Perspektive selbst erklären (vgl. Z. 5). Dann erzählt er dem Redakteur **eifrig**, wie er die Soldaten, die am Minister vorbeidefiliert seien, bei Gegenlicht aufgenommen habe, zwischen Bein und Krücke eines an der Bordsteinkante stehenden „Krüppel[s]" hindurch (vgl. Z. 6 ff.).

Der Fotograf kann es kaum erwarten, sein Bild in der Zeitung zu sehen, und **„erregt**[…]" (Z. 19) malt er sich aus, wie er vorrücken und sich in die Reihe bewunderter älterer Kollegen stellen werde, die in den avantgardistischen Kunstzeitschriften gestanden und die Zeit „[ge]röntg[t]" hätten (vgl. Z. 19–21). Mit dieser Metapher offenbart er einen **hohen Anspruch an sich selbst:** Er will keine nichtssagenden Bildchen abliefern, sondern Kunstwerke, die sich am Puls der Zeit orientieren und eine tiefere Aussage, einen Appell beinhalten. Als er die Zeitungsseite mit seinem veränderten Foto sieht, ist er dementsprechend **enttäuscht, verletzt, fast zornig**, was durch den Fluch „Verdammt!" (Z. 30) offensichtlich wird. Das Mädchen im Dirndl, das nun im Vordergrund steht und auch noch winkt, verfälscht die Aussage grundlegend in dem Sinn, dass sie erstens die Blicke der Rezipienten auf sich zieht und von den Soldaten ablenkt und zweitens eine positive Sicht auf die Militärparade insgesamt indiziert. Die Soldatenformation wirkt plötzlich harmlos. Die Tatsache, dass das hineinmontierte Motiv aus einem seiner früher eingereichten Fotos stammt (vgl. Z. 46 f.), besänftigt ihn nicht. Den grundlegenden Unterschied zwischen den Bildern erfasst der junge Mann sofort und **wehrt sich gegen die Verfälschung** – jedoch vergebens, denn die gesamte Ausgabe ist bereits gedruckt. Am Ende ist er **perplex und sprachlos** (vgl. Z. 64). Seine Reaktion, als der Redakteur ihm die Honoraranweisung mit einem dreistelligen Betrag zeigt, lässt sich nur erahnen, da die Geschichte offen endet. Der Eindruck, den man von dem jungen Mann gewonnen hat, lässt vermuten, dass es ihm nicht ums Geld geht, sondern um seine **Anerkennung als Künstler**, die er aber von diesem Zeitungsmitarbeiter wohl nie erhalten wird.

Der Redakteur wird mit dem veralteten Ausruf „Ei der Daus!" (Z. 3) eingeführt. Er **liebt antiquierte Wendungen**, die er in seine Rede streut, ob sie passen oder nicht. Später folgen

u. a. „superb“ (Z. 26) oder „wie ich Ihnen *gewogen* bin“ (Z. 39). Den jungen Mann spricht er mit „Teurer“ (Z. 10), „Verehrter“ (Z. 10 f.), „edler Recke“ (Z. 26), „Maestro“ (Z. 46) sowie „Mylord“ (Z. 59) an. Das wirkt nicht gebildet, sondern **eingebildet**, übertrieben und albern. Sofort nachdem der junge Fotograf sein Bild kommentiert hat, wird er gemaßregelt, dass er nicht „Krüppel“ sagen solle, das klinge so hart. Daraus spricht allerdings kein Mensch mit Mitgefühl, sondern der **routinierte Zeitungsmacher**. Die zynische Betitelung des Behinderten als „Ritter von der traurigen Gestalt“ (Z. 43), eine Anspielung auf Don Quichote, verstärkt diesen Eindruck später noch. Seine Art ist schnoddrig, selbstgefällig und unsympathisch. Auch wie es in der Redaktion zugeht, lässt sich heraushören: Da wird Material „verwurste[t]“ (Z. 16), gute Projekte werden als „das Ding“ (Z. 13), „der dickste Hund“ (Z. 15), „Chose“ oder „Kiste“ (Z. 33) **abgewertet**, die Tätigkeit des Fotografierens vielsagend als „[K]nips[en]“ (Z. 63) bezeichnet. Die Klischierer, die Veränderungen an Fotos „präzise hingefummelt“ (Z. 49) bekämen, die kein Mensch bemerke, seien auf Draht. Der Mann stellt sich insgesamt als **Gönner** dar, der statt des Fotos des jungen Fotografen auch irgendein anderes hätte nehmen können. Jedoch hat er nicht im Auge, den Künstler in ihm zu fördern, sondern eine **verkäufliche Auflage zu produzieren**. Die Honoraranweisung präsentiert er so, als müsste ihm der Fotograf auf Knien dafür danken. Nur ein einziges Mal zeigt der Redakteur authentische Züge oder einen Anflug von schlechtem Gewissen, als er beginnt „zu schwitzen“ (Z. 51). Aber schnell fängt er sich und spricht über die Höhe der Auflage und das Honorar, was sein **medien- und profitorientiertes Verhalten** erneut bestätigt.

Die **Handlung** spielt sich an zwei Tagen jeweils **in der Zeitungsredaktion** ab, mit einem Zwischenraum von weniger als einer Woche. Insofern ist sie **gerafft** erzählt. Jedoch besteht sie zu maßgeblichen Teilen aus den nahezu **zeitdeckenden** Gesprächen zwischen dem Fotografen und dem Redakteur. Zu Beginn agiert ein **auktorialer Erzähler**, beispielsweise kommentiert er die seltsame Sprach-Vorliebe des Redakteurs mit „Er liebte es, antiquierte Redewendungen schnoddrig zu verstreuen.“ (Z. 3 f.) Später lässt der Autor **die Figuren** in den zwei Dialogen **für sich sprechen**, wodurch sich der Leser selbst ein Bild von ihnen machen kann. Die **wörtliche Rede** wird in den meisten Fällen mit dem Verb „sagen“ eingeleitet, kommentiert durch Adjektive wie „leise“ (Z. 30) oder „rasch“ (Z. 56); aber die Männer rufen, brummeln und flüstern auch (Z. 3, Z. 31, Z. 53). Die **Sympathien des Lesers** für die Figuren liegen ganz eindeutig bei dem jungen Fotografen, auch wenn seine **Redeanteile** geringer sind. Er bleibt wortkarg, sagt und fragt nur das für ihn Wichtige, wodurch er als besonnen und ernst gekennzeichnet wird. Die Szene beherrscht jeweils der Redakteur. Seine Anteile bestehen aus Redeschwällen. Er formuliert mehrere kurze Hauptsätze hintereinander (Z. 15 ff.), selten Satzgefüge, häufig Ellipsen oder Einwortsätze (Z. 32, 43 f.) und wirkt dadurch überspannt, gehetzt, zynisch und arrogant.

Die beiden Dialoge (Z. 1–17 und Z. 26–67) leben besonders von ihren **sprachlichen Besonderheiten**. Neben den scheinethischen **Phrasen** und **antiquierten** bzw. **fremdsprachlichen Redewendungen** („I am a poet and I didn't know it!“, Z. 11; „cheerio!“, Z. 17; „Maestro!“, Z. 46; „Mylord“, Z. 59) des Redakteurs setzt der Autor weitere Mittel ein: Der Redakteur nimmt das Foto „aus der Lichtwolke der Schreibtischleuchte“ (Z. 12). Er bemerkt durchaus dessen hohe künstlerische Qualität, entscheidet aber im selben Moment, dass es für seine redaktionellen Zwecke nicht zu gebrauchen sein wird und nimmt es folgerichtig **metaphorisch** aus dem Licht; so entzieht er es der Aufmerksamkeit. Der junge Mann begibt sich nach wenigen Tagen wieder in die Redaktion, um zu sehen, was aus seinem Projekt geworden sei. Der Redakteur präsentiert ihm das „Meisterstück“ (Z. 27), worauf „[d]as steife Papier gleißt[…]“ (Z. 28), also unangenehm stark glänzt. Der Karton, den der Fotograf vorher im Labor aus dem Fixierbad genommen hat, „glänz[te]“ (Z. 22) dagegen angenehm. Der Leser ahnt nach der bedrohlich klingenden Beschreibung schon den negativen Fortgang der Handlung. Selbst das Papier wehrt sich anscheinend gegen die Verfälschung, indem es sich steif macht. Es kann nichts dafür, trotzdem „würgt[…] [der Fotograf] das Blatt. Das Papier lärmt[…]

aufgeregt." (Z. 31) Vom Autor **personifiziert**, wird es gewürgt, als hätte es einen Hals, und es protestiert dagegen mit Lärm. Somit entladen sich Enttäuschung und Empörung des jungen Mannes am Papier, die er wohl lieber am Verursacher des Machwerkes selbst ausgelebt hätte. Weitere auffällige sprachliche Mittel sind die **Wortschöpfung** „Seelenwunde" (Z. 65 f.), die mit einem „Pflästerchen" (Z. 65), **Diminutiv**, in Form einer Honoraranweisung behandelt werden soll. Das zeigt, wie wenig ernst der Redakteur die künstlerischen und moralischen Bedenken des Fotografen nimmt. Dass die Seelenwunde **ironisch** als „ach so tief[...]" bezeichnet wird, zeugt von Zynismus und Arroganz. Die **Vergleiche** „wie eine düstere Silhouette" (Z. 9) und „die sanfte Schwingung von einem Paar Mädchenbeinen ästhetischer als das deprimierende Krückengerüst" (Z. 61 f.) veranschaulichen die Veränderungen im Foto. Die **Alliteration** bzw. der **Reim** „Versehrter, Verehrter!" (Z. 10 f.) verdeutlicht einmal mehr die aufgesetzte Redeweise des Redakteurs. **Abwertende Ausdrücke** wie „Kies" (Z. 41), „Kleine" (Z. 44) oder „Laden" (Z. 57) zeugen von seiner Überheblichkeit und fehlendem Respekt anderen Menschen gegenüber.

Die beiden Protagonisten sprechen nicht dieselbe Sprache: Wenn der Redakteur dem Fotografen beispielsweise verspricht: „Ihre Arbeit kommt ganz groß." (Z. 17), meint er tatsächlich, dass das Foto groß, z. B. dreispaltig, über die halbe Zeitungsseite (vgl. Z. 28 f.) erscheint. Der junge Mann dagegen rechnet sich nach diesen Worten eher aus, dass er mit seiner Arbeit groß heraus kommt, d. h. als Künstler wahrgenommen wird. Als der Zeitungsmann die Veränderungen im Bild präsentiert und stolz darauf verweist, dass diese kein Mensch bemerke, weil die Klischierer ganze Arbeit geleistet hätten, bestätigt dies der Fotograf mit „Wirklich [...] Das merkt kein Mensch." (Z. 53 f.), bringt damit aber seinen Schrecken zum Ausdruck. Er findet es eben gerade beunruhigend, wenn Leser der Zeitung nicht bemerken, dass an einem Foto Veränderungen vorgenommen worden sind. Der Redakteur ist wiederum stolz darauf, dass der „Laden funktioniert" (Z. 57), währenddessen die zweimalige Bestätigung des jungen Mannes „Das tut er [...] Wahrhaftig, das tut er." (Z. 58) seine Zweifel und Besorgnis darüber anmeldet, was dem Leser zugemutet wird und welche Möglichkeiten sich in Zukunft durch solche technischen Raffinessen wohl noch eröffnen mögen.

Die Geschichte spielt im **vorigen Jahrhundert**, was man leicht an verschiedenen Indizien bemerkt: Der Fotograf entwickelt seine Fotos im Labor, zieht „feuchten, glänzenden Karton aus dem Fixierbad" (Z. 22) und bewahrt sie großformatig in einer Mappe auf. Heute ist die chemische Entwicklung von Fotos zwar nicht gänzlich abgeschafft, doch werden sie fast nur noch digital produziert. Das Motiv der marschierenden Soldaten mag damals noch Zündstoff für Diskussionen über vergangene Kriege gewesen sein, da der Zweite Weltkrieg, von Deutschland ausgelöst, noch nicht so lange zurückgelegen hat. Heute defilieren (also: ziehen) Soldaten nur noch selten durch die Stadt bzw. an Ministern vorbei. Diskussionen stoßen eher Bilder mit Soldaten in anderen Ländern an (z. B. im Nahen Osten), die die eigene Bevölkerung bekämpfen. Auch den Klischierer gibt es als Berufsbezeichnung nicht mehr. Heute erledigt der Mediengestalter entsprechende Aufgaben am Computer. Mit ‚**Klischee**' bezeichnet man außerdem eine überkommene Vorstellung oder ein **eingefahrenes Denkschema**, eine abgedroschene Redensart oder vorgeprägte Ausdrucksweise sowie ein überbeanspruchtes Bild, kurz: eine überholte Perspektive.

Die „überholten Perspektiven" – der Autor verwendet den Plural – im **Titel** sind **mehrdeutig:** Sie beziehen sich einmal auf das **Foto**, das etwas zeigt, was den Lesern angeblich nicht mehr zugemutet werden könne, da sich das Blatt zur Familienlektüre ausgewachsen habe. Beim wohlverdienten Abendstündchen könne man diese nicht mit solchen tristen Sachen belasten, so der „Boß" (vgl. Z. 33–36). Anti-Kriegs-Botschaften seien also „überholt". Für den Betrachter hätten sich im ursprünglichen Foto die Figuren zu einem Ganzen gefügt, nämlich in dem Sinn, dass der Einbeinige im Vordergrund ein **Kriegsopfer** darstellt und die Soldaten im Hintergrund solche Kriegsopfer werden könnten, wenn sie in den Kampf geschickt würden oder welche verursachen, wenn sie schießen. Über den Inhalt des Bildes wird geurteilt:

„Damals, gleich nach der Niederlage, hätte man so etwas bringen können." (Z. 33 f.) Dies ist eine Anspielung auf das Ende des Zweiten Weltkrieges 1945 in Deutschland, in dessen Folge es viele solcher Kriegsversehrter gegeben hat. Das Ende des Krieges nennt der Redakteur bzw. „der Boß" „Niederlage", nicht „Befreiung", was darauf schließen lässt, dass die Zeitungsredaktion im Westen Deutschlands angesiedelt ist. Diese Sichtweise wird dem Fotografen gewissermaßen aufgezwungen. Der Krieg sei lange vorbei, warum also die alten Kamellen herausholen? Die Bildunterschrift „Wenn die Soldaten durch die Stadt marschieren ..." (Z. 45 f.) hätte zu beiden Varianten gepasst, aber die Fortsetzung des Konditionalsatzes hätte in Gedanken der Leser jeweils entscheidend anders gelautet, nämlich zunächst „... könnte es sein, dass sie bald in den Kampf geschickt und Opfer werden wie der da im Vordergrund" oder jetzt: „... erfreuen sich die Mädchen an den strammen Kerlen und winken ihnen zu."

Der Titel ist auch **ironisch** gemeint, denn **ambitionierte Fotos mit künstlerischem Wert** sind nie unzeitgemäß. Seit 1955 vergibt die Stiftung „World Press Photo" jedes Jahr Preise für die besten Pressefotos, die dann in einer Wanderausstellung und in einem Jahrbuch veröffentlicht werden. Die **überholte Perspektive** hat derjenige, der solche Bilder ablehnt oder, noch schlimmer, verfälscht. Ein Zwiespalt zwischen Autoren und Rezipienten klingt an: Inwiefern hängt die Qualität eines Mediums von dem ab, was die Leser, Zuschauer oder Zuhörer sich wünschen bzw. inwiefern verwirklichen die Autoren ihre eigenen Intentionen ohne Rücksicht auf Wünsche? Das Abhängigkeitsverhältnis zwischen Autoren bzw. Medien und Konsumenten ist ständig präsent, sie beeinflussen sich immer gegenseitig. Man kann auch an verschiedene **Lebenseinstellungen** denken: Ist es mittlerweile „überholt", der Wahrheit und dem Anspruch von Kunst zuliebe auf Umsatz und Honorar zu verzichten?

Der Vorgang in der Geschichte erinnert an die **Parabel** „Das Bild der Schlacht am Isonzo" von **Günter Kunert:** Ein Maler malt den Krieg so grausam und brutal, wie er ihn selbst erlebt hat. Ein Besucher im Atelier behauptet, das Bild lüge. Er kauft einen kleinen Ausschnitt mit einer Gestalt, die trommelnd und singend auf das Schlachtfeld läuft, damit sich künftige Generationen ein Bild machen könnten von der großen Schlacht am Isonzo. Bei Reding wird eine Figur auf einem Foto ausgetauscht, bei Kunert ein kleiner Bildausschnitt aus einem Gemälde entnommen, der dann scheinbar für das Ganze steht. So wird die **Wahrheit manipuliert**. Zunächst scheint es sich jeweils nur um einen kleinen Eingriff in die Bildkomposition zu handeln, doch die Wirkung auf den Rezipienten ist mächtig. Aus der Aussageabsicht, dem Appell des Fotografen und des Malers, die beide vor den Schrecken eines Krieges warnen, wird ein eindimensionales Bildchen: Ein winkendes Mädchen im Dirndl und ein trommelnder, singender Soldat. So wird Wahrheit verschleiert, sogar **ins Gegenteil verkehrt**.

Ein **Fotograf** hat als Künstler gegenüber den Betrachtern seiner Bilder eine **Verantwortung**. Das ist dem Protagonisten bei Reding bewusst – wir erfahren, dass er sich an Kollegen orientiert, die ihre Werke in avantgardistischen Kunstzeitschriften veröffentlicht haben. Sie gehören zu einer der politischen und künstlerischen Bewegungen, die eine starke Orientierung an der **Idee des Fortschritts** gemeinsam haben und sich durch besondere **Radikalität gegenüber politischen Verhältnissen oder ästhetischen Normen** auszeichnen. Es gehört immer Mut dazu, Vorreiter zu sein, denn Machthaber fackeln nicht lange, wenn ihnen die politische Einstellung eines Künstlers, eines Journalisten nicht passt. Es gab und gibt immer wieder Beispiele für Berufsverbot, Verhaftung und Gefängnis. Man denke heutzutage nur an den chinesischen Künstler und Systemkritiker **Ai Weiwei**.

Auch **Redakteure** bzw. deren „Bosse" haben eine Verantwortung gegenüber ihren Lesern, jedoch unterliegen diese außerdem **kommerziellen Zwängen** – die Zeitung oder das Buch muss sich verkaufen. Dies erinnert an den Theaterdirektor in Goethes *Faust* in der Szene „Vorspiel auf dem Theater", der nur solche Stücke zur Aufführung bringt, welche die Leute sehen wollen, damit sein Theater voll wird und Geld in die Kasse kommt. Sein Gegenspieler hingegen, die Figur des Dichters, kümmert sich nicht um den **Geschmack des Publikums**;

ihm ist die Kunst heilig – wie (eigentlich) auch dem Fotografen bei Reding. Ob sich dieser mit „Marie“ (Z. 67), also Geld, vom Gegenteil überzeugen lässt, bleibt unbeantwortet.

Der Redakteur in der Kurzgeschichte verkörpert den Typus des Geschäftsmannes, der glaubt, dass man **alles mit Geld regeln** könne und dass alle Menschen käuflich seien. Symbolisch reibt er Daumen und Zeigefinger aneinander (vgl. Z. 42), das Zeichen für Geld, was den Fotografen aber (anscheinend) nicht beeindruckt.

Schluss
In der Geschichte ist es noch mit großem Aufwand verbunden, eine Figur in einem Foto gegen eine andere auszutauschen; in Zeiten von Photoshop ist das aber eine Sache von wenigen Klicks. **Fälschungen** bzw. **Plagiaten** sind im Computerzeitalter Tür und Tor geöffnet, weil sie von jedermann leicht zu bewerkstelligen sind und zunehmend – wie auch beim Redakteur – die Einstellung vorherrscht: „Das merkt kein Mensch“ (Z. 49). Bemerkt doch einmal jemand solchen Betrug, wird einem Minister der Doktortitel aberkannt und er muss seinen Hut nehmen, oder ein Schüler erhält auf die Ausarbeitung seines Aufsatzes mithilfe von *Hausaufgaben.de* null Punkte. Solche Fälle sind aber wohl (noch) die Ausnahme.

Medien stellen eine immer größer werdende Macht dar und sie sind sich dessen wohl auch bewusst. Manche Menschen glauben automatisch alles, was in der Zeitung steht, was im Fernsehen oder im Radio läuft. Sie trauen den Berichten, Kommentaren und Bildern im Internet. Dafür gibt es vergleichsweise harmlose Beispiele – wenn etwa bei einem entscheidenden Spiel der Fußball-Europameisterschaft eine vermeintliche Live-Einblendung dem verblüfften Zuschauer suggeriert, dass der Bundestrainer Joachim Löw die Muße hat, mit einem Balljungen zu scherzen, und sich hinterher herausstellt, dass die Bilder bereits vor dem Anpfiff entstanden sind. Weitaus schlimmer ist es, wenn die USA im Vorfeld des Irakkrieges Dokumente und Fotos fälschen, die scheinbar die Existenz von Massenvernichtungswaffen beweisen und damit einen Angriff auf Saddam Hussein legitimieren.

Heute erfordern diese Tatsachen einen **kritischen Konsumenten**, einen, der **Fälschungen erkennt**, auch wenn sie noch so gut gemacht sind, und der sich nicht manipulieren lässt. Nicht ohne Grund gibt es in der Schule das Fach Medienkunde. Dort üben die Schüler nicht nur, nützliche Software anzuwenden, sondern lernen auch die Gefahren kennen, die das Internet mit sich bringt. Jemand hat einmal gesagt, dumme Menschen macht das Internet dümmer und schlaue macht es schlauer. Zu hoffen bleibt, dass immer mehr Konsumenten in der Lage sind, „überholte“ oder manipulierte Perspektiven zu erkennen und gegebenenfalls zu korrigieren.

Wolfgang Borchert (1921–1947)

Draußen vor der Tür (Auszüge aus der 3. Szene)

Unteroffizier Beckmann kehrt nach dreijähriger Kriegsgefangenschaft aus dem II. Weltkrieg in seine Heimat zurück. Er steht sowohl physisch als auch psychisch unter dem Eindruck der Kriegserlebnisse. Auf der Suche nach einem Platz im Leben durchläuft er verschiedene Stationen und trifft dabei auf die unterschiedlichsten Personen, die zum Teil in enger Verbindung zu seinem früheren Leben stehen.

Eine Stube. Abend. Tür kreischt und schlägt zu. Der Oberst und seine Familie. Beckmann

BECKMANN: Guten Appetit, Herr Oberst.

DER OBERST *(kaut):* Wie bitte?

BECKMANN: Guten Appetit, Herr Oberst.

OBERST: Sie stören beim Abendessen! Ist Ihre Angelegenheit so wichtig?

BECKMANN: Nein. Ich wollte nur feststellen, ob ich mich heute nacht ersaufe, oder am Leben bleibe. Und wenn ich am Leben bleibe, dann weiß ich noch nicht, wie. Und dann möchte ich am Tage manchmal vielleicht etwas essen. Und nachts, nachts möchte ich schlafen. Weiter nichts.

OBERST: Na na na na! Reden Sie mal nicht so unmännliches Zeug. Waren doch Soldat, wie?

BECKMANN: Nein, Herr Oberst.

SCHWIEGERSOHN: Wieso nein? Sie haben doch Uniform an.

BECKMANN *(eintönig):* Ja. Sechs Jahre. Aber ich dachte immer, wenn ich zehn Jahre lang die Uniform eines Briefträgers anhabe, deswegen bin ich noch lange kein Briefträger.

TOCHTER: Pappi, frag ihn doch mal, was er eigentlich will. Er kuckt fortwährend auf meinen Teller.

BECKMANN *(freundlich):* Ihre Fenster sehen von draußen so warm aus. Ich wollte mal wieder merken, wie das ist, durch solche Fenster zu sehen. Von innen aber, von innen. Wissen Sie, wie das ist, wenn nachts so helle warme Fenster da sind und man steht draußen?

MUTTER *(nicht gehässig, eher voll Grauen):* Vater, sag ihm doch, er soll die Brille abnehmen. Mich friert, wenn ich das sehe.

OBERST: Das ist eine sogenannte Gasmaskenbrille, meine Liebe. Wurde bei der Wehrmacht 1934 als Brille unter der Gasmaske für augenbehinderte Soldaten eingeführt. Warum werfen Sie den Zimt nicht weg? Der Krieg ist aus.

BECKMANN: Ja, ja. Der ist aus. Das sagen sie alle. Aber die Brille brauche ich noch. Ich bin kurzsichtig, ich sehe ohne Brille alles verschwommen. Aber so kann ich alles erkennen. Ich sehe ganz genau von hier, was Sie auf dem Tisch haben.

OBERST *(unterbricht):* Sagen Sie mal, was haben Sie für eine merkwürdige Frisur? Haben Sie gesessen? Was ausgefressen, wie? Na, raus mit der Sprache, sind irgendwo eingestiegen, was? Und geschnappt, was?

BECKMANN: Jawohl, Herr Oberst. Bin irgendwo mit eingestiegen. In Stalingrad, Herr Oberst. Aber die Tour ging schief, und sie haben uns gegriffen. Drei Jahre haben wir gekriegt, alle hunderttausend Mann. Und unser Häuptling zog sich Zivil an und aß Kaviar. Drei Jahre Kaviar. Und die anderen lagen unterm Schnee und hatten Steppensand im Mund. Und wir löffelten heißes Wasser. Aber der Chef mußte Kaviar essen. Drei Jahre lang. Und uns haben sie die Köpfe abrasiert. Bis zum Hals – oder bis zu den Haaren, das kam nicht so genau darauf an. Die Kopfamputierten waren noch die Glücklichsten. Die brauchten wenigstens nicht ewig Kaviar zu löffeln. […]

OBERST *(ohne Schärfe):* Ich habe aber doch stark den Eindruck, daß Sie einer von denen sind, denen das bißchen Krieg die Begriffe und den Verstand verwirrt hat. Warum sind Sie nicht Offizier geworden? Sie hätten zu ganz anderen Kreisen Eingang gehabt. Hätten 'ne anständige Frau gehabt, und dann hätten Sie jetzt auch 'n anständiges Haus. Wärn ja ein ganz anderer Mensch. Warum sind Sie kein Offizier geworden?

BECKMANN: Meine Stimme war zu leise, Herr Oberst, meine Stimme war zu leise.

OBERST: Sehen Sie, Sie sind zu leise. Mal ehrlich, einer von denen, die ein bißchen müde sind, ein bißchen weich, wie?

BECKMANN: Jawohl, Herr Oberst. So ist es. Ein bißchen leise. Ein bißchen weich. Und müde, Herr Oberst, müde, müde, müde! Ich kann nämlich nicht schlafen, Herr Oberst, keine Nacht, Herr Oberst. Und deswegen komme ich her, darum komme ich zu Ihnen, Herr Oberst, denn ich weiß, Sie können mir helfen. Ich will endlich mal wieder pennen! Mehr will ich ja gar nicht. Nur pennen. Tief, tief pennen.

MUTTER: Vater, bleib bei uns. Ich habe Angst. Ich friere vor diesem Menschen.

TOCHTER: Unsinn, Mutter. Das ist einer von denen, die mit einem kleinen Knacks nach Hause kommen. Die tun nichts. [...]

BECKMANN *(schlaftrunken, traumhaft):* Hören Sie, Herr Oberst? Dann ist es gut. Wenn Sie hören, Herr Oberst. Ich will Ihnen nämlich meinen Traum erzählen, Herr Oberst. Den Traum träume ich jede Nacht. Dann wache ich auf, weil jemand so grauenhaft schreit. Und wissen Sie, wer das ist, der da schreit? Ich selbst, Herr Oberst, ich selbst. Ulkig, nicht, Herr Oberst? Und dann kann ich nicht wieder einschlafen. Keine Nacht, Herr Oberst. Denken Sie mal, Herr Oberst, jede Nacht wachliegen. Deswegen bin ich müde, Herr Oberst, ganz furchtbar müde.

MUTTER: Vater, bleib bei uns. Mich friert.

OBERST *(interessiert):* Und von Ihrem Traum wachen Sie auf, sagen Sie?

BECKMANN: Nein, von meinem Schrei. Nicht von dem Traum. Von dem Schrei.

OBERST *(interessiert):* Aber der Traum, der veranlaßt Sie zu diesem Schrei, ja?

BECKMANN: Denken Sie mal an, ja. Er veranlaßt mich. Der Traum ist nämlich ganz seltsam, müssen Sie wissen. Ich will ihn mal erzählen. Sie hören doch, Herr Oberst, ja? Da steht ein Mann und spielt Xylophon. Er spielt einen rasenden Rhythmus. Und dabei schwitzt er, der Mann, denn er ist außergewöhnlich fett. Und er spielt auf einem Riesenxylophon. Und weil es so groß ist, muß er bei jedem Schlag vor dem Xylophon hin und her sausen. Und dabei schwitzt er, denn er ist tatsächlich sehr fett. Aber er schwitzt gar keinen Schweiß, das ist das Sonderbare. Er schwitzt Blut, dampfendes, dunkles Blut. Und das Blut läuft in zwei breiten roten Streifen an seiner Hose runter, daß er von weitem aussieht wie ein General. Wie ein General! Ein fetter, blutiger General. Er muß ein alter schlachtenerprobter General sein, denn er hat beide Arme verloren. Ja, er spielt mit langen dünnen Prothesen, die wie Handgranatenstiele aussehen, hölzern und mit einem Metallring. Es muß ein ganz fremdartiger Musiker sein, der General, denn die Hölzer seines riesigen Xylophons sind gar nicht aus Holz. Nein, glauben Sie mir, Herr Oberst, glauben Sie mir, sie sind aus Knochen. Glauben Sie mir das, Herr Oberst, aus Knochen!

OBERST *(leise):* Ja, ich glaube. Aus Knochen.

BECKMANN *(immer noch tranceähnlich, spukhaft):* Ja, nicht aus Holz, aus Knochen. Wunderbare weiße Knochen. Schädeldecken hat er da, Schulterblätter, Beckenknochen. Und für die höheren Töne Armknochen und Beinknochen. Dann kommen die Rippen – viele tausend Rippen. Und zum Schluß, ganz am Ende des Xylophons, wo die ganz hohen Töne liegen, da sind Fingerknöchel, Zehen, Zähne. Ja, als Letztes kommen die Zähne. Das ist das Xylophon, auf dem der fette Mann mit den Generalstreifen spielt. Ist das nicht ein komischer Musiker, dieser General?

OBERST *(unsicher):* Ja, sehr komisch. Sehr, sehr komisch!

BECKMANN: Ja, und nun geht es erst los. Nun fängt der Traum erst an. Also, der General steht vor dem Riesenxylophon aus Menschenknochen und trommelt mit seinen Prothesen einen Marsch. Preußens Gloria oder den Badenweiler. Aber meistens spielt er den Einzug der Gladiatoren und die Alten Kameraden. Meistens spielt er die. Die kennen Sie doch, Herr Oberst, die Alten Kameraden? *(summt)* […]

OBERST: Was wollen Sie denn von mir?

BECKMANN: Ich bringe sie Ihnen zurück.

OBERST: Wen?

BECKMANN *(beinah naiv):* Die Verantwortung. Ich bringe Ihnen die Verantwortung zurück. Haben Sie das ganz vergessen, Herr Oberst? Den 14. Februar? Bei Gorodok. Es waren 42 Grad Kälte. Da kamen Sie doch in unsere Stellung, Herr Oberst, und sagten: Unteroffizier Beckmann. Hier, habe ich geschrieen. Dann sagten Sie, und Ihr Atem blieb an Ihrem Pelzkragen als Reif hängen – das weiß ich noch ganz genau, denn Sie hatten einen sehr schönen Pelzkragen – dann sagten Sie: Unteroffizier Beckmann, ich übergebe Ihnen die Verantwortung für die zwanzig Mann. Sie erkunden den Wald östlich Gorodok und machen nach Möglichkeit ein paar Gefangene, klar? Jawohl, Herr Oberst, habe ich da gesagt. Und dann sind wir losgezogen und haben erkundet. Und ich – ich hatte die Verantwortung. Dann haben wir die ganze Nacht erkundet, und dann wurde geschossen, und als wir wieder in der Stellung waren, da fehlten elf Mann. Und ich hatte die Verantwortung. Ja, das ist alles, Herr Oberst. Aber nun ist der Krieg aus, nun will ich pennen, nun gebe ich Ihnen die Verantwortung zurück, Herr Oberst, ich will sie nicht mehr, ich gebe sie Ihnen zurück, Herr Oberst.

OBERST: Aber mein lieber Beckmann, Sie erregen sich unnötig. So war das doch gar nicht gemeint.

BECKMANN *(ohne Erregung, aber ungeheuer ernsthaft):* Doch. Doch, Herr Oberst. So muß das gemeint sein. Verantwortung ist doch nicht nur ein Wort, eine chemische Formel, nach der helles Menschenfleisch in dunkle Erde verwandelt wird. Man kann doch Menschen nicht für ein leeres Wort sterben lassen. Irgendwo müssen wir doch hin mit unserer Verantwortung. Die Toten – antworten nicht. Gott – antwortet nicht. Aber die Lebenden, die fragen. Die fragen jede Nacht, Herr Oberst. Wenn ich dann wach liege, dann kommen sie und fragen. Frauen, Herr Oberst, traurige, trauernde Frauen. Alte Frauen mit grauem Haar und harten rissigen Händen – junge Frauen mit einsamen sehnsüchtigen Augen, Kinder, Herr Oberst, Kinder, viele kleine Kinder. Und die flüstern dann aus der Dunkelheit: Unteroffizier Beckmann, wo ist mein Vater, Unteroffizier Beckmann? Unteroffizier Beckmann, wo haben Sie meinen Mann? Unteroffizier Beckmann, wo ist mein Sohn, wo ist mein Bruder, Unteroffizier Beckmann, wo ist mein Verlobter, Unteroffizier Beckmann? Unteroffizier Beckmann, wo? wo? wo? So flüstern sie, bis es hell wird. Es sind nur elf Frauen, Herr Oberst, bei mir sind es nur elf. Wieviel sind es bei Ihnen Herr Oberst? Tausend? Zweitausend? Schlafen Sie gut, Herr Oberst? Dann macht es Ihnen wohl nichts aus, wenn ich Ihnen zu den zweitausend noch die Verantwortung für meine elf dazugebe. Können Sie schlafen, Herr Oberst? Mit zweitausend nächtlichen Gespenstern? Können Sie überhaupt leben, Herr Oberst, können Sie eine Minute leben, ohne zu schreien? Herr Oberst, Herr Oberst, schlafen Sie nachts gut? Ja? Dann macht es Ihnen ja nichts aus, dann kann ich wohl nun endlich pennen – wenn Sie so nett sind und sie wieder zurücknehmen, die Verantwortung. Dann kann ich wohl nun endlich in aller Seelenruhe pennen. Seelenruhe, das war es, ja, Seelenruhe, Herr Oberst!
Und dann: schlafen! Mein Gott! […]

Borchert, Wolfgang: Draußen vor der Tür und ausgewählte Erzählungen. Hamburg 1956, S. 20–26

Arbeitsanweisung

Interpretieren Sie den Dramenauszug.

Hinweise und Tipps

Voraussetzungen
Aus dem Literaturunterricht sind Ihnen **Texte Borcherts**, vor allem einige seiner Kurzgeschichten, sicherlich bekannt. Sie werden dann auch über einige grundlegende Kenntnisse zu Wolfgang Borcherts **Biografie** verfügen. Diese sind für die Interpretation der vorliegenden Dramenszene zumindest zu berücksichtigen, wenn Sie deren Aussage korrekt deuten und Borcherts Intention in die Interpretation einbeziehen wollen. Die Kenntnis des gesamten Dramas ist für die Lösung der Aufgabe zweifelsohne vorteilhaft, aber nicht zwingend nötig.

Erläuterung der Aufgabenstellung
Die Aufgabe verlangt die **Interpretation des Dramenauszugs**, bei dem es sich um einen Ausschnitt aus der dritten Szene handelt. Vorgehensweise und Schwerpunktsetzung sind Ihnen weitgehend **freigestellt**. Da der Textauszug recht umfangreich ist, empfiehlt es sich, auf allzu grundlegende Ausführungen (wie z. B. solche zur Struktur eines Dramas) zu verzichten. Auch auf die sprachliche Gestaltung der Szene sollten Sie nur dort, wo sie auffallend und maßgeblich ist, eingehen. So bleibt Ihnen ausreichend Gelegenheit zur deutenden Erschließung des Textes, die der Operator „Interpretieren" verlangt.
Die **Nachzeichnung des Gesprächsverlaufs** stellt die Basis der Analyse dar. Berücksichtigen Sie dabei die wesentlichen vom Autor verwendeten **sprachlichen und dramaturgischen** (Redeanteile, Regieanweisungen, Requisiten) **Gestaltungsmittel** sowie deren **Wirkung**. Die Sprache der Figuren ist als Mittel zu deren indirekten **Charakterisierung** zu betrachten und zu beschreiben. Die Dialogführung verrät etwas über die Art des **Beziehungsgefüges:** Schnell werden Sie erkennen, dass sich die beteiligten Personen (v. a. Beckmann und der Oberst) nicht auf Augenhöhe begegnen.
Zur Verdeutlichung Ihrer eigenen Position sollten Sie die Haltungen der Figuren nicht nur darstellen und erläutern, sondern auch **werten**. Fügen Sie zur Untermauerung Ihrer Ansichten **Textzitate** in Ihre Darlegungen ein. Es empfiehlt sich, auf den **zeitgeschichtlichen Hintergrund** der Dramenhandlung einzugehen, auch die **Intention Borcherts** könnte bei der Interpretation Berücksichtigung erfahren.
Im **Einleitungsteil** könnten Sie auf die in der Szene thematisierte „Verantwortung" eingehen. Der **Schluss** nimmt noch einmal resümierend darauf Bezug und geht kurz auf Borcherts Biografie und seine Intention ein.

Lösungsvorschlag

Einleitung
Der Ausdruck „**Verantwortung**" wird häufig gebraucht. Wir begegnen ihm in verschiedenen Zusammenhängen: Man soll für das, was man tut, Verantwortung übernehmen, wir fühlen uns für etwas oder jemanden verantwortlich, wir haben uns für unser Tun zu verantworten. Sind wir uns wirklich immer bewusst, welch großes Wort wir gelassen aussprechen, wenn wir von Verantwortung reden? Wie ernst meinen wir es, wenn wir sagen, die Verantwortung für etwas übernehmen zu wollen? Der Unteroffizier Beckmann aus Wolfgang Borcherts Drama „Draußen vor der Tür" nimmt diese Frage sehr ernst – für ihn ist sie geradezu existenziell.

Hauptteil
Nach mehrjähriger Kriegsgefangenschaft kehrt Beckmann, der von den Kriegserlebnissen nicht nur körperlich, sondern vor allem auch seelisch gezeichnet ist, in seine Heimat zurück. Der **Kriegsheimkehrer** muss einen neuen Anfang wagen, ein Zuhause finden. Auf seiner Suche begegnet er verschiedenen Personen, von denen er einige aus der Zeit vor dem Krieg, andere aus der Kriegszeit kennt. Zu diesen gehört auch der Oberst, den Beckmann in dessen

Wohnung aufsucht. Im Krieg hatte dieser ihm Verantwortung für einige Soldaten übertragen, die anschließend zu Tode kamen. An dieser Last droht Beckmann zu zerbrechen; so sucht er das Gespräch mit dem Oberst, um seinen inneren Frieden (zumindest teilweise) zurückzuerlangen.

Der ungebetene Gast platzt in eine **Idylle** hinein: Die Familie des Oberst – Vater, Mutter, Tochter, Schwiegersohn – sitzt im warmen Zimmer am gedeckten Tisch und nimmt das Abendbrot ein. Diese Gemütlichkeit wird vom Kreischen und Zuschlagen der Tür (vgl. den einleitenden Nebentext) und von Beckmanns Gruß gestört. Der Oberst reagiert ein wenig ungehalten auf das Erscheinen des fremden Mannes. Die Frage nach Beckmanns Begehr wird vom Familienvater erst nach einem deutlichen Verweis auf die Störung und unwillig gestellt: „Ist Ihre Angelegenheit so wichtig?" (Z. 4) Den **Sarkasmus** in Beckmanns Antwort, der seine Lage drastisch umschreibt – es gehe ja „nur" um sein Leben, um Essen und Schlaf, „[w]eiter nichts", vgl. Z. 5 ff. –, bemerkt der Oberst nicht, sondern fordert ihn auf, „nicht so unmännliches Zeug" (Z. 9) zu reden, schließlich sei Beckmann doch **Soldat** gewesen. Diese Bemerkung veranlasst den ungebetenen Gast zu einem klaren „Nein". Irritiert fragt der Schwiegersohn nach, schließlich trage Beckmann doch Uniform. „Eintönig" bestätigt das der Heimkehrer zwar und fügt sogar an, wie lange er in dieser gesteckt hat, erklärt aber auch, dass das Tragen dieser Uniform ihn noch lange nicht zu dem mache, was sie darstellt (vgl. Z. 13 f.).

Die Tochter bittet den Vater um Hilfe, wie ein kleines Mädchen das tun würde, weil sie sich von Beckmanns Blick auf ihren Teller irritiert fühlt. Jetzt spricht Beckmann „freundlich" und erklärt sein **Eindringen ins Haus:** Er sei von der **Wärme**, die von den erleuchteten Fenstern ausgeht, angezogen worden, er habe endlich „mal wieder merken [wollen], wie das ist, durch solche Fenster zu sehen. Von innen aber, von innen." (Z. 17 f.) Um seinen Wunsch zu entschuldigen, fragt er die Anwesenden, ob sie wüssten, wie das sei, nur von draußen in „so helle warme Fenster" (Z. 19) sehen zu können. Die Mutter reagiert, jedoch statt einer zu erwartenden und menschlichen Aufforderung an den Notleidenden, doch am Tisch Platz zu nehmen, verlangt sie von ihrem Mann, Beckmann zum Abnehmen seiner Gasmaskenbrille zu bewegen. Der Anblick würde sie frieren lassen, es graue sie davor. Geduldig und sachkundig erklärt der Oberst die Besonderheit der Brille und fragt Beckmann übergangslos, warum er diese denn nicht wegwerfe, **der Krieg sei schließlich aus** (vgl. Z. 25).

„Ja, ja. Der ist aus. Das sagen sie alle.", wiederholt Beckmann lapidar. Hier wird aber deutlich, dass der Krieg für ihn eben noch lange nicht vorbei ist – zu greifbar sind für den Heimkehrer die schmerzlichen Auswirkungen. So sei die Brille für ihn auch kein nutzloses Ding, „Zimt", wie der Oberst herablassend sagt, sondern er brauche sie wegen seiner Kurzsichtigkeit. Indem er darauf hinweist, ganz genau sehen zu können, was auf dem Esstisch steht, unterstreicht Beckmann einerseits die Funktionalität der Brille, anderseits gibt er indirekt zu verstehen, **Hunger** zu haben. Doch niemand geht darauf ein, der Oberst lässt diesen Gedanken gar nicht erst zu. Mit einer ablenkenden und unhöflichen Frage nach dessen Frisur „unterbricht" er Beckmann. Der Oberst sollte darüber eigentlich genau Bescheid wissen, doch er nimmt den rasierten Kopf des Heimkehrers zum Anlass, dem Mann fast leutselig unlauteres, gar **kriminelles Verhalten** vorzuwerfen: „Na, raus mit der Sprache." (Z. 30) Mit saloppen Wendungen fordert er Beckmann zum Antworten auf.

Dieser nimmt die Fragen bewusst wörtlich, das Vokabular des Oberst aufgreifend: Ja, er sei „[…] irgendwo mit eingestiegen. In Stalingrad […]" (Z. 32), aber „die Tour" sei schiefgegangen, sie seien „gegriffen" worden (Z. 33) und hätten „[d]rei Jahre […] gekriegt, alle hunderttausend Mann." (Z. 33 f.) Beckmann bleibt bei seinem flapsigen Ton und Wortschatz, wenn er vom General spricht, den er als „Häuptling" (Z. 34) bezeichnet. **Zynisch** beschreibt er die Lage weiter: Dem General hätten die drei Jahre Kriegsgefangenschaft nicht viel ausgemacht, denn ihm sei es ja gut gegangen. Er habe sich zivil kleiden und Kaviar essen können. Aber die gefallenen Soldaten „lagen unterm Schnee und hatten Steppensand im Mund." (Z. 35 f.) Die

Überlebenden der Schlacht litten unmenschlichen Hunger, sie „löffelten heißes Wasser" (Z. 36), „[a]ber der Chef mußte Kaviar essen." (Z. 36) Die Wahl des Modalverbs „mußte" führt dabei dem Rezipienten vor Augen, wie **ungerecht** es in Stalingrad zuging. Dann erst kommt Beckmann auf den Anlass der Frage des Hausherrn zu sprechen, indem er seine „Frisur" erklärt: „Und uns haben sie die Köpfe abrasiert. Bis zum Hals – oder bis zu den Haaren, das kam nicht so genau darauf an." (Z. 37 f.) **Bitter** spricht er von den vielen Soldaten, die die Gefangenschaft nicht überlebten. Die „Kopfamputierten" – ein sarkastischer und gar schauderhafter **Euphemismus** für „Geköpfte" – seien im Grunde sogar zu beneiden gewesen, hätten sie doch all das **Elend** nicht durchleben müssen.

Der Oberst ergreift wieder das Wort, „ohne Schärfe" sagt er aber doch etwas Ungeheuerliches zu Beckmann: Er hält diesem vor, „einer von denen" zu sein, „denen das bißchen Krieg die Begriffe und den Verstand verwirrt" habe (Z. 40 f.). Wäre Beckmann Offizier geworden, hätte er ein ganz anderes Leben gehabt, wäre „ein ganz anderer Mensch" (Z. 44). Der Oberst scheint zu glauben, allein der Wille oder Wunsch, Offizier zu werden, reiche aus, dies auch zu schaffen. Er wiederholt seine Frage: „Warum sind Sie kein Offizier geworden?" Beckmann geht nicht auf den unverschämten Begriff des „**bißchen Krieg**" ein, es bleibt ihm nur eine Antwort auf die gestellte Frage: „Meine Stimme war zu leise, Herr Oberst, meine Stimme war zu leise." (Z. 45) Der Oberst fühlt sich bestätigt – in seinem Weltbild scheint es tatsächlich das zentrale Einstellungskriterium für einen Offizier zu sein, laut brüllen zu können. In **gönnerhafter Weise** wiederholt er Beckmanns Worte und fordert ihn **herablassend** auf, doch zuzugeben, zu denen zu gehören, die müde und weich seien. Das kann der Heimkehrer bestätigen: „So ist es. Ein bißchen leise. Ein bißchen weich. Und müde, Herr Oberst, müde, müde, müde!" (Z. 48 f.) Damit ist Beckmann beim eigentlichen Grund seines Besuches angelangt: Er könne keine Nacht mehr schlafen, obwohl die **Müdigkeit** so gewaltig sei. Er wolle „endlich mal wieder pennen! [...] Nur pennen. Tief, tief pennen." (Z. 51 f.) Der Oberst könne ihm dabei helfen, das wisse Beckmann.

Der Leser/Zuschauer spürt Beckmanns **tiefe Not**. Der Krieg hat ihn nicht nur körperlich, sondern vor allem **seelisch schwer verwundet**. Er musste im wahrsten Sinn des Wortes seinen Kopf hinhalten, während die Befehlshaber sich in Sicherheit zu bringen wussten. Er musste nicht nur während der Gefangenschaft **Hunger und Demütigung** erleiden, indes die Generäle auf großem Fuß lebten. Ihm lasten die schrecklichen Erlebnisse auf der Seele und lassen ihn nicht schlafen, während der **Oberst mit dem Krieg bereits abgeschlossen** hat. Beckmann kann vor Müdigkeit kaum noch, er sucht auch nicht mehr nach angemessenen Ausdrücken, sondern spricht vom existenziellen Bedürfnis nach Schlaf als vom „tiefen Pennen".

Nicht der Hausherr reagiert auf Beckmanns befremdlichen Wunsch, sondern die Mutter drückt erneut ihre Angst „vor diesem Menschen" aus (Z. 53); sie friere vor ihm. Die Tochter will die Mutter beruhigen, was sie aber über den Heimkehrer sagt, zeigt deutlich, dass sie keine Ahnung von den Vorgängen hat: „Das ist einer von denen, die mit einem kleinen Knacks nach Hause kommen. Die tun nichts." (Z. 54 f.) Fast klingt das so, als spräche sie über wilde Tiere. Diese Bemerkung zeigt wie die gesamte Gesprächsführung das **Desinteresse** der Tischgesellschaft **dem Fremden gegenüber**. Außer dem Oberst (und einmal kurz dem Schwiegersohn) spricht niemand der Anwesenden direkt mit Beckmann, man redet nur *über* ihn. Die Gründe sind unterschiedlich: Die Mutter fürchtet sich vor dem Heimkehrer, die Tochter fühlt sich von dessen nur allzu gut nachvollziehbaren Blicken auf ihren Teller belästigt, der Schwiegersohn demonstriert mit seiner Frage nach der Uniform Unverständnis. Und der Oberst? Hatte er zunächst unwillig auf die Störung durch den Eintretenden reagiert, macht er diesen im Verlaufe der Unterhaltung auf seiner Ansicht nach unhaltbare Zustände in dessen Erscheinung aufmerksam. Dies geschieht **von oben herab** und hat deutlich **zurechtweisenden Charakter**. Der Oberst kommt gar nicht auf die Idee, dass ihm ein solches Urteil überhaupt nicht zusteht, so sehr ist er von sich und der Richtigkeit seiner Ansichten überzeugt. Für Beckmann müssen die „Ratschläge" des Oberst jedoch wie Schläge ins Gesicht, wie purer Hohn wirken.

Auf die ignorante Bemerkung der Tochter reagiert Beckmann überhaupt nicht. Stattdessen wendet er sich „schlaftrunken“ an den Oberst, ob er höre. Der Oberst scheint das mit einer Geste zu bestätigen, denn Beckmann konstatiert: „Dann ist es gut. Wenn Sie hören, Herr Oberst.“ (Z. 56 f.) Beckmann erklärt seine Absicht: Er wolle dem Oberst seinen **Traum** erzählen, der ihn jede Nacht heimsucht und in dem „jemand so grauenhaft schreit“ (Z. 58 f.), dass er aufwache. Er stellt dem Oberst rein **rhetorisch** die Frage, ob der wisse, wer da schreit und gibt sofort die Antwort: Er selbst sei es, der schreit. „Ulkig, nicht, Herr Oberst?“ (Z. 60) Das Wort „ulkig“ steht in krassem Gegensatz zu dem, was Beckmann im Traum erlebt, es ist **ironisch** gemeint und zeigt die tiefe Verzweiflung des erschöpften Mannes. Keine Nacht könne er mehr schlafen, weshalb er „ganz furchtbar müde“ (Z. 62) sei.

Wieder drückt die Mutter kurz ihre **Angst vor Beckmann** aus, was nicht beachtet wird. Denn der Oberst zeigt sich jetzt tatsächlich „interessiert“ an dem, was Beckmann erzählt. Aber er hat doch nicht richtig zugehört, denn er glaubt, Beckmann wache von seinem Traum auf. Dem widerspricht Beckmann und stellt richtig, dass er nicht von seinem Traum, sondern von seinem Schrei aufwache. Als müsse er es dem Oberst förmlich einhämmern, wiederholt er: „Von dem Schrei.“ (Z. 65) Der Oberst insistiert und will wissen, ob der Traum Beckmann zu dem Schrei veranlasse. „Denken Sie mal an, ja. Er veranlasst mich.“ (Z. 67), wiederholt Beckmann das gespreizt klingende Wort und kündigt wie nebenbei an, dem Oberst seinen „seltsam[en]“ Traum „mal“ (Z. 67 f.) zu erzählen. Allerdings nicht, ohne sich zuvor noch einmal des Zuhörens des Oberst vergewissert zu haben. Es ist Beckmann sehr wichtig, dass der Oberst die Ohren dem gegenüber, was er jetzt zu hören bekommen wird, nicht verschließt; denn für Beckmann geht es um alles.

In seinem **Traum** sehe er einen fetten, rasend auf einem Xylophon spielenden, schwitzenden Mann. Mit jedem Satz steigert sich das **grauenhafte Bild**. Der Xylophonspieler wird immer detaillierter beschrieben – als „außergewöhnlich fett“ (Z. 70), er schwitze „dampfendes, dunkles Blut“ (Z. 73 f.), das ihm „in zwei breiten roten Streifen an seiner Hose“ herunterlaufe und ihm damit das Aussehen eines Generals gebe. Der „alte[…] schlachtenerprobte[…] General“ (Z. 76) spiele „mit langen dünnen Prothesen, die wie Handgranatenstiele aussehen“ (Z. 77 f.) und die Arme ersetzen. Den Höhepunkt dieser ersten Schilderung des Spiels bildet die Beschreibung des grässlichen Instruments, dessen Hölzer durch Knochen ersetzt wurden. Diese Passage ist durchzogen von kurzen **Parataxen** und **Ellipsen** – der vom Traum Geplagte macht so einen **wirren** und **gehetzten Eindruck**. Beckmann fragt auch nicht, sondern beharrt: „Glauben Sie mir das, Herr Oberst, aus Knochen!“ (Z. 80 f.) Dreimal gebraucht Beckmann diese Aufforderung, als müsse er sich seiner Wahrnehmung selbst versichern, als könne er seinem eigenen Traum nur schwer trauen. Obwohl der Oberst nicht gefragt wurde, bejaht er: „Ja, ich glaube. Aus Knochen.“ (Z. 82) Das spricht er „leise“, fast so, als sei ihm das, was Beckmann im Traum erlebt, gar nicht so fremd.

„Immer noch tranceähnlich, spukhaft“ fährt Beckmann fort. Das Grauen steigert sich, indem er die Knochen, welche die Klanghölzer des Xylophons darstellen, beschreibt. Der **Kontrast** zwischen seiner Wertung „Wunderbare weiße Knochen“ (Z. 84) und der Vielzahl der pedantisch aufgezählten Knochen kann kaum größer sein. Jetzt fragt Beckmann den Oberst direkt: „Ist das nicht ein komischer Musiker, dieser General?“ (Z. 89) Der Gefragte ist irritiert, stimmt Beckmann aber „unsicher“ zu: „Ja, sehr komisch. Sehr, sehr komisch!“

Das Abstoßende des Traumes enthüllt das **Grauen des Krieges**. Nicht Zahlen und Fakten rufen beim Leser **Abscheu** gegenüber dem Krieg hervor, sondern das Bild vom **makabren Spiel** des fetten Generals aus Beckmanns Traum. Als wäre der Schrecken noch zu steigern, kündigt Beckmann an: „Ja, und nun geht es erst los. Nun fängt der Traum erst an.“ (Z. 91) Er erzählt, dass der General Märsche auf seinem Knochen-Xylophon spiele. „Preußens Gloria oder den Badenweiler. Aber meistens spielt er den Einzug der Gladiatoren und die Alten Kameraden. Meistens spielt er die.“ (Z. 93 f.) Natürlich spielt der Traum-General Militärmärsche – zeigt sich doch auch in den Märschen die lange kriegerische Geschichte vom preußischen Kaiserreich bis zum Nationalsozialismus. Den letztgenannten Marsch summt Beckmann wie im Wahn vor sich hin. Der Oberst scheint aus einer Starre zu erwachen, er möchte den unheimlichen Gast zur Räson bringen und fragt ihn endlich danach, was dieser von ihm wolle. Kurz und sachlich fällt Beckmanns Antwort aus: „Ich bringe sie Ihnen zurück." (Z. 97)

Der Oberst versteht nicht. „Beinah naiv" erklärt der Gefragte daraufhin: „Die Verantwortung. Ich bringe Ihnen die Verantwortung zurück." (Z. 99 f.) Für ihn ist das offenbar selbstverständlich, denn die Verantwortung ist es, die ihm den Schlaf raubt. Es handelt sich dabei um die **Verantwortung für elf Männer**, die unter seinem Kommando im Krieg fielen, wie Beckmann dem Oberst gleich erzählt. Zunächst erinnert er den Oberst aber an eine konkrete Situation. Jede Einzelheit ihrer damaligen Begegnung ist Beckmann noch gegenwärtig: Wie der Oberst in Beckmanns Stellung kam, nach ihm fragte, ihm einen Befehl erteilte und ihm die Verantwortung übertrug, „die Verantwortung für die zwanzig Mann." (Z. 105) Beckmann berichtet fast sachlich, auffällig sind die **kurzen**, **aufzählenden**, oft **gleichförmig eingeleiteten** *(und dann, dann)* **Sätze**, in denen eine Handlung an die andere gereiht wird. Zweimal weist Beckmann darauf hin, dass er die Verantwortung hatte. „Aber nun ist der Krieg aus [...], nun gebe ich Ihnen die Verantwortung zurück, Herr Oberst, ich will sie nicht mehr, ich gebe sie Ihnen zurück, Herr Oberst." (Z. 110 ff.)

Der Oberst gibt sich gar keine Mühe, seine Beteiligung an den Geschehnissen zu leugnen – schließlich hatte Beckmann ihn, obwohl er vermutlich in Zivil an seinem Abendbrottisch sitzt, immer unwidersprochen mit dem Dienstgrad angeredet und ihn nachdrücklich an seinen damaligen Aufenthalt in Beckmanns Stellung in Gorodok erinnert (vgl. Z. 100 f.). Für ihn ist **Beckmanns Ansinnen** so **absurd**, dass er völlig unaufgeregt, ja befreit abwiegeln kann: „So war das doch gar nicht gemeint." (Z. 113 f.), versucht er zu beschwichtigen und hält Beckmann vor, sich unnötig aufzuregen. Dieser aber macht „ohne Erregung, aber ungeheuer ernsthaft" seinen Standpunkt, sein **Verständnis von Verantwortung** klar: „Verantwortung ist doch nicht nur ein Wort [...]. Man kann doch Menschen nicht für ein leeres Wort sterben lassen." (Z. 116 ff.) Dass es genauso geschah, weiß Beckmann allerdings, er hat es selbst erlebt. Aber er kann sich damit nicht arrangieren, wie viele das konnten, auch der Oberst.

Um diesem noch deutlicher zu aufzuzeigen, worum es ihm, Beckmann, geht, beschreibt er, was ihn quält: „Irgendwo müssen wir doch hin mit unserer Verantwortung. Die Toten – antworten nicht. Gott – antwortet nicht. Aber die Lebenden, die fragen." (Z. 118 ff.) Borchert gelingt es an dieser Stelle, durch **Parallelismen**, **Wiederholungen** und durch die **Antithesen** *Tote/Lebende* bzw. *nicht antworten/fragen* eine schier gespenstische **Eindringlichkeit** in Beckmanns Rede, seinem längsten Redeanteil, zu erzeugen. Und Beckmann, der den Oberst immer wieder anredet, um sich zu vergewissern, dass dieser ihm noch zuhört, zählt sie auf – alle, die ihn fragen, und er nennt auch die Fragen, die sie ihm, dem Unteroffizier, stellen, wenn er nach dem Aufwachen aus seinem schlimmen Traum nicht wieder einschlafen kann.

Dem Leser/Zuschauer wird beeindruckend vor Augen geführt, welch großes Leid der Krieg auch über die Angehörigen der Soldaten, ihre Frauen, Kinder und Mütter bringt. Beckmanns Art zu sprechen lässt einen erschaudern: Er **zählt** die Fragen **auf**, die ihm die Gestalten zuflüstern, er beschreibt die verwaisten Angehörigen der toten Soldaten, die vielen „traurige[n], trauernde[n] Frauen" (Z. 121 f.) und die „Kinder, viele kleine Kinder." (Z. 123) Obwohl Beckmann den Oberst wiederholt anspricht, reagiert der mit keiner Silbe. Auch auf die **direkte Frage**, wieviel Frauen ihn, den Oberst, nachts nach dem Verbleib ihres Liebsten fragen würden, bleibt der stumm. Beckmann insistiert, indem er ungeheure Zahlen nennt und den Oberst **herausfordernd** fragt, ob der gut schlafe. Ohne eine Antwort abzuwarten, mit der Beckmann ohnehin nicht zu rechnen scheint, kommt er auf den Punkt: „Dann macht es Ihnen wohl nichts aus, wenn ich Ihnen zu den zweitausend noch die Verantwortung für meine elf dazugebe." (Z. 130 f.) Das ist keine Frage, Beckmann stellt fest. Es klingt sachlich, aber Beckmanns Zustand ist alles andere als das. Das zeigen seine nächsten Fragen, die von **ohnmächtigem Zorn und abgrundtiefer Verzweiflung** gekennzeichnet sind: „Können Sie schlafen, Herr Oberst? […] Können Sie überhaupt leben, Herr Oberst, können Sie eine Minute leben, ohne zu schreien?" (Z. 131 ff.)

Dieser Moment, in dem Beckmann dem Oberst diese Fragen in Form von **Anaphern** gewissermaßen entgegenschleudert, stellt den **Höhepunkt des Szenenausschnitts** dar. Nun ist es mit Beckmanns Kraft vorbei. Wohl wissend, dass er auf seine drängenden Fragen nie eine Antwort bekommen wird, bleibt ihm nur ein letzter Versuch, um seine Angelegenheit zu Ende zu bringen. Er nimmt das Schweigen des Oberst als Zustimmung und versucht sich selbst Absolution zu erteilen: „[W]enn Sie so nett sind und sie wieder zurücknehmen, die Verantwortung. Dann kann ich wohl nun endlich in aller Seelenruhe pennen." (Z. 135 ff.) Und als erinnere er sich an etwas sehr weit Entferntes, lange Entbehrtes, wiederholt er: „Seelenruhe, das war es, ja, Seelenruhe, Herr Oberst!"

Schluss

Beckmann wird diese Ruhe wohl nie wieder finden, denn **niemand kann ihm die eigene, persönliche Verantwortung abnehmen**. So kann er auch nicht, wie von ihm erhofft, die Schuld am Tod der elf Männer dem Oberst abtreten – dieser findet Beckmanns Ansinnen ja nur befremdlich –, sondern er muss sich seine **eigene Schuld** eingestehen. Tragisch ist dabei, dass der arrogante und selbstgerechte Vorgesetzte selbst überhaupt keine Probleme mit seiner Verantwortung zu haben scheint, obwohl seine Schuld weit größer ist, hat er doch nicht elf, sondern geschätzte Tausende von Menschen auf dem Gewissen. Ganz pragmatisch erklärt er den Krieg für beendet und schert sich nicht weiter darum. Beckmann wird im Verlauf des Stücks noch mehrfach verzweifeln und soll auch am Schluss des Dramas keinerlei Antworten auf seine verzweifelte **Frage nach dem Sinn des Weiterlebens** erhalten.

In „Draußen vor der Tür" führt **Borchert** – selbst ebenfalls zum Angriff auf die Sowjetunion beordert und als Kriegsheimkehrer im Alter von 25 Jahren schwer gezeichnet – dem Rezipienten ein erschütterndes Szenario vor Augen. Der Dichter gilt damit bis heute als **einer der schonungslosesten Vertreter einer zornigen Jugend**, die sich durch den Zweiten Weltkrieg ihrer Zukunft und ihres Lebenswillens beraubt sah und darüber irgendwann nicht mehr schweigen wollte, auch wenn die Wahrheit für viele, die den Krieg einfach „abhaken" wollten, unangenehm war. Dessen war sich Borchert bewusst – sein Drama untertitelte er vielsagend als „ein Stück, das kein Theater spielen und kein Publikum sehen will."

Deutsch (Thüringen): Abiturprüfung 2012
Aufgabe 5: Interpretation eines lyrischen Textes

Hilde Domin (1909–2006)

Nur eine Rose als Stütze

Ich richte mir ein Zimmer ein in der Luft
unter den Akrobaten und Vögeln:
mein Bett auf dem Trapez[1] des Gefühls
wie ein Nest im Wind
auf der äußersten Spitze des Zweigs.

Ich kaufe mir eine Decke aus der zartesten Wolle
der sanftgescheitelten Schafe die
im Mondlicht
wie schimmernde Wolken
über die feste Erde ziehn.

Ich schließe die Augen und hülle mich ein
in das Vlies[2] der verläßlichen Tiere.
Ich will den Sand unter den kleinen Hufen spüren
und das Klicken des Riegels hören,
der die Stalltür am Abend schließt.

Aber ich liege in Vogelfedern, hoch ins Leere gewiegt.
Mir schwindelt. Ich schlafe nicht ein.
Meine Hand
greift nach einem Halt und findet
nur eine Rose als Stütze.

(1957/59)

In: Domin, Hilde: Nur eine Rose als Stütze. Gedichte. Frankfurt am Main 1998, S. 55.

1 Trapez hier: Schwebe-, Schaukelreck im Zirkus
2 Vlies: zusammenhängende Wolle eines Schafes; Goldenes Vlies des Widders Chrysomeles, der fliegen und sprechen konnte

Arbeitsanweisung

Interpretieren Sie das Gedicht.

Hinweise und Tipps

Es liegt eine Abituraufgabe vor, in der die **reine Analyse des Textes** im Mittelpunkt steht; weitere Bezugstexte oder Ergänzungen der Aufgabenstellung sind nicht zu beachten. Die klassische Gedichtinterpretation kann hier also an einem formal sehr übersichtlichen Beispiel geübt werden. Inhaltliche Schwerpunkte ergeben sich aus dem Text selbst heraus. Die vielen **Bilder** des Gedichts, das völlig in der **Innenwelt des lyrischen Ichs** bleibt, bieten zahlreiche

Anknüpfungspunkte für Darstellung und Deutung. Die Kürze und Übersichtlichkeit des Werkes verlangt auf der anderen Seite, dass man alle Details beachtet und keinen Vers aus der Analyse ausklammert. Zugleich gilt es, dem Bezug zwischen **Inhalt und Form** mit genügend Substanz zu begegnen: Die Bilder dürfen nicht nur für sich stehen, sondern sollten in eine Bedeutungsebene eingeordnet werden. Lyrische Bilder beziehen ihre Bedeutung aber nicht nur aus dem Alltagswissen des Lesers; Bezüge zu anderen Texten können ebenso relevant sein wie der **historisch-biografische Kontext**. Kenntnisse über die Autorin Hilde Domin sind daher von Vorteil, aber nicht unmittelbare Voraussetzung. Im Falle der Thematisierung solcher Aspekte sollten Sie ihre Zeit im Exil aber unbedingt berücksichtigen.

Die Aufgabe verlangt Leistungen in allen drei Anforderungsbereichen, die laut *Einheitlichen Prüfungsanforderungen in der Abiturprüfung Deutsch (EPA)* zu einer vollständigen Aufgabenstellung gehören:

Anforderungsbereich I (Grundlagen an Wissen/Kennen konkreter Einzelheiten): Ein sicherer Umgang mit Naturmetaphern erleichtert die Erschließung der Bedeutungsebene. Formale Gestaltungsmittel des Gedichtes sind zu erkennen und angemessen zu beschreiben.

Anforderungsbereich II (Organisation des Arbeitsprozesses): Die Struktur und die Einzelelemente des Textes sind zu erfassen, zu beschreiben und in ihrer Bedeutung zu erläutern. Daraus leitet sich das begründete Ergebnis Ihrer Analyse ab. Eine selbstständige Erarbeitung von Schwerpunkten und ihre sinnvoll gegliederte Darstellung sind durch die allgemein formulierte Aufgabenstellung notwendig.

Anforderungsbereich III (Fähigkeit zur eigenen Urteilsbildung): Die Aussage des Gedichtes ist von Ihnen zu erfassen und darzustellen. Die jeweiligen Deutungen müssen zu einer Sichtweise führen, die eine Übertragung der dargestellten Problematik auf umfassendere Lebensbereiche zulässt. Die Wirkung des Textes können Sie subjektiv werten.

Erläuterung der Aufgabenstellung

Der Operator „**Interpretieren**" hat die **selbstständige** und **komplexe Bearbeitung** in einem zusammenhängenden Interpretationsaufsatz zum Ziel. Treffen Sie von vornherein die Entscheidung, ob Sie sich an der **Chronologie des Gedichts** orientieren oder ob Sie bestimmte Untersuchungsaspekte übergreifend in **thematischen Blöcken** behandeln. Der vorliegende Lösungsvorschlag geht chronologisch vor; allerdings gibt es auch Abschnitte des Hauptteils, die alle Strophen in den Blick nehmen. Angaben zu formalen Aspekten brauchen bei einem so gleichmäßigen Aufbau nicht für jede Strophe wiederholt werden.

Der Einstieg des folgenden Lösungsvorschlags stellt mit der **Natursymbolik** einen Gestaltungsaspekt in den Mittelpunkt. Dabei muss gewährleistet sein, dass später darauf noch einmal deutlich eingegangen wird, ansonsten wirkt ein solcher Anfang unglaubwürdig. Gerade bei einer so offenen Aufgabenstellung ist es von Vorteil, wenn Sie sich selbst einen **Schwerpunkt** setzen, ohne dass Sie aber das Ziel aus den Augen verlieren, den Text erschöpfend zu untersuchen.

Angaben zur Autorin sollten – wenn sie möglich sind – nach der Einleitung mit Nennung des Titels und des Entstehungszeitraums erfolgen. Unverzichtbar ist auch ein **Abriss des Inhalts**. Fassen Sie sich dabei aber möglichst kurz, um nicht zu viel vorwegzunehmen.

Angaben zum **Gestaltungsprinzip** des Gedichts fallen hier etwas kürzer aus, da weder Reim noch Rhythmus eine Rolle spielen. Der Aufbau der Strophen ist relativ einheitlich; nur die unterschiedlichen Verslängen lassen sich thematisieren. Da der Abschluss des Gedichts maßgeblich ist, lassen sich allgemeine Überlegungen zur Deutung des Gesamttextes hier gut anschließen. Dabei werden verschiedene mögliche Perspektiven ausgeführt. Inwieweit eine Anbindung an **textexterne Aspekte** (Autorenbiografie, Geschichte, Mythos) erfolgt, hängt von Ihren individuellen Voraussetzungen ab.

Die **Zusammenfassung** versucht eine Brücke zur **Wirkung** des Textes zu schlagen. Dabei ist der Zusammenhang mit den vorher angesprochenen Schwerpunkten notwendig.

Lösungsvorschlag

Die **Natur** lieferte der Dichtung schon immer eine reiche Auswahl an **Bildern, Metaphern oder Symbolen**. Die Gründe für diesen sprachlichen Reichtum liegen in der Allgemeingültigkeit dieser Erfahrungswelt – jeder Mensch heute und in der Vergangenheit hat eine Vorstellung von einem Vogel oder einer Blume. Das macht diese Bilder auch so wertvoll für Lyriker, denn ihre Bedeutung geht über das reine Wort hinaus. Die Herausforderung für die **moderne Lyrik** liegt nun darin – in Abgrenzung z. B. zu den romantischen Naturmetaphern –, die Natur in neue Kontexte zu stellen. Hilde Domin gelingt dies mit ihrem 1959 erschienenen Gedicht „Nur eine Rose als Stütze" bereits im Titel, denn durch die Kombination der zerbrechlichen Blume mit dem erwarteten festen Halt werden sofort Fragen aufgeworfen, die sich in Form von weiteren Gegensätzen durch alle Strophen ziehen.

Hilde Domin (geboren 1909) gehört zu jenen deutschen Autoren, die durch ihr **Exil während der Zeit des Nationalsozialismus** entscheidend geprägt wurden. Nach ihrer Rückkehr in den westlichen Teil Deutschlands trat sie literarisch vor allem durch die Veröffentlichung von Gedichtbänden hervor. Ihre Lyrik ist **ernst** und ihre Gedichte stellen sich den menschlichen Problemen und Gefühlen auf nachdenkliche Weise. So bezieht sich „Nur eine Rose als Stütze" (trotz der vielen Naturmetaphern) ebenfalls eher auf die **Innenwelt** des lyrischen Ichs als auf den Blick nach draußen: Das lyrische Ich führt den Leser in eine **Traumwelt** ein. Dabei entsteht zunächst das Bild eines Raums in der Luft. Dort richtet sich das Ich eine geschützte **Idylle** ein. Erst in der letzten Strophe wird das Bild zerstört: Die Position wird unsicher, Schwindel tritt auf. Zum Schluss ist es nur noch eine Rose, die Halt geben soll.

Das Gedicht besteht aus vier Strophen, die je fünf Verse beinhalten; Reime liegen nicht vor; der Rhythmus ist unregelmäßig. Die Verslängen variieren von zwei bis neun Wörtern. Die ersten beiden Strophen bestehen jeweils aus einem durchgängigen Satz, die dritte aus zwei und die letzte aus vier Sätzen. Hieran lässt sich eine **Steigerung zum letzten Vers** – dem Titel des Gedichts – erkennen. Die unterschiedlichen Satzumfänge finden ihren Niederschlag im wiederholten Auftreten von **Emjambements**. Den Beginn aller Strophen verbindet ein **Parallelismus**, der mit dem lyrischen Ich als Subjekt und einem Prädikat den jeweiligen neuen Satz einleitet: „Ich richte [...] ein" (V. 1), „Ich kaufe" (V. 6), „Ich schließe" (V. 11). Nur die vierte Strophe hält eine geringfügige, aber zum vermittelten Umschwung passende Variation bereit: „Aber ich liege" (V. 16). Mit diesem Parallelismus wird die zentrale **subjektive Perspektive**, die sich durch das gesamte Gedicht zieht, besonders betont; Einflüsse von außen spielen erst wieder am Ende eine Rolle.

Im ersten Vers wird durch die Wahl der Substantive der **Gegensatz** zwischen **erdverbunden** („Zimmer") und **losgelöst** („Luft") eingeführt. Dies wiederholt sich in den folgenden Versen mit den Worten „Akrobaten" und „Vögeln", „Bett" und „Trapez", „Nest" und „Wind". Der abschließende Vers der ersten Strophe deutet dann schon die Tendenz zur Unsicherheit am Ende an, denn das mit einem Bett **verglichene** Nest befindet sich „auf der äußersten Spitze des Zweigs". Der Baum steht eigentlich für Stabilität, doch das lyrische Ich sucht sich von diesem Ort den unsichersten Punkt aus – das Ende des Zweigs, der sich leicht neigen oder brechen kann. Hier wird der Eindruck eines **Traums** erzeugt, und zwar vor allem dadurch, dass sich verschiedene Erlebnis- und Bilderwelten miteinander vermischen und zwischen diesen Ebenen ständig hin und her gewechselt wird. Sowohl das Zimmer als auch die Welt des Vogels sowie die des Akrobaten erscheinen eng verwandt. Eine **reale Bilderwelt**, erzeugt durch die Nennung konkreter Substantive, vermischt sich mit einer **metaphorischen Ebene**, ausgedrückt durch ein Abstraktum in der Mitte der Strophe: „Trapez des Gefühls" (V. 3).

Die zweite Strophe beginnt mit der **Vervollständigung der anfänglichen Einrichtung:** Das lyrische Ich kauft eine Decke. Diese Strophe verzichtet als einzige auf **Satzzeichen**. Dort, wo ein Komma den Relativsatz vom Hauptsatz trennen müsste („Schafe [,] die im Mondlicht [...]

ziehn“ (V. 7 ff.), fehlt dieses. So zieht sich ein Satz als **Enjambement** über alle fünf Verse. Allenfalls der Zweiwortvers in der Mitte („im Mondlicht“) verleiht dem Schriftbild eine Zäsur. Dieses ungegliederte ‚Dahinfließen‘ der Worte korrespondiert mit dem Inhalt: Die Strophe vertieft den Eindruck vom Traum des lyrischen Ichs. Die verwendeten Bilder erinnern an das **Schlaflied** „Schlaf, Kindlein, schlaf“. Schafe und Mond sind Motive daraus. Verstärkt wird diese Assoziation durch die Decke. Diese wird, wie das „Nest“ in der ersten Strophe, mit einem Superlativ verbunden: „zarteste[…] Wolle“ (V. 6). Um diese **Hyperbel** noch weiter zu steigern, verwendet die Autorin den **Neologismus** „sanftgescheitelt[…]“ (V. 7). Der Gegensatz zwischen Erde und Luft aus der ersten Strophe kommt in der zweiten am Ende zum Tragen, wenn die „feste Erde“ (V. 10) als Gegenpol zu den „schimmernde[n] Wolken“ (V. 9) eingeführt wird. Dass die Wolken, die als **Vergleich** für die Schafe hinzugezogen werden, „schimmern“, schafft durch die Vermischung des optischen Eindrucks mit dem auch zuvor betonten Tastsinn (vgl. die Adjektive *„zart“* und *„sanft“*) den Effekt einer **Synästhesie**.

In der dritten Strophe scheint die **Einrichtung abgeschlossen:** Das ‚Luftige‘ ist überwunden. Das lyrische Ich verschmilzt mit dem in Strophe 2 entwickelten Bild der **Schafe**, die als „verläßlich[…]“ (V. 12) charakterisiert und somit **anthropomorphisiert** werden. Es bleibt mit ihnen auf dem Boden – der Tatsachen? –, was der „Sand unter den kleinen Hufen“ (V. 13) vermittelt, und es hüllt sich komplett in deren Wolle ein. Mit dem Schließen der Augen im ersten Vers der Strophe verlässt sich das lyrische Ich vollständig auf alle anderen Sinne („spüren“, V. 13 und „hören“, V. 14), und es wird suggeriert, dass der Schlaf jetzt erst beginnt, obwohl das Traumbild ja schon von Anfang an existiert. Eine weitere Bilderwelt wird zudem eingeführt: Durch die Erwähnung des „Vlies[es] der […] Tiere (V. 12) kommt eine **mythische Ebene** hinzu. Der Begriff „Vlies“ erinnert an das Goldene Vlies des Widders **Chrysomeles**. Da dieser fliegen konnte, klingt wiederum ein indirekter Bezug zur Luft, zum Emporsteigen an. In Schafswolle festgeklammert, rettete auch der listige **Odysseus** sich und seine Gefährten aus den Händen des Zyklopen Polyphem. In diesem Mythos verhilft das Vlies dem griechischen Helden also zu genau der Sicherheit und Verlässlichkeit, die sich das lyrische Ich in Hilde Domins Gedicht erhofft.

Sieht man diese Sicherheit als Ziel, dann könnte das Gedicht nach der dritten Strophe enden – aus dem Zimmer in der Luft ist ein sicherer Stall geworden. Dass diese Strophe keine Auffälligkeiten im Satzbau und wenig Abwechslung in den Verslängen aufweist, unterstreicht diesen **Sicherheitsanspruch** auch formal. Wenn das lyrische Ich in V. 14 „das Klicken des Riegels“ hört, kann ihm nichts mehr passieren. Menschliche Züge sind damit aber völlig abgelegt. **Der Mensch ist** nicht wie in der ersten Strophe zum Vogel, der in den Lüften unterwegs ist, sondern **zum Schaf geworden**. Diese Tiere sind wohlbehütet und sicher; das wird aber durch den Umstand bezahlt, dass man sich der Herde unterordnen muss. Es bleibt letztlich auch ungeklärt, wer eigentlich „die Stalltür am Abend schließt“ (V. 15); ein Schäfer oder Bauer wird nicht erwähnt, der Riegel schließt sich selbst, wird so **personifiziert**. Diese offene Frage wirkt ein wenig beängstigend und das Geräusch des „Klicken[s]“ verstärkt diesen Eindruck weiter. Es passt nicht so recht in die idyllische Stimmung der Strophen und Verse davor. Doch all das geschieht mit ausdrücklicher Zustimmung des lyrischen Ichs, was die Einleitung des zweiten Satzes der Strophe mit „Ich will …“ (V. 13) verrät – es möchte gerne eingesperrt werden.

Doch diese **Sicherheit trügt**, denn in der letzten Strophe wird das **Trugbild dekonstruiert**. Zwei formale Besonderheiten wurden bereits genannt: Erstens ist die **Anzahl der Sätze** größer als zuvor, zweitens beginnt der Umschwung passend mit der Konjunktion „**aber**“ (V. 16). Die Sätze sind zudem sehr **kurz** und **parataktisch**. Hektik scheint aufzukommen. Das gilt vor allem für den zweiten Vers der Strophe, der gleich zwei Sätze enthält: „Mir schwindelt. Ich schlafe nicht ein.“ Der erste Satz kann dabei als **Ellipse** angesehen werden, denn auf das (Schein-)Subjekt wird verzichtet. Auch nach dem Komma in V. 16 findet sich statt eines vollständigen Nebensatzes eine den Hauptsatz ergänzende Ellipse: „hoch ins Leere gewiegt“. Wer das lyrische Ich dabei ins Leere wiegt, erfährt der Leser nicht. Angesichts dieses Fehlens eines „Agens“ verstärkt sich die Machtlosigkeit, der sich das Ich hier ausgeliefert fühlen muss, obwohl mit dem Verb „wiegen“ das Bild von Geborgenheit eigentlich noch erhalten ist. Dass dies nicht diese gewünschte Wirkung erzielt, wird jedoch im nächsten Vers deutlich: „Ich schlafe nicht ein.“

Das „[L]iege[n] in Vogelfedern (V. 16) wird durch das „Aber“ dem Sicherheit bietenden Einhüllen in das Vlies, dem Eingesperrtwerden im Stall (vgl. Strophe 3) gegenübergestellt. Auch die Federn könnten dabei an einen Mythos erinnern – der Flug des **Ikarus** scheitert in der Sage an dem Halt der zusammengeklebten Adlerfedern, als dieser sich zu sehr der Sonne nähert. Insofern kann der Leser bei den Vogelfedern den Absturz gleich mitdenken. Das Gefühl sowie die Gefahr der „**Leere**“ setzt sich somit endgültig gegenüber der „feste[n] Erde“ (noch in V. 10) durch. Das lyrische Ich fühlt sich jetzt schutz- und machtlos. Unter diesen Voraussetzungen ist der **letzte Satz des Gedichts** und vor allem auch dessen letzter (und titelgebender) Vers zu betrachten. Nach den kurzen Sätzen folgt wieder ein längerer über drei Verse. Durch den kurzen Zweiwortvers 18 („Meine Hand“) und das folgende Enjambement ergibt sich eine Zäsur im Sprachverlauf, die mit einer inhaltlichen Veränderung korrespondiert – die im bisherigen Verlauf des Gedichts festgestellte **Betonung des Ichs als Subjekt** (vgl. die anaphorische Gestaltung der Strophenanfänge mit „Ich“) wird jetzt aufgegeben. Die Hand greift wie **mechanisch** „nach einem Halt“ (V. 19). Eine bewusste Steuerung durch das Ich gibt es ab diesem Zeitpunkt also nicht mehr. Das letzte Prädikat („findet“) bezieht sich ebenfalls auf die **personifizierte** Hand. Es setzt angesichts der Schutzlosigkeit, des Schwindels und der Schlaflosigkeit ein Rettungsinstinkt ein, der beinahe reflexartig Halt sucht.

Damit ist der **Höhepunkt des Gedichtes** erreicht: „nur eine Rose als Stütze“ (V. 20). Das Ende ist offen, denn der Leser erfährt nicht mehr, ob dieser Halt stabil bleiben wird. Und doch ist dies kein negatives Ende; zwischen der Zerbrechlichkeit der Rose und ihrer (erhofften) Funktion als „Stütze“ besteht nämlich ein Gegensatz, der den Kreis zum Beginn des Gedichtes schließt, in dem das stabile Zimmer der Luft gegenüberstand. Das gänzlich neue Bild der Pflanze könnte also ebenso ein Neuanfang sein. In der Tatsache, dass die Rose, fragil in Stängel und Blüte, überhaupt als mögliche Stütze – relativiert allerdings durch „nur“ – in Betracht gezogen wird, steckt eine leise Hoffnung, doch noch einen Halt gefunden zu haben.

Warum wählt Hilde Domin für den Abschluss und den Titel ihres Gedichts nun gerade die **Rose**? – Schließlich wäre es ebenso möglich gewesen, das Werk so enden zu lassen: „Meine Hand greift nach einem Halt und findet nur eine Tulpe als Stütze.“ Die **Faszination**, die von dieser Blume ausgeht, hat stets Berücksichtigung in der Literatur erfahren. Unweigerlich denkt man an **Goethes „Heideröslein“**: „Sah ein Knab ein Röslein stehn“. Der verletzliche Charakter der Pflanze ist hier durch den **Diminutiv** zusätzlich betont. Ein weiterer Beleg für die große Bedeutung der Rose ist das **Kirchenlied** „Es ist ein Ros entsprungen“. Die Rose birgt hier Hoffnung, indem sie als Symbol für den geborenen Heiland steht. Für eine religiöse Lesart des Gedichtes „Nur eine Rose als Stütze“ fehlen aber sicherlich Belege. In unserer Kultur ist die Rose ein **Symbol für die Liebe**, in diesem Sinne wird sie täglich verschenkt. Die damit ausgedrückte Zuwendung zu einem Menschen bringt Halt, der zwar abstrakt, aber doch von großer Bedeutung hinsichtlich der Stabilität im Leben sein kann. So dient manche Rose vielleicht eben doch als „Stütze“.

„Nur eine Rose als Stütze“ erschien Ende der 50er-Jahre. Der Titel gab sogar einem kompletten Gedichtband seinen Namen. Damit ist der Text bzw. sein Abschlussvers noch einmal besonders hervorgehoben. Etwa in der Mitte ihres Lebens hat die Autorin eine prägende Erfahrung hinter sich: Ihre **Zeit im Exil** nach der Flucht vor den Nationalsozialisten stellte sie vor eine Herausforderung, die dem Traum des lyrischen Ichs in dem Gedicht recht nahe kommt. Ein Leben im Exil bedeutet für die Menschen, dass sie Stabilität aufgeben müssen, die ihnen in der Heimat gewährt sein sollte. Die Wege vieler Exilschriftsteller führte sie über mehrere Stationen, immer wieder mussten sie neu ankommen und neuen Halt finden. Auch die Rückkehr aus dem Exil bedeutete nicht automatisch die Wiederherstellung der Zeit vor dem Dritten Reich – nach dem Zweiten Weltkrieg dominierten Zerstörung, Verlust von geliebten Menschen und Schrecken über die von Deutschen begangenen Taten den **Neuanfang** in der Heimat. Für viele Exilanten begann die Suche nach dem Krieg also erst richtig. Nach diesem **Verlust von Stabilität** fanden viele Schriftsteller Halt in der Sprache. Das lyrische Ich in „Nur eine Rose als Stütze“ ersehnt sich (aus dem Nichts heraus) eine Sicherheit, die sich aber immer wieder als instabil oder als Trugbild erweist. Die Hoffnung auf „eine Rose als Stütze“ könnte man somit auch als die Erwartung an die Sprache des Lyrikers deuten: Lyrische Worte sind ebenso schön wie fragil zugleich.

Über diesen historisch-biografischen Aspekt hinaus vermittelt das Gedicht dem Leser eine vertraute Situation: Erdrückend bleibt vor allem die **Einsamkeit** des lyrischen Ichs. Die Rolle anderer Menschen bleibt ungeklärt. Das Ich tritt im gesamten Text nicht aus seiner Innenwelt heraus; insofern muss auch das Ende zwangsläufig offen bleiben. Vielleicht klingt aber auch **Hoffnung** an, die Hoffnung nämlich, dass man noch in den zerbrechlichsten Dingen – und sei es eine Rose – Rettung sehen kann.

Deutsch (Thüringen): Abiturprüfung 2013
Aufgabe 2: Textgebundene Erörterung

Tomasz Kurianowicz (geb. 1983, Journalist)

Der Menschheit Ende ist die Geburt der Natur

Im Zeitalter des Spätkapitalismus wird der Fortschrittsglaube mystisch: Eine Schau in Warschau fragt nach dem Rückschritt im Fortschritt.

WARSCHAU, im September
Die Welt verändert sich rasend schnell, und wenn man irgendwann zurückschauen wird auf das einundzwanzigste Jahrhundert, dann wird man über ein Zeitalter sprechen, in dem lang tradierte Sicherheiten erstmals ins Wanken gerieten. Gerade die Kunst, Reflexionsfolie für das Kommende, muss sich jetzt mit neuen Denkmotiven konfrontieren, wenn sie denn als Medium gesellschaftlicher Kritik noch etwas ausrichten möchte – als ein Medium, das im Kantischen Sinne Wissen von Scheinwissen trennt.

Das Problem ist freilich, dass es mit dem heutigen Wissen schlecht bestellt ist. Darauf macht auch die Schau „Regress/Progress", die vom Zentrum für zeitgenössische Kunst in Warschau zusammengestellt wurde, mit feiner Ironie aufmerksam. Es sind Werke zu sehen, die sich mit veränderten Prämissen einer kapitalistischen Ordnung auseinandersetzen und dabei Fragen stellen, die noch vor zwanzig Jahren aufrührerisch geklungen hätten. Kann sich eine endliche Menschheit unendlich vermehren? Wie kann eine Wirtschaftsordnung auf lange Sicht erhalten bleiben, in der jeder Staat exportieren will, aber nicht jeder Staat exportieren kann? Auch die Zukunft der Umwelt ist davon betroffen: Wie werden wir existieren können, wenn das schwarze Blut der Ökonomie, das Öl, das durch die Adern unserer Handelsrouten fließt, irgendwann versiegt und unsere Welt in einen alles lähmenden Stillstand versetzt?

Wenn man nun vor dem Schloss Ujazdowski steht, dieser ehemaligen Militäranlage im Zentrum von Warschau, nicht weit weg vom polnischen Parlament, dann fällt ein frühbarockes Türmchen auf, aus dessen Fenstern drei grüne Birken in den Himmel ragen. Begibt man sich in den zweiten Stock und betritt den unterkühlten Raum, wo die Baumwurzeln in Keramiktöpfen stecken, dann erfährt man, was diese ungewöhnliche Begrüßung zu bedeuten hat: Es ist die Zukunftsvision „Summer Solstice" von Cai Guo-Qiang. Der Chinese imaginiert mit dieser kontemplativen, in der Ruhe beinahe beängstigend wirkenden Arbeit, dass die Natur, wenn der Mensch irgendwann zu existieren aufhört, sich ihren Lebensraum zurückerobern wird. Auf den Ruinen der Zivilisation wird ein neues Biotop entstehen, das sich das unlängst Zerstörte wieder einverleibt.

Holz wird, so auch die Botschaft des Berliner Künstlerkollektivs Raumlabor, in jener Zukunft eine tragende Rolle spielen und all die synthetisch hergestellten Produkte organisch ersetzen. Die Architektur-Installation „Grated Futures" – so heißt das begehbare Werk der Berliner – soll dem Besucher bewusstmachen, wie stark unsere Wirklichkeit vom Öl abhängig ist. Wenn es verschwindet, dann werden auch die synthetischen Rundungen, die ovalen Formen und glatten Konstruktionen verschwinden, die unser gegenwärtiges Design dominieren. Wir werden ein Zeitalter der Ecken und Kanten erleben, ein Zeitalter des Rudimentären, in dem letzte Plastik-Reliquien an die Boomphase des Öls erinnern – alte Autoreifen etwa, die als Blumenkästen in Form von grob zugeschnittenen Schwänen fungieren. Nur der Mensch bleibt in dieser holzschnittartigen Konstruktion vielsagend abwesend. Er macht sich rar und gerät ins Abseits; muss mit dem auskommen, was nach seiner gescheiterten Eroberungsperiode übrig geblieben ist.

Interessanterweise spielt das Individuum in diesem Kaleidoskop eine untergeordnete Rolle. Auch in der Videoinstallation der dänischen Künstlergruppe Superflex ist der Mc Donald's, der hier als Schauplatz einer Umweltkatastrophe dient, menschenleer. Nur Stühle und Tische sind zu sehen – sowie ein grinsender Plastikclown. Nach und nach dringt Wasser durch die geschlossenen Türen; es bricht sich Bahn in einem verlassenen Raum voller Verpackungen und liegengebliebener Konsumgüter, bis die Flut an die Decke stößt. Am Objektiv schwimmen aufgedunsene Kartoffelscheiben vorbei wie Überbleibsel einer aufgeblähten Konsumgesellschaft.

Das ist das Besondere an dieser Ausstellung: Sie changiert zwischen Dystopie[1] und Utopie, um zu zeigen, dass der Fortschrittsglaube, der die Wirtschaft jahrzehntelang wie ein Deus ex Machina[2] anzupeitschen vermochte, sich in einer tiefen Glaubenskrise befindet. Ja, auch die geradezu religiös anmutende Hoffnung auf ewiges Wachstum schwindet. Im letzten Teil der Ausstellung sehen wir hochironische Collagen von Alexandra Mir, die Jesus- und Marienbilder zeigen, in denen eingeklebte Raketen ins Himmelreich drängen. Sie rücken die Technologiebegeisterung des zwanzigsten Jahrhunderts in die Nähe metaphysischer Bewunderung. Wir sehen, wie sich in den siebziger Jahren die Menschheit die Zukunft vorstellte, wie sie den Mond, ja selbst das Universum zu unterwerfen versuchte. Aus der Distanz glaubt man, einen Paradigmenwechsel wahrzunehmen, der offenlegt, dass uns heute der Griff nach den Sternen weniger plausibel erscheint als im vergangenen Jahrhundert, als noch der westliche Diskurs um Eroberung, um den Sieg des Kapitalismus über den Kommunismus kreiste.

Doch wer glaubt, dass dieser Sieg in Zweifel gezogen wird, der irrt. Die Kritik am Fortschritt ist keine Kritik, die eine kommunistische Utopie inszeniert, sondern ein blankes Unbehagen, das als Warnung zu verstehen ist. Damit trifft die Ausstellung den Nerv der Zeit – gerade im postsozialistischen Polen, wo die Schau die Besucher darüber nachdenken lässt, welche Enttäuschungen der Kapitalismus bei all seinen Vorteilen offenbart.

Diese Schau fasst eine neue Denkbewegung zusammen, die sich jetzt, zu Beginn des einundzwanzigsten Jahrhunderts, langsam und stetig zu formieren beginnt, mit populären Intellektuellen an der Spitze. Denken wir nur an Jonathan Franzen, der in seinem vielgelesenen Roman „Freiheit" das postindustrielle Dilemma ins Zentrum seiner Ausführungen stellt. Dort erinnert der Protagonist Walter, ein ehemaliger Umweltaktivist, seine Freunde fast schon nervtötend daran, dass sich der Mensch in seinem Drang nach Produktivitätssteigerung den eigenen Lebensraum nimmt, also materialistisch nach vorne, dialektisch jedoch einen Schritt zurück bewegt. Franzen schreibt: Die beiden Hauptströmungen der Wirtschaftstheorie, die marxistische ebenso wie die des freien Marktes, sagte Walter, nähmen es als gegeben an, dass wirtschaftliches Wachstum immer etwas Positives sei. Ein Wachstum des Bruttoinlandsprodukts von ein oder zwei Prozent gelte als moderat und ein Bevölkerungswachstum von einem Prozent als wünschenswert, aber wenn man diese Raten über eine Zeitspanne von hundert Jahren fortschreibe, komme man auf verheerende Zahlen: eine Weltbevölkerung von achtzehn Milliarden und einen weltweiten Energieverbrauch, der den heutigen um das Zehnfache übersteige. Das kann nicht gutgehen, sagt uns die Kunst. Zumindest nicht, wenn wir Menschen weiterhin die Erde bevölkern wollen.

Aus: Kurianowicz, Tomasz: Der Menschheit Ende ist die Geburt der Natur.
In: FAZ, 23. 9. 2011, Nr. 222, S. 35.

1 Antiutopie

2 ursprünglich das Auftauchen einer Gottheit mit Hilfe einer Bühnenmaschinerie, heute sprichwörtlich dramaturgische Bezeichnung für jede durch plötzliche, unmotiviert eintretende Ereignisse, Personen oder außenstehende Mächte bewirkte Lösung eines Konflikts

Arbeitsanweisung

Setzen Sie sich mit den Positionen des Autors zur Funktion von Kunst auseinander. Beziehen Sie das Rahmenthema ein.

Hinweise und Tipps

Voraussetzungen

Kunst und Natur stehen im Mittelpunkt dieser **textgebundenen Erörterung**. Der Schwerpunkt **Kunst** kommt durch den ersten Teil der **Aufgabenstellung**, der Schwerpunkt **Natur** durch die des Weiteren geforderte Einbeziehung des **Rahmenthemas 2013** zustande. Bei Letzterem handelt es sich um das Wieland-Zitat: „Und wen anders als die Natur können wir fragen, um zu wissen, wie wir leben sollen, um wohl zu leben?" Die Auseinandersetzung mit zwei in ihrer Bedeutung so umfangreichen Begriffen braucht einen sicheren Rahmen und Bezugspunkt. Den bildet ein Presse-Artikel zu einer **Ausstellung zeitgenössischer Kunst** in Warschau. Weder die Kenntnis dieser Ausstellung mit dem Titel „Regress / Progress" noch einzelner dort vorgestellter Künstler oder des Verfassers dieses Artikels aus der Frankfurter Allgemeinen Zeitung kann von Ihnen verlangt werden. Im Rahmen der Anforderungen, die der Aufgabentyp der textgebundenen Erörterung laut Einheitliche(n) Prüfungsanforderungen in der Abiturprüfung Deutsch (EPA), vorsieht, geht es aber darum, sich mit der Problemfrage des jeweils vorliegenden Textes auseinanderzusetzen. Diese liegt nicht in den vorgestellten Kunstwerken selbst – wie vielleicht sonst von Rezensionen einer Ausstellung zu erwarten – sondern in übergreifenden **Schlussfolgerungen** und daraus entstehenden Fragen, die uns alle betreffen. Die Aufgabenstellung lenkt Sie dabei noch in eine bestimmte Richtung: die **Rolle der Kunst**. Auf den ersten Blick besteht die Schwierigkeit darin, dass das Rahmenthema eher Erwartungen im Themenbereich Natur wecken mag. Die Aufgabe, beide Schwerpunkte zusammenzubringen, lösen Sie aber in diesem Aufsatz nur, wenn Sie sich zunächst eng an die **Argumentation des Textes** halten. Darüber hinaus lassen sich dann noch Überlegungen anknüpfen, inwieweit eigenes Wissen über die Kunst in Ihre **persönliche Auseinandersetzung** einfließen kann. Da der Verfasser des Artikels sich selbst am Schluss auf Literatur bezieht, ist es im Rahmen eines Deutsch-Aufsatzes selbstverständlich gut möglich, die Rolle der Kunst an literarischen Beispielen zu illustrieren.

Die Aufgabe verlangt Leistungen in allen drei Anforderungsbereichen, die laut Einheitliche(n) Prüfungsanforderungen in der Abiturprüfung Deutsch (EPA) vorausgesetzt werden:

Anforderungsbereich I (Grundlagen an Wissen / Kennen konkreter Einzelheiten): Hilfreich ist ein sicherer Zugang zu Themen und Darstellungsformen der Kunst, im Speziellen in Form zeitgenössischer Werke. Sicherheit im Umgang mit Inhalten aus der Literatur erleichtert ebenfalls die Arbeit an eigenen Belegen und Beispielen. Dazu kommt angesichts des Ausstellungsthemas auch Allgemeinwissen über die angesprochenen historischen und aktuellen Aspekte des Fortschritts. Die Aussage des Rahmenthemas und eventuell deren literarische Einordnung sollte Ihnen vertraut sein.

Anforderungsbereich II (Organisation des Arbeitsprozesses): Die Erfassung von Inhalt und Argumentation des Textauszugs ist vor allem insofern wichtig, als eine Funktion des zu bearbeitenden Textes – nämlich die Information über die Ausstellung selber – für unsere Aufgabe nur eine untergeordnete Rolle spielt. Die vielen notwendigen Perspektiven, die hier abverlangt werden, erfordern eine gründliche Vorbereitung und sichere Strukturierung des eigenen Aufsatzes.

Anforderungsbereich III (Fähigkeit zur eigenen Urteilsbildung): Das Ergebnis der Texterschließung sollte die begründete Stellungnahme zur Rolle der Kunst sein. Dabei muss gleichzeitig die Verknüpfung mit dem Rahmenthema präsent bleiben. Das erkennbare Anwenden von Argumentationsstrategien wird verlangt.

Erläuterung der Aufgabenstellung
Die besondere Herausforderung der Aufgabenstellung ist in den Voraussetzungen bereits angesprochen worden: Ein Artikel eines zwar namentlich genannten aber ansonsten wenig bekannten Verfassers über ein spezielles Ereignis (die Kunstausstellung „Regress/Progress"), eine vorgegebene **Schwerpunktsetzung** zu einem allgemeinen Problem (Rolle der Kunst) und ein weiterer Schwerpunkt (die Natur als Kernbegriff des Rahmenthemas), der erst einmal mit dem ersten in Zusammenhang gebracht werden muss. Damit Ihre textgebundene Erörterung diesen Ansprüchen entsprechen kann, sollte eine **allgemeine Einleitung** neben der speziellen Hinführung zu den Aussagen des besprochenen Textes stehen. Im vorliegenden Lösungsvorschlag steht dieser allgemeine Teil an erster Stelle. Er eröffnet gleichzeitig Möglichkeiten, **literarische Belege** in den Kontext mit einfließen zu lassen. Das wird hier an zwei möglichen Beispielen gezeigt. Diese hängen natürlich von Ihrer Auswahl an behandelten Ganzschriften oder kürzeren Werken ab. Eventuell liegt Ihnen ein Werk ja auch als schulintern erlaubtes Hilfsmittel vor, so dass Sie daraus zitieren könnten (hier am Beispiel von Goethes „Faust" am Ende des Lösungsvorschlags).

Voraussetzung für eine gelungene Arbeit mit dem Text ist es, den **Aufbau** sicher nachzuvollziehen. Somit trennen sich die Passagen der Darstellung der einzelnen Kunstwerke deutlich von den Aussagen des Autors zur Kritik am Fortschrittsglauben. Beachten Sie dabei immer, dass Sie diese Aussagen und nicht die Botschaften der Künstler aus der Warschauer Ausstellung zu erörtern haben. Der Verfasser macht an ein paar zentralen Stellen ganz konkrete Aussagen zur Rolle der Kunst. Beziehen Sie diese deutlich in Ihre Darstellung ein. Darüber hinaus ist es aber auch lohnend, **textanalytisch** darauf zu achten, wie über die Kernbegriffe Natur und Kunst geredet wird. Die Beobachtung, dass hier häufig personifizierende Bilder benutzt werden, ist nicht nur als reine Formalität abzutun, sondern gibt ebenfalls Auskunft darüber, welche Rolle etwa der Natur gegeben wird, wenn sie sich ihr Terrain geradezu zurückerobert. Hieraus ergeben sich wiederum Parallelen zum Zitat des Rahmenthemas.

Lösungsvorschlag

Stehen **Kunst** und **Natur** im Gegensatz zueinander? Schließlich bilden wir in der deutschen Sprache aus den beiden Substantiven doch die Adjektive künstlich und natürlich und die schließen sich tatsächlich aus. Für die **Klassiker** stellte sich diese Frage nicht. Bei ihnen standen Kunst und Natur ganz nahe beieinander. **Goethe** beobachtete die Natur und zu seinen Werken gehört deshalb die Farbenlehre ebenso dazu wie seine Tätigkeit in anderen Bereichen der Naturwissenschaften. Sein Kollege **Wieland** stellte die rhetorische Frage: „Und wen anders als die Natur können wir fragen, um zu wissen, wie wir leben sollen, um wohl zu leben?" und erklärt somit die Natur zu einem Vorbild für die Botschaft seiner Kunst.

Seit Goethe und Wieland sind aber 200 Jahre ins Land gegangen und viel ist in dieser Zeit passiert. Die Welt hat sich verändert und damit gleichzeitig sowohl die Kunst als auch die Natur. In diesen zwei Jahrhunderten hat man den **Fortschritt** als den Motor dieser Veränderungen gesehen, doch in unserer Zeit erkennen wir immer mehr die **Grenzen** dieser Entwicklung. Sollten wir uns deshalb nicht zurückbesinnen auf diese Sicht der Klassiker, damit der Künstler der Natur ein Sprachrohr geben kann?

Tomasz **Kurianowicz**, ein mit Jahrgang 1983 noch junger Journalist, zeigt anhand einer Kunstausstellung in der polnischen Hauptstadt Warschau, dass dies tatsächlich möglich, wenn nicht sogar notwendig ist. Am 23. September 2011 erschien in der Frankfurter Allgemeinen Zeitung sein Artikel „Der Menschheit Ende ist die Geburt der Natur" über eine Ausstellung des Zentrums für zeitgenössische Kunst im Schloss Ujazdowski in Warschau mit dem Titel „Regress/

Progress“. Dieser Name für eine Zusammenstellung zeitgenössischer Kunstwerke stellt den Fortschritt bereits infrage, indem ihm gleich der Rückschritt an die Seite gestellt wird, also auf **paradoxe** Art der „Rückschritt im Fortschritt“ (Untertitel des Artikels) zum Thema wird und die „veränderten Prämissen einer kapitalistischen Ordnung“ (Z. 11) verdeutlicht werden. Kurianowicz’ Artikel ist allerdings nicht nur ein Ausstellungsbericht mit rein informativem Charakter. Vielmehr geht er darauf ein, welche Möglichkeiten eine solche Präsentation im Speziellen, aber demnach genauso die Kunst im Allgemeinen hat, die **Krise des Fortschrittsglaubens** als ein drängendes Problem zu artikulieren. Der Autor sieht sich mit seiner These, dass es die sichere Gewissheit eines ewigen Fortschritts nicht mehr gibt, genau auf der Linie der in Warschau gezeigten Werke.

Diese werden also für ihn zunächst zu einem Anlass, seine eigene Skepsis gegenüber der Zukunft den Lesern der Frankfurter Allgemeinen Zeitung – einem bürgerlichen, gebildeten und zumeist eher konservativen Publikum – zu präsentieren. Damit zeigt sich ganz deutlich, dass die hier aufgeworfenen Fragen, die tatsächlich noch „vor zwanzig Jahren aufrührerisch geklungen hätten“ (Z. 12 f.), mittlerweile **einen gesellschaftlichen Konsens** gefunden haben.

Dass Kurianowicz die Auseinandersetzung damit ebenso wichtig ist wie die Information über die Ausstellung, zeigt bereits der erste Absatz seines Textes, denn er beginnt ganz allgemein: „Die Welt verändert sich rasend schnell, ...“ (Z. 2), kommt dann zur noch näher zu beleuchtenden Funktion der Kunst „als Medium gesellschaftlicher Kritik“ (Z. 6) und leitet erst nach einer weiteren – fast schon pauschalen – Aussage, dass „es mit dem heutigen Wissen schlecht bestellt“ sei (Z. 8), zum Gegenstand seines Textes, der Ausstellung „Regress/Progress“ (vgl. Z. 9) über. Bevor er einzelne Werke näher vorstellt, formuliert er als **Denkanstöße** die drei dringenden Fragen nach dem Anstieg der **Weltbevölkerung**, den Grenzen des globalen **Wirtschaftswachstums** und dem Ende der **Energiereserven** auf unserer Erde. Hierbei arbeitet er zum Beispiel mit Gegensätzen (vgl. Z. 13: endliche Menschheit / unendliche Vermehrung; oder Z. 14 f.: jeder Staat will / nicht jeder Staat kann exportieren), um zu verdeutlichen, wie schwierig es wird, aus diesem Dilemma am Ende des Fortschritts eine eindeutige Lösung zu finden. Wenn er für den Energieträger Öl die Metapher „schwarze(s) Blut der Ökonomie“ (Z. 16) verwendet, stellt er unsere Abhängigkeit dar und unterstreicht somit noch einmal seinen radikalen Titel, der gar vom Ende der Menschheit spricht.

Indem diese allgemeinen Fragen vor den konkreten Beispielen kommen, kann Kurianowicz jetzt an vier Werken zeigen, wie diese mit den angesprochenen Problemen umgehen. Die folgenden Abschnitte widmen sich jeweils einem ausgewählten Kunstwerk aus der Ausstellung, die insgesamt sicherlich noch mehr zu bieten hatte. Diese begrenzte Auswahl durch den Autor zeigt, dass es hier eben nicht um deren vollständige Darstellung geht, sondern um die Vermittlung der gegebenen Denkanstöße an die Leser. So werden auch die Werke selbst nicht ganz im Detail beschrieben, sondern es wird – in Ansätzen bereits interpretierend – eine Vorstellung von den **Gesamteindrücken** und den damit verbundenen Botschaften vermittelt.

Die Auswahl beginnt mit einem Eindruck, den der Besucher der Ausstellung bereits vor dem Eingang hat: Drei Birken ragen aus dem Fenster im zweiten Stock und zeigen als Teil der „Zukunftsvision ‚Summer Solstice‘“ (Z. 24) eines chinesischen Künstlers, wie sich die Natur Räume zurückerobert (vgl. Z. 19–28). Kurianowicz bleibt bei den Zukunftsvisionen und stellt die Installation „Grated Futures“ einer Berliner Künstlergruppe vor (Z. 29–40). Hierin verändert der Wegfall synthetischer, auf Öl basierender Produkte das Design und die Natur – in erster Linie das Holz – gibt wieder die Formen vor. Über die Beobachtung, dass der Mensch in diesem Bild kaum eine Rolle spielt, leitet er über zum dritten Blick in die Ausstellung, der gleichzeitig eine weitere Kunstform repräsentiert (Z. 41–48): die Videoinstallation. In ihr lassen die dänischen Künstler der Gruppe Superflex einen Mc Donald’s fluten und verwandeln die für uns so reale „Konsumgesellschaft“ (Z. 48) in ein menschenleeres Untergangsszenario.

Nachdem die bisher vorgestellten Werke alle einen **Blick in die Zukunft werfen**, zieht der Autor ein Zwischenfazit, indem er sie zwischen negativer und positiver **Utopie** („Dystopie und Utopie", Z. 49 f.) ansiedelt. Mit diesen Begriffen macht er auf ein Darstellungsmittel aufmerksam, das eben nur der Kunst vorbehalten ist: Der Künstler kann sich eine mögliche Zukunft ausmalen, die noch nicht ist (Utopie von griechisch für ‚kein Ort'), die aber sein könnte, und auf die Probleme von heute aufmerksam macht. Hier zeigt sich – so der Autor in seiner **Hauptthese** –, dass „der Fortschrittsglaube (…) sich in einer tiefen Glaubenskrise befindet" (Z. 50–52). Mit dem Stichwort Glauben leitet er zum vierten und letzten Beispiel aus der Warschauer Ausstellung über (Z. 53–61), das zeigt, dass Kunst nicht nur mit der Darstellung der Zukunft frei umgehen, sondern sich auch den **Ideen der Vergangenheit** frei bedienen kann, indem sie sie neu ordnet. In ihren Collagen kombiniert Alexandra Mir Darstellungen von Jesus und Maria mit Bildern der „Technologiebegeisterung des zwanzigsten Jahrhunderts" (Z. 55). Durch die so entstehende Ironie und die historische Distanz regt sich beim Betrachter der Zweifel, an was es sich zu glauben lohnt.

Um aus den Schlussfolgerungen der ausgestellten und hier vorgestellten Kunstwerke eine allgemeine Aussage ableiten zu können, ordnet Kurianowicz sie in einen größeren Zusammenhang ein, indem er der Ausstellung bescheinigt, dass sie einen „Nerv der Zeit" (Z. 64 f.) treffe und eine „neue Denkbewegung zusammen(fasst)" (Z. 67). Hierbei spielt zunächst der Ort der Schau eine besondere Rolle. Denn gerade die polnischen Besucher der Ausstellung erleben nach dem jahrzehntelangen Verzicht auf den **Kapitalismus** jetzt – so Kurianowicz – die „Enttäuschungen" des Kapitalismus „bei all seinen Vorteilen" (Z. 66). Gleichzeitig macht der Autor damit deutlich, dass er die Lösung der Probleme nicht in einer überkommenen oder neuen Ideologie sieht, die die momentane Wirtschaftsordnung abschaffen will.

Als einen zusätzlichen Beleg für den zeitgenössischen Zweifel am Fortschritt zieht Kurianowicz ein weiteres künstlerisches Werk, diesmal der **Literatur**, hinzu: In dem Roman „Freiheit" von Jonathan **Franzen** rechnet die Hauptperson Walter vor, dass der Wunsch nach Wachstum nur auf kurze Sicht Erfolg verspreche. Ginge das Wachstum von Bevölkerung und Wirtschaft aber über ein Jahrhundert ungebremst weiter, ende dies in einer Katastrophe (vgl. Z. 71–81). Mit diesem düsteren Ausblick schließt der Autor seine Gedanken zum Warschauer Ausstellungsprojekt „Regress/Progress".

Natur ist ein sehr abstrakter Begriff. Schon mit seiner genauen Abgrenzung kann man sich lange beschäftigen: Die einen verwenden ihn als Synonym für unsere Umwelt, die anderen begreifen darunter auch das Wesen von uns Menschen selbst. Während sich hier in kurzer Zeit dieses Problem der Begriffsbestimmung nicht lösen lässt, können es sich die Künstler etwas einfacher machen, indem sie die Natur **personifizieren**. Sie machen beispielsweise mit Hilfe menschlicher Eigenschaften in einer Metapher die Prozesse sichtbar, die uns sonst vielleicht verborgen bleiben. So ist es in Wielands Zitat aus seinem Werk „Agathon", das das **Rahmenthema zum diesjährigen Abitur** bildet und bereits am Beginn dieses Aufsatzes eine Rolle spielte: Die Natur wird wie ein weiser Mensch gefragt, „wie wir leben sollen, um wohl zu leben". In den vorgestellten Kunstwerken der Ausstellung „Regress/Progress" setzen die jeweiligen Künstler die Natur noch mehr aktiv als Handelnde in Szene: So lässt der Chinese Cai Gou-Qiang sie, „wenn der Mensch irgendwann zu existieren aufhört, sich ihren Lebensraum zurückerobern" (Z. 26 f.). Die Natur handelt nicht nur wie ein Mensch, sondern ersetzt ihn sogar, wie es auch der Titel des Artikels „Der Menschheit Ende ist die Geburt der Natur" in sehr drastische, ebenfalls personifizierende Worte (Geburt) setzt. Das Wasser – als ein Teil der Natur – in der Videoinstallation „bricht sich Bahn" (Z. 45) im menschenleeren Schnellrestaurant, das Holz – ebenso ein Teil – kann in der Vision der Installation wieder „eine tragende Rolle spielen" (Z. 30). Und auch hier fehlt der Mensch. Er hat offensichtlich das Ende einer „gescheiterten Eroberungsperiode" (Z. 40) erlebt. Mit im Grunde einfachen Bildern, die **Ironie** und **Provokation** einsetzen, gelingt es den modernen Kunstwerken mit ihren ganz unterschiedlichen Darstellungsformen, den Idealismus des Klassikers ins Gegenteil zu verkehren:

Die Natur sagt uns, wie wir nicht mehr leben sollen. Wir können nicht mehr endlos konsumieren, auf endlose Reserven an Rohstoffen und endloses Wirtschaftswachstum vertrauen. Die Botschaft bleibt aber auch im Negativen die gleiche: **Hört auf die Natur!**

Zwischen Wieland und unsere Zeit liegen über 200 Jahre. Eine Zeit, in der der Fortschritt die Welt verändert hat. Dass dies nicht nur das Leben eines großen Teils der Menschen mit allen positiven Facetten der Mobilisierung, des Wohlstands, der medizinischen Versorgung, der Kommunikation und auch freiheitlicher Gesellschaftsordnungen betrifft, sondern auch bleibende Schäden am ökologischen System unseres Planeten verursacht hat, streitet heute niemand mehr ab. Auch die Feststellung, dass es so nicht weitergeht, ist in einer Mehrheit der Gesellschaft verankert. Doch das ist noch nicht lange so und viele Schäden an der Natur sind erst richtig bewusst geworden, als es schon zu spät war: Die Klimaerwärmung ist nicht mehr unumkehrbar; Tierarten sind unwiederbringlich ausgestorben, weil ihre Lebensräume zerstört wurden; Ressourcen sind bis mancherorts zum letzten Tropfen Öl oder zum letzten Brocken Kohle ausgeschöpft. Weitere Beispiele ließen sich anfügen. Alles dies sind aber Prozesse, die deshalb in der Katastrophe enden, weil sie den Menschen oftmals gar nicht sichtbar und bewusst waren und sind. Im zwanzigsten Jahrhundert galt der Fortschritt eher noch als Merkmal politischer Überlegenheit, kreiste „der westliche Diskurs um Eroberung, um den Sieg des Kapitalismus über den Kommunismus“ (Z. 60 f.). Die Ablenkung von der Veränderung der Erde war zu groß und sollte doch einmal der Gedanke an das Ende der Bewohnbarkeit unseres Planeten gekommen sein, dann war man sich sicher, im Jahre 2013 das erste Deutsch-Abitur auf der Mars-Kolonie schreiben zu können. Die Collagen von Alexandra Mir zeigen diese für uns heute so ferne Sichtweise sehr deutlich.

Die Kunst kann der Natur aber eine **Sprache** geben und mit ihren Mitteln auf drohende Gefahren hinweisen. Dies geschieht allerdings nicht erst seit heute und wenn Tomasz Kurianowicz vom „Paradigmenwechsel“ (Z. 58) schreibt, soll das nicht heißen, dass nicht schon in früheren Jahren Künstler auf die Grenzen des Fortschritts hingewiesen haben. Da wäre zum Beispiel an Friedrich **Dürrenmatts** 1962 uraufgeführte Komödie „Die Physiker“ zu denken, in der er mit viel Ironie in Gestalt einer Kriminalhandlung Physiker auftreten lässt, die durch die freiwillige Einlieferung in eine Irrenanstalt die Welt vor ihren fortschrittlichen Ideen bewahren wollen, von denen sie wissen, dass sie in der Lage sind, der Menschheit Ende zu verursachen. Auch hier ist – unter dem Eindruck der atomaren Bedrohung – das Ende eine **Dystopie**: Die Anstaltsleiterin hat alle diese Ideen an sich gerissen und will mit ihrer Hilfe nun die Weltherrschaft erlangen. Die Wahrnehmung der Gefahrenlage hat sich in Details in den letzten 50 Jahren sicherlich geändert, aber die Kritik am Umgang mit dem Fortschritt ähnelt den Kunstwerken im September 2011 in Warschau.

Wie weit geht der **Einfluss der Kunst** jetzt aber insgesamt? Kurianowicz bezeichnet die Kunst als „Reflexionsfolie für das Kommende“ (Z. 4 f.), als „Medium gesellschaftlicher Kritik (…), das im Kantischen Sinne Wissen von Scheinwissen trennt“ (Z. 6 f.). Sie konfrontiert allgemein „mit neuen Denkmotiven“ (Z. 5) und im speziellen Fall der Ausstellung „Regress/Progress“ lässt Kunst „darüber nachdenken (…), welche Enttäuschungen der Kapitalismus bei all seinen Vorteilen offenbart“ (Z. 66). Sie trifft damit „den Nerv der Zeit“ (Z. 64 f.). Dass die Ausstellung also gleichzeitig **aufklärerisch** wirkt (vgl. den Bezug auf **Kant** in Z. 7) und an bestehende Diskurse anknüpft, ist vom Autor gut und hinreichend belegt. Die Auswahl der vorgestellten Werke und deren anschauliche Beschreibung im Text machen diese Gedanken durchaus nachvollziehbar. Somit kann ebenso beim Leser dieses Textes ohne Besuch in Warschau ein Denkprozess angeregt werden. Was jedoch über das „blanke Unbehagen“ und die „Warnung“ (Z. 64) hinaus fehlt, sind **Lösungsansätze**. Wie gehen wir mit den Grenzen des Wachstums um: Wünschen wir uns Kriege und Seuchen zurück, um das Bevölkerungswachstum zu regulieren? Verhindern wir Wohlstand und Entwicklung in den Schwellenländern, die zu den großen neuen Energieverbrauchern gehören? Diese provokanten Fragen werden hier offensichtlich nicht gestellt, sind aber auch nie von der Kunst zu lösen. **Wirtschaft**, **Politik** und **Gesellschaft** müssen bereit sein, die Denkanstöße aufzunehmen, sie ernst zu nehmen und die Prioritäten im Handeln danach auszurichten. Dafür muss ihnen Kunst wichtig sein und es ist zu wünschen, dass manch ein Leser der Frankfurter Allgemeinen Zeitung, wenn er ansonsten zuerst den umfangreichen Börsenteil studiert, danach sich noch Zeit für das Feuilleton nimmt. Bleibt die Frage **nach der Wirkung** solcher Denkanstöße darüber hinaus in die Bevölkerung, denn der Umgang mit Ressourcen und mit den Versprechungen des Fortschritts geht alle an. Doch wie viele von den Menschen, die vor der Überflutung im Mc Donald's von Superflex gesessen und Burger konsumiert haben, waren vorher in einer Ausstellung des Zentrums für zeitgenössische Kunst in Warschau oder haben die Frankfurter Allgemeine Zeitung gelesen?

Hätten sich Künstler in den vergangenen Jahrhunderten aber immer an diesen Fragen ihrer Wirksamkeit orientiert, dann hätten sie wahrscheinlich schnell aufgegeben und wir würden heute wohl keine ihrer Werke mit ihren Botschaften mehr kennen. Kunst und Natur gehören gerade in den Zeiten eng zusammen, in denen der Mensch nicht mehr nur in der ersteren Form seinen Ausdruck finden kann, sondern schon längst die Natur nach seinen Bedingungen geformt und unumkehrbar verändert hat. Schon **Goethes Faust** hat jedoch Zweifel daran gehabt, dass dieser menschliche Fortschritt dem Wesen der Natur wirklich entgegentreten kann, denn im Monolog in der Nacht nach dem Gespräch mit Wagner heißt es: „Geheimnisvoll am lichten Tag/Läßt sich Natur des Schleiers nicht berauben/Und was sie deinem Geist nicht offenbaren mag/Das zwingst du ihr nicht ab mit Hebeln und mit Schrauben". Die Künstler in der Warschauer Ausstellung haben sich das Ziel gesetzt, dem Geist nicht mit „Hebeln und Schrauben", sondern mit der Kunst auf die Sprünge zu helfen. Kurianowicz' Darstellung zeigt überzeugend, wie dies gelingen kann.

Deutsch (Thüringen): Abiturprüfung 2013
Aufgabe 3: Interpretation eines epischen Textes

Annette von Droste-Hülshoff (1797–1848)

Die Judenbuche. Ein Sittengemälde aus dem gebirgichten Westfalen

[…]

Friedrich Mergel, geboren 1738, war der einzige Sohn eines sogenannten Halbmeiers oder Grundeigentümers geringerer Klasse im Dorfe B., das, so schlecht gebaut und rauchig es sein mag, doch das Auge jedes Reisenden fesselt durch die überaus malerische Schönheit seiner Lage in der grünen Waldschlucht eines bedeutenden und geschichtlich merkwürdigen Gebirges[1]. Das Ländchen, dem es angehörte, war damals einer jener abgeschlossenen Erdwinkel ohne Fabriken und Handel, ohne Heerstraßen, wo noch ein fremdes Gesicht Aufsehen erregte und eine Reise von dreißig Meilen selbst den Vornehmeren zum Ulysses[2] seiner Gegend machte – kurz, ein Fleck, wie es deren sonst so viele in Deutschland gab, mit all den Mängeln und Tugenden, all der Originalität und Beschränktheit, wie sie nur in solchen Zuständen gedeihen. Unter höchst einfachen und häufig unzulänglichen Gesetzen waren die Begriffe der Einwohner von Recht und Unrecht einigermaßen in Verwirrung geraten, oder vielmehr, es hatte sich neben dem gesetzlichen ein zweites Recht gebildet, ein Recht der öffentlichen Meinung, der Gewohnheit und der durch Vernachlässigung entstandenen Verjährung. Die Gutsbesitzer, denen die niedere Gerichtsbarkeit zustand, straften und belohnten nach ihrer in den meisten Fällen redlichen Einsicht; der Untergebene tat, was ihm ausführbar und mit einem etwas weiten Gewissen verträglich schien, und nur dem Verlierenden fiel es zuweilen ein, in alten staubichten Urkunden nachzuschlagen. – Es ist schwer, jene Zeit unparteiisch ins Auge zu fassen; sie ist seit ihrem Verschwinden entweder hochmütig getadelt oder albern gelobt worden, da den, der sie erlebte, zuviel teure Erinnerungen blenden und der Spätergeborene sie nicht begreift. Soviel darf man indessen behaupten, daß die Form schwächer, der Kern fester, Vergehen häufiger, Gewissenlosigkeit seltener waren. Denn wer nach seiner Überzeugung handelt, und sei sie noch so mangelhaft, kann nie ganz zugrunde gehen, wogegen nichts seelentötender wirkt, als gegen das innere Rechtsgefühl das äußere Recht in Anspruch zu nehmen.

Ein Menschenschlag, unruhiger und unternehmender als alle seine Nachbarn, ließ in dem kleinen Staate, von dem wir reden, manches weit greller hervortreten als anderswo unter gleichen Umständen. Holz- und Jagdfrevel waren an der Tagesordnung, und bei den häufig vorfallenden Schlägereien hatte sich jeder selbst seines zerschlagenen Kopfes zu trösten. Da jedoch große und ergiebige Waldungen den Hauptreichtum des Landes ausmachten, ward allerdings scharf über die Forsten gewacht, aber weniger auf gesetzlichem Wege als in stets erneuten Versuchen, Gewalt und List mit gleichen Waffen zu überbieten.

Das Dorf B. galt für die hochmütigste, schlauste und kühnste Gemeinde des ganzen Fürstentums. Seine Lage inmitten tiefer und stolzer Waldeinsamkeit mochte schon früh den angeborenen Starrsinn der Gemüter nähren; die Nähe eines Flusses, der in die See mündete und bedeckte Fahrzeuge trug, groß genug, um Schiffbauholz bequem und sicher außer Land zu führen, trug sehr dazu bei, die natürliche Kühnheit der Holzfrevler zu ermutigen, und der Umstand, daß alles umher von Förstern wimmelte, konnte hier nur aufregend wirken, da bei den häufig vorkommenden Scharmützeln der Vorteil meist auf seiten der Bauern blieb. […]

(1842)

von Droste-Hülshoff, Annette: Die Judenbuche. Ein Sittengemälde aus dem gebirgichten Westfalen. Rudolstadt 1978, S. 6–8.

1 Teutoburger Wald
2 sinnbildlich weitgereister Abenteurer

Arbeitsanweisung

Interpretieren Sie den Novellenanfang unter besonderer Berücksichtigung des Verhältnisses Mensch – Natur.

Hinweise und Tipps

Bei der Lösung dieser **Interpretationsaufgabe** ist es von Belang, ob Sie die Novelle im Unterricht gelesen und behandelt haben oder nicht. Der Lösungsvorschlag geht weitgehend davon aus, dass ausschließlich der abgedruckte Ausschnitt bekannt ist. Die Aufgabenstellung verlangt, **wertend** und **deutend** auf den Novellenanfang einzugehen, aber auch die besondere **Berücksichtigung des Verhältnisses Mensch – Natur**.
Der Text unterscheidet sich von manch anderer Interpretationsaufgabe darin, dass er kaum Handlung, sondern vor allem beschreibende und berichtende Elemente enthält. Der Protagonist der Novelle Friedrich Mergel wird nur einmal erwähnt. Wer die Ganzschrift nicht kennt, kann ihn weder in den Auszug noch ins Gesamtwerk einordnen und entsprechende Vorausdeutungen auf sein späteres Handeln erfassen.
Sie sollten wie bei anderen Interpretationen auch mit der **Inhaltsangabe** beginnen, die sich vor allem auf die natürliche und soziale Wirklichkeit der Menschen in einem westfälischen Dorf im 18. Jahrhundert bezieht. Dann sollten **das Dorf B. und seine Bewohner** die entscheidende Rolle einnehmen, indem deren Charaktereigenschaften als Folge einer Prägung durch die Eigentümlichkeiten der Landschaft und als Reaktion auf gesellschaftliche Zustände dargestellt werden. Sie werden die **Diskrepanz zwischen äußerem und innerem Recht** am Beispiel des Holzraubes erkennen. Die Analyse des Verhältnisses des Menschen zur Natur ergibt die Deutung, dass der **Mensch durch die Natur geformt** wird.
Vergleichend zu den Bewohners des beschriebenen Dorfes B. können Sie andere literarische Gestalten bzw. Landschaften einbeziehen, wie in dieser Musterlösung die Glasbläserfamilien jenseits des Rennsteigs aus dem Roman „Rauh ist der Kammweg“ von Wally Eichhorn-Nelson oder die Bewohner von Eschbach im vorarlbergischen Teil des Rheintales in Robert Schneiders Roman „Schlafes Bruder“. Der ambivalente Begriff der **Heimat** kann im letzten Teil des Aufsatzes eine Rolle spielen sowie das **Abiturrahmenthema von Christoph Martin Wieland** und die Einordnung der Schriftstellerin **Annette von Droste-Hülshoff** in die literarische Epoche des Biedermeier.
Gehen Sie an passenden Stellen auf **sprachkünstlerische Mittel** wie den auktorialen Erzähler, den hypotaktischen Satzbau, die Verwendung von Archaismen, Steigerungen, Synonymen und Akkumulationen ein.
Am Anfang und Schluss Ihres Aufsatzes können Sie den Bogen zur Gegenwart schlagen bzw. auf Droste-Hülshoffs bekannte Ballade „Der Knabe im Moor“ eingehen, die wie die Novelle auf die westfälische Heimat der Dichterin hinweist.

Lösungsvorschlag

Einleitung

Motoren heulen auf, mit einem Satz springen die Crossmaschinen von der Straße in den Hohlweg und beschleunigen. Sie stürzen sich in den Wald, einen handtuchschmalen Pfad hinab, knapp an den Bäumen vorbei, auf der anderen Seite wieder hinauf abseits befestigter Forstwege. Das Röhren ist kilometerweit durch die Bäume zu hören. Was die Fahrer der Maschinen machen, ist illegal, und zwar aus gutem Grund. Nicht nur, dass die Tiere durch den Lärm erschreckt werden, auch geschützte Forstkulturen und sensible Biotope werden beschädigt oder sogar zerstört. Förster in „gebirgichten" Gebieten von heute müssen sich mit solcherart Waldfrevlern herumschlagen und haben es schwer, die Täter in flagranti zu ertappen. Sie machen die Nummernschilder unkenntlich, tragen Schutzhelme mit dunklem Visier und werden auch selten von Dorfbewohnern verraten. Die Fahrer der Crossmaschinen und Quads nennen sich selbst Sportler, in Wahrheit sind sie Rowdys. In Annette von Droste-Hülshoffs Novelle „Die Judenbuche" haben die Förster mit Holzräubern zu kämpfen, heute kämpfen sie gegen Waldfrevler auf schnellen Maschinen.

Hauptteil

Der **Anfang der Novelle**, dem im Original ein Gedicht voran gestellt ist, beschreibt aus der Sicht eines **auktorialen Erzählers** die Welt der Menschen in dem kleinen Dorf B. im „gebirgichten Westfalen" des 18. Jahrhunderts. Es liegt malerisch in einer grünen Waldschlucht im Teutoburger Wald und gehört zu einem Ländchen, das abgeschlossen von anderer Zivilisation ohne Verkehrsverbindungen existiert. Die Bevölkerung hat im Laufe der Jahrhunderte in der Waldeinsamkeit ein seltsames Gewohnheitsrecht für sich herausgebildet, offenbar besteht eine Macht- und Einflusslücke des Grund- und Landesherrn. Holz- und Wilddiebstahl sind normal und werden, wenn sie nicht überhand nehmen, nicht weiter verfolgt. Die Gerichtsbarkeit belohnt oder bestraft nach eigenem Gutdünken, wobei die Untergebenen die Urteile größtenteils hinnehmen und nur selten in „staubichten Urkunden" (Z. 18) nachlesen. Grundherr und Bevölkerung haben sich arrangiert. Weil Holz und Wild den Reichtum des Dorfes ausmachen, wird „scharf über die Forsten gewacht" (Z. 31), jedoch zunehmend ohne Erfolg und mit unlauteren Mitteln. Die dazu eingestellten Förster liefern sich mit den Frevlern einen regelrechten Kleinkrieg, wobei Letztere häufig gewinnen. Der in der Nähe verlaufende Fluss stellt sich als Vorteil für die Frevler heraus, da sie auf diesem das Holz, das an Schiffbauer verkauft werden soll, bequem abtransportieren können. Obwohl es „von Förstern wimmelt" (Z. 39), scheint es nicht möglich, die Diebstähle zu unterbinden oder zumindest einzudämmen. Die ganze Gesellschaft wirkt intolerant und desorganisiert. In diese widersprüchliche Wirklichkeit eines kleinen, abgeschiedenen westfälischen Dorfes wird 1738 Friedrich Mergel als Sohn eines Grundeigentümers geboren, über dessen weiteren Lebenslauf der Leser in dem zu interpretierenden Abschnitt nichts erfährt.

Der Autorin ist es offensichtlich wichtig gewesen, schon im Titel auf ihr Anliegen zu verweisen, ein **„Sittengemälde"** zu präsentieren. Der Titel „Die Judenbuche" wurde später vom Redakteur Hermann Hauff, in dessen „Morgenblatt für gebildete Leser" die Novelle in 16 Teilen erschien, erfunden. Ein Sittengemälde zeigt exemplarisch Verhaltensweisen und Gebräuche einer Personengruppe in einer bestimmten Zeit oder Epoche. Figuren agieren als typische Vertreter ihrer Zeit und Schicht. Droste-Hülshoffs Novelle führt den Leser in die natürliche und soziale Wirklichkeit eines westfälischen Dorfes im 18. Jahrhundert. Der **Handlungsort** sowie die nähere Umgebung werden gleich zu Beginn der Novelle variabel beschrieben, mit „Dorf B." und seiner „Lage in der grünen Waldschlucht", als „abgeschlossener Erdwinkel", „ein Fleck" mit „große[n] und ergiebige[n] Waldungen", den „Forsten", als „Gemeinde" „inmitten tiefer und stolzer Waldeinsamkeit" in „Nähe eines Flusses".

Die **Bewohner** bewegen sich im **Spannungsfeld** zwischen der „überaus malerische[n] Schönheit seiner Lage in der grünen Waldschlucht" (Z. 3 f.) und widrigen gesellschaftlichen Zuständen. Der Erzähler bewertet das umgebende Gebirge als „geschichtlich merkwürdig" (Z. 4 f.), was auf die Schlacht zwischen Römern und Germanen im Teutoburger Wald im Jahr 9 n. Chr. bezogen sein dürfte, auch Varusschlacht oder Hermannsschlacht genannt. Die Römer erlitten dort eine vernichtende Niederlage. Das **Dorf B.** selbst ist „schlecht gebaut und rauchig" (Z. 2 f.). Die wenigen Reisenden, die sich in die Waldeinsamkeit verirren, werden als weitgereiste Abenteurer bewundert. Es gibt weder Fabriken und Handel noch eine Heerstraße. Die Autorin lässt den Erzähler in **Gegensätzen** zusammenfassen, wie sich die Menschen „mit all den Mängeln und Tugenden, all der Originalität und Beschränktheit" (Z. 9 f.) im Verlauf der Zeit in solcher Abgeschiedenheit entwickelt haben, ja entwickeln mussten. Die Eigentümlichkeiten der Landschaft prägen die Charaktereigenschaften der Bewohner. Sie geben sich „höchst einfache und häufig unzulängliche Gesetze" (Z. 10 f.) und beugen mit ihrem „zweiten Recht" (Z. 13), dem „Recht der öffentlichen Meinung, der Gewohnheit und der durch Vernachlässigung entstandenen Verjährung" (Z. 13 f.) offizielle Gesetze. Jedes Gesetz wird spätestens dann außer Kraft gesetzt, wenn es um den eigenen Nutzen geht. Solange die Verurteilten die Rechtsprechung mit ihrem „etwas weiten Gewissen" (Z. 17) vereinbaren können, stoßen sie sich nicht daran.

An dieser Stelle (Z. 18) wird die Schilderung der dörflichen Realität unterbrochen und der auktoriale Erzähler verfällt in die Rolle eines **Chronisten**, der sich erlaubt, über die Zeit im Rückblick zu urteilen. Diese sei „seit ihrem Verschwinden entweder hochmütig getadelt oder albern gelobt worden" (Z. 19 f.). Man könne nicht unvoreingenommen urteilen, da der, der sie erlebt hat, „teure Erinnerungen" (Z. 20) daran hege, und der, der sie nicht erlebt hat, sie nicht verstehe. Dennoch versucht sich der Erzähler in einer Wertung, indem er **akkumulativ** konstatiert, die Form sei schwächer, der Kern fester, Vergehen häufiger, Gewissenlosigkeit seltener gewesen (vgl. Z. 22 f.). Mit erhobenem Zeigefinger belehrt er den Leser darüber, dass wer mit Überzeugung handele, nie ganz zugrunde gehen könne. Mit seiner Feststellung, nichts wirke seelentötender als das äußere Recht gegen das innere Rechtsgefühl in Anspruch zu nehmen (vgl. Z. 24 f.), bezieht er sich vermutlich direkt auf die Waldfrevler. Diese nehmen sich das Gewohnheitsrecht heraus, das sich im Laufe der Jahre herausgebildet hat, nämlich Holz und Wild zu stehlen. Es sei dahin gestellt, ob sich in deren Inneren tatsächlich ein Rechtsgefühl meldet.

Die Erzählerfigur zeichnet sich dadurch aus, einerseits die Rolle des strengen Chronisten einzunehmen, andererseits die Ausschnitthaftigkeit, die Subjektivität des Geschilderten zu betonen, indem sie z. B. zugibt, dass es schwer sei, „jene Zeit unparteiisch ins Auge zu fassen" (Z. 19). Die Formulierung „[s]oviel darf man indessen behaupten" (Z. 21) lässt darauf schließen, dass der Erzähler selbst nicht alles weiß und deshalb vorsichtig ist in seinem Urteil. Der Erzähler bedient sich **hypotaktischer Satzkonstruktionen**, denen der Leser durch ihre Weitschweifigkeit zum Teil nicht leicht folgen kann. Sie enthalten Häufungen von Synonymen und Akkumulationen sowie Steigerungen und Archaismen, wie „gebirgicht", „Halbmeier", „staubicht" und „Scharmützeln".

Im nächsten Textabschnitt ist von dem schon im ersten Absatz erwähnten „**Menschenschlag**" die Rede, der vergleichsweise „unruhiger und unternehmender als alle seine Nachbarn" (Z. 26) und somit auf seine Weise besonders sei, nämlich besonders wagemutig und aktiv. Die Waldfrevler liefern sich mit den Förstern einen Kleinkrieg, aus dem in den meisten Fällen die Frevler siegreich hervorgehen. Sie stehlen das Holz und transportieren es über den nahe gelegenen Fluss ab. Die Förster wenden indessen die gleichen Mittel wie die Verbrecher an und versuchen, mit „Gewalt und List" (Z. 32) die Lage in den Griff zu bekommen, jedoch ohne Erfolg. Die Situation ist ein Beispiel dafür, wie sich, wenn einer Ungesetzlichkeit nicht sofort mit allen rechtlich zur Verfügung stehenden Mitteln strikt Einhalt geboten wird, eine Gruppe von Menschen gegenüber einer anderen **Vorteile** verschafft und auch noch auf ihr **Gewohnheitsrecht** pocht. Dieses „zweite Recht", das sich allmählich herausgebildet hat, zählt für die Leute mehr als das offizielle Recht, das gar nicht mehr alle kennen. Die Gutsbesitzer, denen die niedere Gerichtsbarkeit zusteht, die aber keine Berufsrichter sind, urteilen nach nicht nachvollziehbaren Kriterien. Sie haben eine **Diskrepanz zwischen äußerem und innerem Recht** entstehen lassen. Es ist nur vage ausgeführt, wie es dazu gekommen ist. Der Erzähler erwähnt „höchst einfache und häufig unzulängliche Gesetze“ (Z. 10 f.), die das Rechtsempfinden der Einwohner in Verwirrung gebracht hätten. Auch ist von Gewohnheit und Verjährung die Rede, woraus zu schließen ist, dass die Gutsbesitzer ihre Pflichten in der Gerichtsbarkeit jahrelang nicht ernst genommen haben. Schlendrian ist eingezogen. Ein Beweggrund für die Rechtsbeugung könnte auch persönlicher Vorteil gewesen sein nach dem Motto „eine Hand wäscht die andere“. Dadurch entsteht schnell eine Cliquenwirtschaft, der man nur durch Offenlegen aller Vorgänge wieder entkäme, was jedoch in den seltensten Fällen passiert. Zu nachteilig für alle Seiten wären die Folgen. Beispiele dafür gibt es auch in der Gegenwart, wenn z. B. im Ministerium neue lukrative Stellen für Parteifreunde geschaffen oder die Ehefrauen der Politiker aus der Staatskasse bezahlt werden.

Die **Bewohner** des Dorfes B. werden in einer Häufung von **Superlativen**, jedoch widersprüchlich charakterisiert. Einerseits gilt „[d]as Dorf B. […] für die hochmütigste, schlauste und kühnste Gemeinde des ganzen Fürstentums“ (Z. 34 f.). Die Bewohner seien mit Tugenden ausgestattet und originell. Andererseits werden sie als starrsinnig, mangelhaft und beschränkt dargestellt. Vor allem wird betont, dass sie so geworden seien durch die Zustände sowie durch die Lage „inmitten tiefer und stolzer Waldeinsamkeit“ (Z. 35). Der Menschenschlag hat sich demnach sowohl als Folge einer **Prägung durch die Eigentümlichkeiten der Landschaft** als auch als **Reaktion auf gesellschaftliche Zustände** herausgebildet. Das geschlossene Auftreten der Dorfgemeinschaft übt Druck auf den aus dem Rahmen Fallenden aus und fördert Außenseitertum. Geborgen kann sich in diesem sozialen Umfeld nur derjenige fühlen, der sich der Gemeinschaft anschließt und somit der Mehrheit anpasst.

Die Isolation einer ganzen Gruppe mag im 18. Jahrhundert leichter als heute möglich gewesen sein, da die Menschen nicht mobil waren, fast ihr gesamtes Leben nicht aus dem Dorf, in dem sie geboren worden sind, herauskamen, kaum andere Kulturen kennen lernten oder mit anderen Auffassungen als ihren eigenen konfrontiert wurden. Durch die Enge und Beschränktheit kann eine Öffnung nach Außen oder der Anschluss an die moderne industrielle und wirtschaftliche Entwicklung nicht stattfinden. Es ist kein Wunder, dass Leute, die dreißig Meilen gereist sind, mit Ulysses, also Odysseus, **hyperbolisch verglichen** werden (vgl. Z. 7 f.). Gerade im Gebirge verschärfte sich die Situation, wie auch der Erzähler betont, denn das Dorf B. stellt einen „abgeschlossenen Erdwinkel ohne Fabriken und Handel, ohne Heerstraßen“ (Z. 6 f.) dar. Als Beispiel könnte man genauso gut Dörfer im damaligen Thüringer Wald nennen, wo sich die Bewohner von mühsamer Heimarbeit ernährt haben. Einen beeindruckenden Einblick in das Leben einer Familie im Thüringer Schiefergebirge gibt **Wally Eichhorn-Nelson**, die fast genau hundert Jahre nach Droste-Hülshoff geboren wurde, in ihrem Buch „Rauh ist der Kammweg – Eine Geschichte derer vom Rennsteig“. Die Familie lebt in sozialer Not von der Herstellung von Christbaumschmuck. Alle, auch die kleinsten Kinder, haben Pflichten zu erfüllen, um die Familie über Wasser zu halten. Die Mutter stirbt und hinterlässt einen Mann und sieben Kinder. Er muss schnell wieder heiraten, ohne Rücksicht darauf, ob die Stiefmutter gut zu seinen Kindern ist. Die Leute leben ebenso wie die aus dem Dorf B. abgeschottet im Wald und kommen nur in die nächste Stadt, um ihre Produkte, die Glaskugeln, beim Großhändler für wenig Erlös abzuliefern. Die Glasbläser sind ein Menschenschlag mit besonderen Eigenheiten, der sich so nur in der Thüringer Waldeinsamkeit unter harten Entbehrungen in Ausübung des Berufes herausbilden konnte.

Der Mensch wird durch die Natur geformt. Das wäre jedoch zu einseitig gedacht. Vielmehr besteht **zwischen Landschaft und Menschen** eine **gegenseitige Abhängigkeit**. Landschaften werden einerseits durch natürliche Gegebenheiten wie Boden, Wasser, Relief, Geologie, Klima, Pflanzen und Tiere bestimmt, andererseits durch die menschliche Tätigkeit. Der Mensch ist Teil der Natur und wird von dieser maßgeblich geprägt. Naturbedingtheit spiegelt sich z. B.

in der Entstehung von Bauweisen, Dialekten, Mentalitäten und Sitten wider. Änderungen im Landschaftsgefüge haben Auswirkungen auf den Menschen und umgekehrt wirken gesellschaftliche Veränderungen auf die Ausbildung des Ökosystems. Der Mensch muss in Einklang mit der Natur handeln, um sein Überleben zu sichern. Dies bedingt im gebirgichten Westfalen ein anderes Handeln als im Thüringer Wald.

Ein weiteres literarisches Beispiel dafür, wie sich Umwelt auf Menschen auswirkt, ist das Schicksal von Johannes Elias Alder aus dem Roman „Schlafes Bruder" von **Robert Schneider**. Elias wird in ein von Inzucht und Doppelmoral geprägtes ländliches Milieu eines österreichischen Bergdorfs im 19. Jahrhunderts hineingeboren. Sein musikalisches Genie verschafft dem Protagonisten zwar hohes Ansehen, er bleibt jedoch aufgrund seiner Andersartigkeit ein Sonderling. Das Milieu im vorarlbergischen Teil des Rheintales wird anschaulich geschildert und der Leser kann das Handeln der Figuren, die arm und ungebildet sind, gut nachvollziehen. Wie die Bewohner des Dorfes B. bei Droste-Hülshoff gehen sie ihrem Tagwerk nach und verstricken sich in Widersprüche. Die Abgeschiedenheit von Eschberg, dem Handlungsort bei Schneider, entspricht der des Dorfes B. bei Droste-Hülshoff.

Sowohl den Bewohnern des Dorfes B., den Glasbläserfamilien im thüringischen Schiefergebirge oder den Alders und Lamparters in Eschberg ist ihre Gegend, in der sie aufgewachsen sind, **Heimat**. Die Protagonisten erfahren dort Sicherheit und Verlässlichkeit ihres Daseins. Das ist für sie eine verständliche und durchschaubare Welt, in der sinnvolles Handeln möglich ist. In der Heimat, im Gegensatz zur Fremde, bildet sich, indem man sich mit ihr auseinander setzt, sowohl eine Ich-Identität als auch eine Gruppenidentität. Nur da, wo sie aufgewachsen sind und ihre frühesten Sozialisationserlebnisse hatten, prägen sich Identität, Charakter, Mentalität, Einstellungen und Weltauffassungen. Die Heimat als vertraute Lebenswelt ist einerseits der Sicherheit bietende Rahmen, andererseits aber auch ein kleines Gefängnis, wenn man nie etwas anderes sieht und erfährt, sprichwörtlich nie über den eigenen Tellerrand geschaut hat. Die genannten Protagonisten sind allesamt „heimatgeschädigt", ihnen fehlt die Komponente der Fremde, um weltgewandt zu sein oder zu werden. Aus fremder, veränderter Perspektive könnte manche Situation plötzlich überschaubarer und einfacher lösbar erscheinen.

Das **Abiturrahmenthema** in diesem Jahr stammt von **Christoph Martin Wieland** und lautet: „... wen anders als die Natur können wir fragen, um zu wissen, wie wir leben sollen, um wohl zu leben?" Die Beantwortung dieser Frage könnte sich im Fall der Bewohner des Dorfes B. bei Droste-Hülshoff als ergiebig herauszustellen. Sie sind fest in ihrem Landstrich „in der grünen Waldschlucht" (Z. 4) verwurzelt und zunächst Leute wie viele andere auch, mit guten und schlechten Seiten oder – mit den Worten des Erzählers der Novelle – mit „Mängeln und Tugenden", „mit Originalität und Beschränktheit" (Z. 9 f.). Ausgehend vom Wechselverhältnis zwischen ihnen und der sie umgebenden Natur haben sie aber im Laufe der Zeit ein **verwirrtes Verhältnis zu Recht und Unrecht** herausgebildet, das ständig Unfrieden stiftet. Die Richter richten nach „redlicher Einsicht" (Z. 16) anstatt nach Paragraphen und die Untergebenen tun, was sie mit ihrem Gewissen vereinbaren können. Prinzip scheint es zu sein, nach seiner Überzeugung zu handeln, woran auch immer diese sich orientiert. Es mag sein, dass es in bestimmten Fällen besser ist, sich nach dem gesunden Menschenverstand zu richten, aber im Gefüge eines Dorfes führt dies zu Willkür. Das Leben im Dorf ist geprägt von Ungesetzlichkeiten, wie dem allgegenwärtigen Jagd- und Waldfrevel. Der wird zwar bekämpft, jedoch mit Gewalt und letzten Endes halbherzig, weil genügend Leute davon zu profitieren scheinen. Man kann also nicht sagen, dass die Menschen ein moralisches Leben führen. Sie haben sich von Recht und Ordnung weitgehend abgewendet, was nicht im Sinne eines harmonischen dörflichen Zusammenlebens sein kann. Der Schriftsteller der Aufklärung Wieland würde an ihre menschliche Natur appellieren, weil ein Wohlleben so nicht möglich ist. Die Leute müssten ihren natürlichen Sinn für Recht und Unrecht neu justieren.

Annette von Droste-Hülshoff gilt als eine der bedeutendsten deutschen Schriftstellerinnen und sie ist eine der wenigen Frauen, deren Porträt einen deutschen Geldschein zierte. Das „gebirgichte Westfalen“ konnte sie so gut beschreiben, weil das ihre Heimat war. Sie kämpfte ein Leben lang still gegen die Erwartungen ihres Standes und ihrer Familie, die ihr dichterisches Werk nicht anerkannten. Fast ein bisschen sensationell für jene Zeit war ihre Beziehung zu dem 17 Jahre jüngeren Levin Schücking, der sie zu hohen künstlerischen Leistungen anspornte. Jene Zeit, das war der **Biedermeier**, deren Autoren versuchten, der gespannten politischen Realität eine milde poetische Welt mit dem Ziel der Harmonisierung entgegenzusetzen. Annette von Droste-Hülshoff entsprach in ihren Werken nur zum Teil der Tendenz, genügsame Selbstbescheidung, den inneren Frieden und das kleine Glück darzustellen. Sie hat sich zwar nie aktiv gegen die ihr auferlegten Grenzen als Frau aufgelehnt, setzte jedoch dem nutzlosen Sehnen nach einer romantischen heilen Welt ihre Kunst entgegen, die im Hier und Jetzt ihrer Zeit spielt und sich mit den konkreten Alltäglichkeiten beschäftigt.

Schluss

Es gibt wohl kaum eine Schülergeneration, die nicht Annette von Droste-Hülshoffs bekannteste **Ballade** „Der Knabe im Moor“ behandelt hat. Der Heimweg eines Jungen führt durchs Moor, das in poetischen Sprachbildern personifiziert wird. Unterwegs glaubt er, dämonischen Gestalten, wie dem Gräberknecht, dem Fiedler Knauf, der Spinnlenor oder der verdammten Margret zu begegnen – abergläubische Gestalten aus der westfälischen Heimat der Dichterin, die dazu herhalten mussten, den Kindern Angst einzujagen. Neben dieser Angst fühlt der Junge, der eine Fibel fest umklammert, jedoch auch Neugier und Spannung. Sein Weg gerät zum Abenteuer. Der Leser kann sich gut vorstellen, wie dem Protagonisten das Herz klopft und ihm trotz Gefahr ein wohliger Schauer über den Rücken fährt. Der Junge könnte im Dorf B. inmitten tiefer und stolzer Waldeinsamkeit im gebirgichten Westfalen beheimatet sein. Er hat den Glauben an das Magische noch nicht verloren.

Johann Wolfgang von Goethe (1749–1832)

Faust. Der Tragödie zweiter Teil (Fünfter Akt, Offene Gegend)

Faust hat vom Kaiser für seine erfolgreichen Kriegsdienste ein Stück Land in der unmittelbaren Nachbarschaft des alten Ehepaares Philemon und Baucis erhalten. Er expandiert durch künstliche Landgewinnung und Besiedlung.

WANDERER
Ja! sie sinds die dunkeln Linden,
Dort, in ihres Alters Kraft.
Und ich soll sie wieder finden,
Nach so langer Wanderschaft!
Ist es doch die alte Stelle,
Jene Hütte, die mich barg,
Als die sturmerregte Welle
Mich an jene Dünen warf!
Meine Wirte möcht' ich segnen,
Hülfsbereit, ein wackres Paar,
Das, um heut mir zu begegnen
Alt schon jener Tage war.
Ach! das waren fromme Leute!
Poch ich? ruf ich? – Seid gegrüßt!
Wenn, gastfreundlich, auch noch heute
Ihr des Wohltuns Glück genießt.

BAUCIS. *Mütterchen, sehr alt*
Lieber Kömmling! Leise! Leise!
Ruhe! laß den Gatten ruhn!
Langer Schlaf verleiht dem Greise
Kurzen Wachens rasches Tun.

WANDERER
Sage Mutter bist Dus eben,
Meinen Dank noch zu empfahn,
Was Du für des Jünglings Leben
Mit dem Gatten einst getan?
Bist Du Baucis, die, geschäftig,
Halberstorbnen Mund erquickt?
Der GATTE *tritt auf*
Du Philemon, der, so kräftig,
Meinen Schatz der Flut entrückt?
Eure Flammen raschen Feuers,
Eures Glöckchens Silberlaut,
Jenes grausen Abenteuers
Lösung war Euch anvertraut.

Und nun laßt hervor mich treten,
Schaun das grenzenlose Meer;
Laßt mich knien, laßt mich beten,
Mich bedrängt die Brust so sehr.
Er schreitet vorwärts auf der Düne.

PHILEMON *zu* BAUCIS
Eile nur den Tisch zu decken,
Wo's im Gärtchen munter blüht.
Laß ihn rennen, ihn erschrecken,
Denn er glaubt nicht was er sieht.
neben dem Wandrer stehend
Das Euch grimmig mißgehandelt,
Wog' auf Woge, schäumend wild,
Seht als Garten Ihr behandelt,
Seht ein paradiesisch Bild.
Älter, war ich nicht zu Handen,
Hülfreich nicht wie sonst bereit,
Und, wie meine Kräfte schwanden,
War auch schon die Woge weit.
Kluger Herren kühne Knechte
Gruben Gräben, dämmten ein,
Schmälerten des Meeres Rechte
Herrn an seiner Statt zu sein.
Schaue grünend Wies' an Wiese
Anger, Garten, Dorf und Wald. –
Komm nun aber und genieße
Denn die Sonne scheidet bald. –
Dort im Fernsten ziehen Segel!
Suchen nächtlich sichern Port.
Kennen doch ihr Nest die Vögel,
Denn jetzt ist der Hafen dort.
So erblickst du in der Weite
Erst des Meeres blauen Saum,
Rechts und links, in aller Breite,
Dichtgedrängt bewohnten Raum.
Am Tische zu drei, im Gärtchen.
BAUCIS
Bleibst du stumm? und keinen Bissen
Bringst du zum verlechzten Mund?
PHILEMON
Möcht er doch vom Wunder wissen,
Sprichst so gerne, tu's ihm kund.
BAUCIS
Wohl! ein Wunder ists gewesen!
Läßt mich heute nicht in Ruh;
Denn es ging das ganze Wesen
Nicht mit rechten Dingen zu.
PHILEMON
Kann der Kaiser sich versündgen
Der das Ufer ihm verliehn?
Tät's ein Herold nicht verkündgen
Schmetternd im Vorüberziehn?
Nicht entfernt von unsern Dünen
War der erste Fuß gefaßt,
Zelte! Hütten! – Doch, im Grünen,
Richtet bald sich ein Palast.

BAUCIS

Tags umsonst die Knechte lärmten,
Hack und Schaufel, Schlag um Schlag,
Wo die Flämmchen nächtig schwärmten
Stand ein Damm den andern Tag.
Menschenopfer mußten bluten,
Nachts erscholl des Jammers Qual,
Meerab flossen Feuergluten,
Morgens war es ein Kanal.
Gottlos ist er, ihn gelüstet
Unsre Hütte, unser Hain;
Wie er sich als Nachbar brüstet
Soll man untertänig sein.

PHILEMON

Hat er uns doch angeboten
Schönes Gut im neuen Land!

BAUCIS

Traue nicht den Wasserboten,
Halt auf Deiner Höhe Stand.

PHILEMON

Laßt uns zur Kapelle treten!
Letzten Sonnenblick zu schaun.
Laßt uns läuten, knien, beten!
Und dem alten Gott vertraun.
[...]

Goethe, Johann Wolfgang: Faust. Der Tragödie zweiter Teil.
In: Schöne, Albrecht (Hrsg.): Johann Wolfgang Goethe.
Faust. Texte. Frankfurt/M. 1999, V. 11042–11142.

Arbeitsanweisung

Interpretieren Sie die Szene und setzen Sie sich mit der Intention auseinander.

Hinweise und Tipps

Voraussetzungen

Aus dem Literaturunterricht ist Ihnen zumindest der erste Teil von Goethes „**Faust**" bekannt. Sie kennen die Figur des Gelehrten mit all ihren Konflikten, Bestrebungen, Ängsten und Hoffnungen. Selbst wenn Sie den zweiten Teil der Tragödie nicht oder nur auszugsweise kennen, wird Ihnen die Einordnung der vorliegenden Szene in den Handlungszusammenhang gelingen. Die Kenntnis der Sage um Philemon und Baucis ist für die Interpretation der Szene nicht zwingend erforderlich.

Erläuterung der Aufgabenstellung

Die Aufgabe verlangt die **Interpretation des Dramenauszugs** sowie die **Auseinandersetzung mit der Intention**. Da in der Aufgabenstellung nicht explizit angeführt wird, mit wessen Absicht Sie sich auseinandersetzen sollen, bleibt es Ihnen überlassen, ob Sie sich auf den Verfasser oder eine seiner Figuren beziehen. Dieser Teil der Aufgabe kann allerdings als eine Art Ergänzung zum Interpretationsteil aufgefasst/gestaltet werden und sollte einen dementsprechenden Umfang nicht überschreiten. Es empfiehlt sich, die Szene wenigstens grob in den Handlungsverlauf einzuordnen. Fausts Entwicklung sowie seinen Charakter sollten Sie bei der Lösung der Aufgabe berücksichtigen. Auf grundlegende Ausführungen zur Struktur des Dramas kann weitgehend verzichtet werden. Auch auf die sprachkünstlerische Gestaltung der Szene sollte nur am Rande eingegangen werden, damit Ihnen ausreichend Gelegenheit zur **deutenden Erschließung des Textes**, die der Operator „Interpretieren Sie" verlangt, bleibt.
Die Interpretation kann sich am Gesprächsverlauf orientieren, sollte aber immer wieder auch Ihre Kenntnis des bisherigen Geschehens (Teil I) erkennen lassen. Die Redeanteile der Figuren sind ebenso zu berücksichtigen wie die Art und Weise, wie die Gesprächspartner miteinander umgehen. Die Haltungen der Figuren sollten nicht nur dargestellt und erläutert, sondern auch gewertet werden. Zur Untermauerung Ihrer Ansichten sind Textzitate geschickt in Ihre Darlegungen einzufügen.

Lösungsvorschlag

„**Wir sehn die kleine, dann die große Welt.**" (Studierzimmer, V. 2 053) – Das war und ist Mephistos Programm für Faust, mit dem er dem HERRN beweisen wollte, hinsichtlich der negativen Einschätzung der Menschen im Allgemeinen und Fausts im Besonderen recht zu haben. Nachdem Faust im ersten Teil seines „neuen Lebens" an Mephistos Seite „die kleine Welt" sowohl im räumlichen Sinn als auch bezüglich der Gesellschaftsschicht des Bürgertums, in der er sich bewegte, erlebt hatte, ist er nun nicht nur in die weite Welt hinausgegangen, sondern bewegt sich auch in höheren gesellschaftlichen Kreisen. **Faust** ist als **Unternehmer** erfolgreich, er verfolgt das Ziel, aus dem Meer Land zu gewinnen, um, wie in der „Vision" (Großer Vorhof des Palastes, V. 11 559–11 587) später ausgedrückt, Lebensraum für viele Menschen zu schaffen, damit diese dort „tätig frei" leben könnten. Das Land wird dem Meer regelrecht abgerungen, dabei geht Faust nicht zimperlich vor, wie der Tod der beiden Alten, Philemon und Baucis, beweist. Dieses Paar hatte sein Land nicht an Faust verkauft, so dass es Fausts Plänen hinderlich im Wege stand. Faust hatte vor, den schönen Platz für sich zum Ausruhen, Schauen, Erholen und zum Genießen seines Werkes zu nutzen. („Zu überschaun mit einem Blick des Menschengeistes Meisterstück" (Palast, V. 11 248–49). Mephisto, der von Faust mit der Sache beauftragt worden war, löste das Problem auf seine Weise: das Häuschen des betagten Paares ging in Flammen auf. Bei dem Brand kamen sowohl Philemon und Baucis als auch der Wanderer ums Leben. Die vorliegende Szene steht vor dem oben beschriebenen Geschehen, der Besuch des Wanderers bei den beiden Alten ist ihr Ausgangspunkt.

Die Szene beginnt mit einem längeren Redeanteil des **Wanderers**. Monologisch äußert er seine Freude und innere Bewegung darüber, die Gegend wiedererkannt zu haben, in der er vor vielen Jahren einmal war. Der Zuschauer erfährt die Vorgeschichte des Wanderers: Dieser hatte in einem Sturm Schiffbruch erlitten, war an diese Küste angespült und von einem „hülfsbereit[en], wackren Paar“ (V. 11) gerettet und versorgt worden. Er hofft auf ein Wiedersehen mit diesen beiden Menschen, die zum Zeitpunkt seiner Rettung bereits alt gewesen waren. Da er zweifelt, ob das Paar überhaupt noch lebt, zögert er kurz, bevor er schließlich doch anklopft.

Baucis, die ihm öffnet, bittet ihn um ruhiges Verhalten mit Rücksicht auf ihren greisen, ausruhenden Mann. Die **Freude des Wanderers über das Wiedersehen** ist groß, staunend fragt er nach: „Bist du Baucis …?“ (V. 28) und erinnert sie an ihre lebensrettende Gastfreundschaft von damals. Auch **Philemon**, der dazukommt, wird vom Wanderer erkannt. Die gute Tat der Alten zur Rettung des Wanderers aus dessen schlimmer, grausiger Lage würdigt der damals Gerettete ausdrücklich. Gerührt, von der Erinnerung ergriffen, möchte der Wanderer an dieser Stelle beten und nicht nur für seine Errettung danken, sondern auch dafür, dass die Retter von damals noch am Leben sind. Während er also auf der Düne zum Ufer des Meeres vorwärts geht, fordert Philemon seine Frau auf, alles für die **Bewirtung des Gastes vorzubereiten**. Sie möge eilends den Tisch dort decken, „Wo's im Gärtchen munter blüht.“ (V. 44), denn er weiß, dass der Wanderer gleich sehr verwundert sein wird. Mit seinen Worten „Laß ihn rennen […] denn er glaubt nicht was er sieht“ (V. 45 f.) nimmt Philemon die **Veränderung der Landschaft** und den Schrecken des Wanderers beim Anblick, der ihn gleich erwartet, voraus. Wie um dem Wanderer wieder beizustehen, geht er zu ihm hin und beschreibt diesem die umgestaltete Landschaft: **statt des wilden Meeres** bietet sich dem Gast der Anblick eines **paradiesischen Gartens**. Der alte Mann scheint von **Fausts Arbeit** – denn niemand anders als dieser ist für die Umgestaltung der Landschaft verantwortlich – angetan, denn er erklärt dem Gast mit etwas Wehmut, wegen seines fortgeschrittenen Alters nicht wie sonst zum Mittun in der Lage gewesen zu sein. Aber er würdigt die Idee Fausts als klug und nutzbringend und weist stolz auf das **begrünte und besiedelte Neuland** hin. Nach einer kleinen Pause bittet er den Gast zu Tisch. Seine Beobachtung eines Schiffes, das in der Ferne vorüberzieht, teilt er den Tischgenossen mit. Anders als das damals in Seenot geratene Schiff des Wanderers wird dieses seinen sicheren Hafen finden, auch – oder gerade weil – wenn dieser verlegt worden ist. Philemon beschließt seine Rede mit dem nochmaligen Hinweis auf die gelungene Veränderung: Erst in der Ferne kann man heute „des Meeres blauen Saum“ (V. 69) erblicken, und dort, wo es einmal war, haben inzwischen viele Menschen einen neuen Lebensraum gefunden.

Baucis ist verwundert und erstaunt über die Sprach- und Appetitlosigkeit ihre Gastes, der trotz seines Hungers offensichtlich keinen Bissen herunterbekommen kann. Ihr Mann glaubt, die Ursache dafür zu kennen („Möcht er doch vom Wunder wissen“, V. 77), und versteht des Wanderers Starre als Ausdruck einer tiefen Ergriffenheit. Weil er weiß, dass seine Frau gern von den Ereignissen erzählt, fordert er sie dazu auf. Baucis bestätigt das „**Wunder**“, hat aber eine bedeutsame Einschränkung zu machen. Es wäre „**Nicht mit rechten Dingen**“ (V. 83) **zugegangen**, und das lasse sie bis heute nicht in Ruhe.

Philemon unterbricht seine Frau und rechtfertigt die Landvergabe des Kaisers an Faust. Dabei wird Fausts Name nicht genannt – wie in der gesamten Szene wird Faust nur als „er“ bezeichnet. **Philemons** Beschreibung der Inbesitznahme des Landes durch den neuen Eigentümer, Faust, ist die **Begeisterung** darüber und über den Bau des Palastes anzumerken. Aber **Baucis** ergreift wieder das Wort und erklärt dem Wanderer ihre Sicht: Während sich tagsüber die Arbeiter vergeblich bemüht hätten und keinerlei Arbeitsfortschritt zu erkennen gewesen wäre, hätten nachts unzählige Flämmchen geflackert – am Tag darauf hätte aber ein fertiger Damm gestanden. Überhaupt sei nachts **Unheimliches** geschehen: Menschen hätten sich gequält, „Nachts erscholl des Jammers Qual“ (V. 99), und wo „Feuergluten“ (V. 100) dem Meer zugeflossen seien, wäre am Morgen darauf ein fertiger Kanal gewesen. Gewissermaßen als **Fazit** formuliert sie ihren Eindruck von dem, der das alles zu verantworten hat: „**Gottlos ist er**“

(V. 102). Damit erinnert sie den Zuschauer nicht nur an Margaretes ganz ähnliches Urteil über Faust: „… du hast kein Christentum.“ (Marthens Garten, V. 3 468), sondern bestätigt auch Fausts eigene Weltanschauung. Baucis hat einen weiteren Grund, Faust zu misstrauen: Dieser will die Hütte und das Stückchen Land, das die beiden Alten besitzen, für sich haben, tritt als künftiger Nachbar überheblich auf und fordert Ergebenheit. Trotz Philemons Einwand, Faust habe ihnen doch ein großzügiges Angebot unterbreitet, indem er ihnen ein „Schönes Gut im neuen Land“ (V. 108) angeboten habe, steht seine Frau zu ihrem Misstrauen und warnt: Bleibe bei deinesgleichen, orientiere dich nicht an den Herren. Sie betrachtet das Projekt der Landgewinnung skeptisch, denn sie spürt, dass bei Fausts Unternehmung Magie im Spiel sein muss. Als Einzige der drei Anwesenden fühlt sie die **Gefahr, die von Fausts Aktion ausgeht**.

Auffällig ist, dass der **Wanderer** sich gar nicht mehr äußert. Er hört sich das Gespräch des Ehepaares **kommentarlos** an. Wahrscheinlich erinnert er sich an seine eigene Rettung und ist gerührt, die beiden Alten gesund wiederzusehen. Ihre Probleme scheinen ihn nicht weiter zu berühren, denn er unternimmt weder einen Versuch, ihnen zu helfen, noch beschwichtigt er Baucis’ Skepsis.

Die Schlussworte gehören Philemon. Er fordert seine Frau und den Wanderer auf, mit ihm gemeinsam zur Kapelle zu gehen, um dort zu beten. Er hofft wohl, dass im Betrachten des Sonnenuntergangs, in den Ritualen, die zum Beten gehören, auch die beiden anderen zur Ruhe kommen werden. Das tiefe **Gottvertrauen Philemons** wird ihm allerdings nichts nützen, denn Mephisto, dem Faust bei der Lösung des Problems freie Hand gelassen hat, hat längst die Vernichtung dieser Idylle beschlossen.

Betrachtet man die **Redeanteile** jeder Figur, fällt auf, dass **Philemon** die Rolle des Wortführers zukommt. Er ist auch derjenige, den die Umgestaltung der Landschaft nicht stört, sondern **begeistert**. Er kann in der von Faust durchgeführten Landgewinnung nur Positives sehen.

Baucis redet am wenigsten, aber am interessantesten, am meisten überlegt. Ihr kommt es zu, das Wesentlichste, das Bedeutsamste zu sagen. Ist sie zu Beginn der Szene um andere besorgt – um die Ruhe ihres Gatten und das Wohl des Gastes – lässt sie sich nicht zweimal auffordern, vom „Wunder“ zu erzählen. Das tut sie nicht nur ausführlich, sondern auch unbeirrt kritisch. Es ist unschwer zu erkennen, dass sich Baucis ihrer Beobachtungsgabe und ihrer Menschenkenntnis sicher ist. Ihre Lebenserfahrung lässt, anders als bei ihrem Mann, nicht zu, ihre **gesunde Skepsis** aufzugeben. Sie also warnt vor Faust und dessen Absichten, und der Fortgang der Handlung wird zeigen, dass ihr Misstrauen durchaus begründet war.

Die Redeanteile des **Wanderers** stehen am Anfang der Szene. Er ist von der Ankunft an diesem für ihn bedeutsamen Ort beeindruckt. Seine **Ergriffenheit** steigert sich noch, als er in Philemon und Baucis seine zwar betagten, aber rüstigen Retter erkennt, die ihm überdies ein herzliches Willkommen bereiten. Ihre Gedanken hört er sich zwar an, lässt aber nicht erkennen, ob/dass er an ihrem Schicksal Anteil nimmt.

Die als angenehm empfundene **Sprache der Szene entspricht der Idylle**, die der Wanderer vorfindet: eine friedliche Landschaft, die das Gefährliche ausschließt, die warme Gastfreundschaft der Hausherren und die Freude über das gesunde Wiedersehen von Rettern und Geretteten. Das gleichmäßige Metrum, ein vierhebiger Trochäus, und der Kreuzreim mit alternierenden Kadenzen unterstreichen diesen Eindruck und werden auch nicht aufgehoben, wenn Baucis ihre Bedenken/Warnungen formuliert.

Die Szene ist eher **arm an Handlung**, die wichtigen Dinge passieren im **Gespräch**. Dieses strebt konsequent seinem Höhepunkt zu, welcher in Baucis’ kritischen Ausführungen zu Faust und zu dessen Vorgehensweise zu sehen ist. Der Höhepunkt ist überschritten, wenn Philemon, wohl auch in der Absicht zu beschwichtigen, zum Eintreten in die Kapelle einlädt.

In der Szene immer präsent, obwohl nie in persona, ist **Faust**. Es wird nicht mit ihm, sondern nur über ihn gesprochen. Sein Name wird dabei nie genannt, aber der Zuschauer weiß, wer sich hinter dem als rücksichtslos und überheblich beschriebenen künftigen Nachbarn des Paares verbirgt. Faust ist alt, am Ende seines Lebens angelangt. Es bleibt ihm nicht mehr viel Zeit, seine Pläne umzusetzen, auch deshalb muss er seine Arbeiter zur Eile antreiben, sie schinden. Die Weigerung der Besitzer des von ihm begehrten Stückchens Land ärgert ihn, verdirbt ihm den Genuss seines Werkes. Den **Bezug zur Realität** hat Faust **längst verloren**. Er überlässt Mephisto nicht nur die Leitung des Baues, sondern auch die Lösung des Problems. Sogar als Mephisto ihm davon berichtet, dass bei der gewaltsamen Betreibung der Umsiedlung der beiden Alten diese sowie ein Gast (der Wanderer) ums Leben kamen, ist Faust nicht sonderlich betroffen. Zwar weist er Mephisto scharf zurecht, verflucht „den wilden Streich" (Mitternacht, V. 113 702) und verzichtet auf das Land, akzeptiert aber die Tat doch. Erst in der Begegnung mit der Sorge wird Faust der Magie endgültig abschwören und ein kritisches Fazit seines Lebens ziehen.

Mit dieser Szene werden **gegensätzliche Interessen** und **konträre moralische Auffassungen** deutlich. Auf der einen Seite steht **Faust** mit seinem ausgeprägten Expansionsstreben. Die vehement betriebene Landgewinnung soll nicht nur den Menschen dienen, die dort neuen Siedlungsraum finden werden. Faust verfolgt auch ganz persönliche Interessen, denn er will mit diesem Projekt endgültig seine Größe beweisen, sich quasi ein Denkmal setzen. Dabei geht er egoistisch und skrupellos vor. Die bewusste und zielgerichtete **Veränderung der Natur** durch den Menschen sieht Faust als **Sieg des strebenden, selbstbewussten und tüchtigen Individuums**. Die Skepsis oder gar Ablehnung, mit der andere diesen Bestrebungen gegenüberstehen, versteht wiederum Faust nicht. Die Natur hat sich seinem Willen – und damit dem Willen des Menschen überhaupt – unterzuordnen, das ist Fausts feste Überzeugung.

Für **Philemon und Baucis** sieht alles anders aus. Beide leben im ruhigen Einklang mit der Natur und wollen diese Idylle weder verlassen noch, und das auf keinen Fall, zerstören lassen. Sie fühlen zu dem Ort, anders als das Faust je konnte, eine tiefe emotionale Bindung, er ist ihnen heilig. Allerdings können auch sie sich dem Fortschritt, der eben in Gestalt der Landgewinnung daherkommt, nicht verschließen. Dass sich Baucis' Warnungen wenig später als berechtigt herausstellen, als nämlich alle drei bei Mephistos rücksichtslosem Vorgehen ums Leben kommen, versteht der Zuschauer als Hinweis auf Fausts egoistisches Streben, aber möglicherweise auch als Impuls, um über seine **Verantwortung im Umgang mit der Natur** nachzudenken.

Deutsch (Thüringen): Abiturprüfung 2013
Aufgabe 5: Interpretation eines lyrischen Textes

Franz Grillparzer (1791–1872)

Entsagung

Eins ist, was altergraue Zeiten lehren
Und lehrt die Sonne, die erst heut getagt:
Des Menschen ew'ges Los, es heißt: Entbehren,
Und kein Besitz, als den du dir versagt.

Die Speise, so erquicklich deinem Munde,
Beim frohen Fest genippter Götterwein,
Des Teuren Kuß auf deinem heißen Munde,
Dein wär's? Sieh zu! ob du vielmehr nicht sein.

Denn der Natur alther notwend'ge Mächte,
Sie hassen, was sich freie Bahnen zieht,
Als vorenthalten ihrem ew'gen Rechte,
Und reißen's lauernd in ihr Machtgebiet.

All, was du hältst, davon bist du gehalten,
Und wo du herrschest, bist du auch der Knecht.
Es sieht Genuß sich vom Bedarf gespalten,
Und eine Pflicht knüpft sich an jedes Recht.

Nur was du abweist, kann dir wieder kommen.
Was du verschmähst, naht ewig schmeichelnd sich,
Und in dem Abschied, vom Besitz genommen,
Erhältst du dir das einzig deine: Dich!

(1836)

Grillparzer, Franz: Entsagung. In: Hahn, Ulla (Hrsg.): Stimmen im Kanon. Deutsche Gedichte. Stuttgart 2003, S. 170.

„Der Mensch ist das einzige Lebewesen, das sich nicht mit dem, was es auf seinem Planeten vorfindet, zufriedengibt.“

Strittmatter, Erwin: Frühling aus Menschenhand. In: ¾ hundert Kleingeschichten. Aufbau Berlin u. Weimar 1971, S. 35.

Arbeitsanweisung

Interpretieren Sie das Gedicht.
Stellen Sie einen Bezug zu Strittmatters Auffassung her.

Hinweise und Tipps

Voraussetzungen
Mit der geforderten Bezugnahme auf ein **modernes Zitat** wird in der vorliegenden Aufgabenstellung zur Gedichtanalyse eine Brücke von dem in seiner Zeit verhafteten Grillparzer-Text in die Gegenwart geschlagen. Trotzdem entbindet diese Ergänzung Sie nicht davon, in Ihrem Aufsatz auch auf die **Epoche** des Gedichts einzugehen. Dies ist für dessen Verständnis grundlegend und ermöglicht Ihnen erst die Aktualisierung der hier dargestellten Motivik des **Verzichts**. Bei der Darstellung der **Form**, die ja wie bei jeder Analyse mit dem **Inhalt** in Bezug gesetzt werden muss, sind bei diesem Beispiel viele Aspekte der Betrachtung von Lyrik einzubeziehen. Der Autor verwendet viele klassische Gestaltungselemente, die von Ihnen erkannt und benannt werden sollen.

Mit der zusätzlichen Aufnahme eines Zitates in die Gedichtanalyse müssen Sie zudem Kompetenzen abrufen, die Sie **ansonsten für die Bearbeitung einer freien Erörterung** brauchen. Denn hier ist eine **These** abzuleiten, die zwar nicht vollständig erörtert, aber dennoch in einen inhaltlichen Zusammenhang gestellt werden muss.

Die Aufgabe verlangt Leistungen in allen drei Anforderungsbereichen, die laut *Einheitliche(n) Prüfungsanforderungen in der Abiturprüfung Deutsch (EPA)* zu einer vollständigen Aufgabenstellung gehören:

Anforderungsbereich I (Grundlagen an Wissen/Kennen konkreter Einzelheiten): Kenntnisse über die Epoche des Biedermeier sind bei diesem Hauptwerk der Zeit zumindest grundlegend notwendig. Die formalen Gestaltungsmittel des Gedichtes sind zu erkennen und mit den fachspezifischen Begriffen zu beschreiben.

Anforderungsbereich II (Organisation des Arbeitsprozesses): Die Struktur und die Einzelelemente des Textes sind zu erfassen, zu beschreiben und in ihrer Bedeutung zu erläutern. Daraus leitet sich das begründete Ergebnis der Analyse ab. Die Erarbeitung von Schwerpunkten muss der inhaltlichen Aussage angemessen sein und eine gute Anknüpfung zum Zitat gewährleisten.

Anforderungsbereich III (Fähigkeit zur eigenen Urteilsbildung): Die Aussage und die Wirkung des Gedichtes sowie seiner Elemente sind zu erfassen, darzustellen und zu werten. Die Deutung ist mit der des Zitats zusammenzuführen und kann so zu einer aktualisierenden Wertung führen.

Erläuterung der Aufgabenstellung
Die Arbeitsanweisung konfrontiert Sie mit zwei Operatoren. Sie sollen sowohl **interpretieren** als auch einen **Bezug herstellen**. Diese Zweiteilung bedeutet allerdings nicht, dass eine gleichmäßige quantitative Verteilung dieser beiden Aufgabenteile auf Ihren Aufsatz vorgesehen ist. Natürlich steht der Interpretation immer der größte Raum zu, denn sie ist die Grundlage für alle weiteren Übertragungsleistungen. So sieht es auch der vorliegende Lösungsvorschlag vor.
Zu Beginn geht der Aufsatz gleich auf das zentrale und titelgebende **Thema** des Gedichts ein. Zugleich wird mit einer rhetorischen Frage dessen aktuelle **Relevanz** zum Gegenstand der Untersuchung gemacht. Hilfreich bei der Betrachtung eines Begriffes wie „Entsagung“ kann das als Hilfsmittel erlaubte Wörterbuch der deutschen Sprache sein, wie an dieser Stelle beispielhaft verdeutlicht wird. Über die genaue Darstellung der Gestaltungsprinzipien, die hier in ihrer regelmäßigen Verwendung eine größere Rolle als bei jüngerer Lyrik spielen, kann eine erste **Einordnung in die Epoche erfolgen**. Die Form ist – gerade bei **Gedankenlyrik** – schwer von einer inhaltlichen Zusammenfassung zu trennen. Wie sehr Ihre Einordnung in die Epoche und Ihre Erläuterung des Versaufbaus in die Tiefe gehen, hängt natürlich immer von den persönlichen Voraussetzungen ab, die Sie sich in Ihrem Kurs erarbeiten konnten. Allerdings sollte bei der Auswahl einzubringender Kenntnisse auch immer bedacht werden, dass von

Ihnen **kein literaturhistorisches Referat** verlangt wird. Vielmehr müssen Sie den lyrischen Text und auch dessen Bezüge zum Strittmatter-Zitat immer im Auge behalten. Letzteres muss zunächst ebenfalls inhaltlich erschlossen und erläutert werden. Es schließt sich also im Grunde eine zweite – recht kurze – Analyse an, die zu dem Schluss kommt, dass sich beide Aussagen **antithetisch** zueinander verhalten. Die Zusammenfassung kann dann durch Abwägung zu einer möglichen Synthese beitragen.
Im folgenden Lösungsvorschlag wird zusätzlich zur geforderten Einbeziehung Strittmatters auch dem **Rahmenthema** Raum gegeben. Dies ist nicht zwingend notwendig, aber eigentlich immer möglich. Sofern es die Aufgabenstellung nicht vorsieht, entscheiden Sie alleine darüber.

Lösungsvorschlag

Wann verwendet man heute eigentlich noch das Substantiv ‚**Entsagung**' oder das Verb ‚entsagen'? Es erscheint uns kein moderner Begriff zu sein. Der Rechtschreibduden ordnet die Wörter der gehobenen Sprache zu. Auf jeden Fall sind sie wohl nicht Teil unseres alltäglichen Wortschatzes. Woran liegt das? Liegt es ganz und gar an der Bedeutung oder gibt es einfach Synonyme, die wir heute verwenden? An ‚Verzicht' oder ‚Aufgabe' könnte man dabei denken, jedoch verzichten wir eher auf etwas Einzelnes oder geben etwas Spezielles auf. Entsagung dagegen klingt nach einem umfassenderen Verzicht, dem radikale **Konsequenzen** für unser Leben und das Verhältnis zu unserem Umfeld folgen können.

So sah es vor knapp 180 Jahren – genauer 1836 – auch **Franz Grillparzer** (1791–1872) in seinem Gedicht „Entsagung". In diesem Sinne hätte er für seinen lyrischen Text auch gut einen Imperativ als Titel wählen könne, denn dessen Thema ist die **Aufforderung an die Leser** bzw. die Menschheit allgemein, auf jeglichen Besitz im konkreten wie auch abstrakten Sinne zu verzichten. Inwieweit spricht der Dichter damit den Leser der Moderne noch an? Wie kann dem Begriff der „Entsagung" heute neues Leben gegeben werden, wenn wir ihn mit jüngeren Auffassungen – hier einer von **Erwin Strittmatter** aus dem Jahr 1971 – und unserer jetzigen Lebenswelt in Beziehung setzen?

Der vorliegende Text, der eindeutig der **Gedankenlyrik** zuzuordnen ist, gliedert sich zunächst in fünf Strophen mit jeweils vier Versen. Sie sind durch einen durchgängigen **Kreuzreim** miteinander verbunden, bei dem sich weiblicher (1. und 3. Vers) und männlicher Reim (2. und 4. Vers) in dieser Reihenfolge immer abwechseln (vgl. erste Strophe: „… lehren/ … getagt/ … Entbehren/ … versagt"). Das Metrum ist ein **fünfhebiger Jambus**. Die Verse mit weiblichem Reim zählen elf, die mit männlichem Reim zehn Silben, so dass das Versmaß als Pentameter sowohl an den – allerdings ungereimten – Blankvers der Dramatik aus der Zeit des Gedichts als auch an die regelmäßigen Versformen des **Barock** erinnert. Franz Grillparzer bedient sich für sein Gedicht „Entsagung" also eindeutig längst erprobter Formen. Die Satzstrukturen gehen über die Versenden nicht hinaus. So reihen sich mehrere **Aufzählungen** aneinander, die gleichwertig ohne Konjunktion stehen (V. 5–7) oder mit „Und" am Versbeginn verbunden sind (z. B. V. 14 und 16). Zusammengehalten werden diese Aufzählungen zudem durch Wiederholungen von Worten oder Wortgruppen in den jeweiligen Sätzen: „Munde" (V. 5 und 7), „bist du" (V. 13 und 14), „sich" (V. 15 und 16). Den so entstehenden längeren, aber kaum verschachtelten Satzkonstruktionen stehen kürzere **Hervorhebungen** gegenüber, die der Autor vor allem durch den Einsatz von Satzzeichen (Doppelpunkt, Ausrufezeichen sowie Fragezeichen) erreicht. In Vers 3 („Des Menschen ew'ges Los, es heißt: Entbehren") sowie im Abschlussvers 20 („Erhältst du dir das einzig deine: Dich!") wird so zu einer zentralen, auffordernden Aussage am Versende gesteigert. In Vers 8 wird dies das einzige Mal auch grammatisch als **Imperativ** ausgedrückt, dabei wird das Ausrufezeichen, das ja eigentlich einen Satz abschließt, in den vollständigen Satz hineingeholt und an Stelle des hier zu erwartenden Kommas gesetzt: „Sieh zu! ob du vielmehr nicht sein." Die Aufforderung ist gleichzeitig die Antwort auf die **rhetorische Frage** „Dein wär's?" (ebenda), die auf die bereits erwähnte Aufzählung (V. 5–7) folgt.

Das kurze „Dich!" in Vers 20 ist der Ausklang des Gedichtes und übernimmt somit eine wichtige Funktion für den Aufbau des Textes. In der ersten Strophe wird durch das kurze „Entbehren" (V. 3) das **Thema** betont. Es wird als „ew'ges Los" des Menschen eingeführt, das sowohl in der Vergangenheit („altergraue Zeiten", V. 1) als auch in der Gegenwart („Sonne, die erst heut getagt", V. 2) Gültigkeit besitzt. In der zweiten Strophe schließt sich die **Darstellung der Vergänglichkeit** anhand von drei Beispielen an. Das Erlebnis einer leckeren Mahlzeit (V. 5), eines Weins auf einem Fest (V. 6) sowie die innige Freundschaft („Teuren Kuß auf deinem heißen Mund", V. 7) sind Momente, die man nicht festhalten kann. **Kategorien von Besitz und Eigentum** greifen hier nicht. Ewigkeit kann nicht hergestellt werden. In der mittleren und dritten Strophe wird klargestellt, wer dem Menschen dieses Entbehren auferlegt: die **Natur** mit ihren Mächten („Sie hassen, was sich freie Bahnen zieht", V. 10). So ist der anschließende Abschnitt zunächst geprägt von der Resignation vor dieser ewigen und unumstößlichen **Macht**. Vier Gegensätze konstruieren ein Spannungsfeld dieser Macht, das keine Freiheit und Wahl lässt. Vers 13 und 14 bilden so jeweils ein **Paradoxon**: „… was du hältst, davon bist du gehalten, / Und wo du herrschest, bist du auch der Knecht." Dieses **antithetische Verfahren** setzt sich in Vers 15 mit den Begriffen Genuss und Bedarf sowie in Vers 16 mit Pflicht und Recht fort. Dies geht zwar in der letzten Strophe weiter (abweisen/wieder kommen; verschmähen/ schmeicheln) und es wird mit dem **Parallelismus** „was du" (V. 13 in Strophe 4 und V. 17, 18 in Strophe 5) über die Abschnitte hinweg verknüpft. Es wird aber schon an der Platzierung der positiven Begriffe des Wiederkommens und Schmeichelns deutlich, dass es einen Weg gibt, der Macht der Natur zu begegnen, nämlich indem man Abschied vom Besitz nimmt (vgl. V. 19) und sich so selbst erhält (V. 20). So steckt in dem abschließenden „Dich!" die Gelegenheit, der **Resignation vor der eigenen Unfreiheit** etwas entgegenzusetzen.

Die **fünfteilige Struktur** des Gedichtes mit der Einführung im ersten, dem Höhepunkt im dritten und dem Ausklang im fünften Abschnitt erinnert an den klassischen Aufbau des geschlossenen Dramas. Auch das Versmaß erinnerte ja bereits an dramatische Formen, und so ist der österreichische Autor Franz Grillparzer ja auch vor allem als ein bedeutender Theaterschriftsteller seiner Zeit bekannt. Es war die **Zeit des Biedermeiers**, in der er auch verortet wird. So passt sich das Gedicht „Entsagung" inhaltlich mit seiner Resignation vor der Unfreiheit gut in diese Strömung ein, die stark von der politischen und gesellschaftlichen Abhängigkeit der **Restauration** geprägt ist. Sein Autor befand sich in Wien direkt an der Quelle des sogenannten Systems Metternich, das durch die Zensur und die Vormachtstellung des Adels geprägt war. Die Dichter des Biedermeier kämpften nicht – wie ihre **Kollegen des Jungen Deutschland** – dagegen an, sondern verschrieben sich den Werten des Pflichtgehorsams und eben dieser Bescheidenheit, wie sie vom Leser zum Beispiel in den Versen „Nur was du abweist, kann dir wieder kommen. / Was du verschmähst, naht ewig schmeichelnd sich," (V. 18/19) des vorliegenden Textes gefordert wird.

Falsch wäre es allerdings in diesem Zusammenhang, dem Autor Franz Grillparzer Untertanengeist vorzuwerfen, denn politische Mächte spielen in „Entsagung" keine Rolle. Angesprochen wird die **Menschheit insgesamt** und nicht nur der brave Bürger. Die Aussage „Und wo du herrschest, bist du auch der Knecht" (V. 14) gilt sowohl für den Fürsten als auch für jeden, der in einem Moment selbst Macht ausübt, sei es nun der Vater gegenüber der Familie, der Meister gegenüber den Gesellen oder die Lehrerin gegenüber den Schülern. Sie alle entkommen nicht dem höheren „Machtgebiet" (V. 12). Damit stellt sich Grillparzer in eine weitere Traditionslinie des Biedermeier, indem er sich **konservativ** bemüht, die Werte vorheriger Epochen in die neue Zeit hinüberzutragen. Dass sich dies in der lyrischen Form niederschlägt, wurde ja bereits nachgewiesen. Inhaltlich kann man als Beleg dafür vor allem auf den Beginn mit dem Hinweis auf die frühe Vergangenheit („... was altergraue Zeiten lehren“, V. 1) und auf die Aufzählung in der zweiten Strophe verweisen. Die **idealistischen Worte** vom „(b)eim frohen Fest genippte(n) Götterwein“ (V. 6) lassen ein klassisch-antikes Bild entstehen. „Des Teuren Kuß auf deinem heißen Munde“ (V. 7) wird nicht zwischen einem Liebespaar gewechselt, sondern geht vom klassischen Freundschaftsideal aus. Dass dessen Dauerhaftigkeit aber im nächsten Vers gleich in Frage gestellt wird („Dein wär's?“, V. 8), zeigt, dass die Ideen der vorigen Schriftsteller-Generation nicht mehr ganz in die neue Zeit übertragbar sind.

Deutlich wird dies auch an einem Zitat aus der Klassik, das zu den inhaltlichen Voraussetzungen des Gedichts „Entsagung“ passt: „Und wen anders als die Natur können wir fragen, wie wir leben sollen, um wohl zu leben?“ Diese rhetorische Frage stammt aus **Christoph Martin Wielands** „Agathon“ (1794, **Rahmenthema** zum diesjährigen Deutschabitur) und sieht in der Natur einen ausschließlichen aber positiven Wegweiser für den Menschen. Eine ebenso umfassende Funktion besitzt die Natur auch bei Franz Grillparzer. Jedoch ist ihre Bedeutung nicht so positiv formuliert wie bei Wieland. Die Mächte der Natur „hassen, was sich freie Bahnen zieht“ (V. 10). An diesen Mächten ist nicht zu rütteln, denn sie sind „alther notwend'ge“ (V. 9), womit Grillparzer an den einleitenden Hinweis auf „altergraue Zeiten“ (V. 1) anknüpft. Die **Personifikation** dieser Mächte – in Vers 2 noch präziser durch die lehrende Sonne – geht einher mit einer sehr radikalen Wahl des negativen Verbs „hassen“ und wird dadurch noch gesteigert, dass auf die bösen menschlichen Eigenschaften eine Metapher aus der Welt der Raubtiere folgt: „Und reißen's lauernd in ihr Machtgebiet“ (V. 12). Die Natur ist also nicht mehr der gut meinende Lehrmeister, sondern der brutale Feind der menschlichen Freiheit. Der Mensch kann sich dagegen nicht wehren. Er muss sich diesen Bedingungen durch die Entsagung fügen. Den Rechten der Natur steht dieses Los des Menschen gegenüber. Ausgedrückt wird dies durch die Wiederholung des Adjektivs ‚ewigen‘ in Vers 3 („ew'ges Los“) und Vers 11 („ew'ges Recht“). Durch die jeweilige Unterschlagung der mittleren Silbe in beiden Textstellen gewinnt der **Klang des Wortes** an Härte, wobei sich dessen dritte – vollständige – Verwendung als Adverb („ewig schmeichelnd“, V. 18) in der letzten Strophe versöhnlicher ausmacht. Dies wird aber nur dadurch erreicht, dass in diesem Kontext der Mensch seine Rolle akzeptiert und vom Besitz Abschied genommen hat (vgl. V. 19).

In dem Gedicht ist der Mensch in erster Linie durch das Du präsent. Auf ein **lyrisches Ich** dagegen wird verzichtet, sodass offen bleibt, wer sich als Sprecher an den Leser wendet. Dadurch wird aber auch auf eine Trennung zwischen Sprecher und Leser verzichtet und der Eindruck, dass die Idee der Entsagung sich auf die gesamte Menschheit bezieht, wird somit nicht durchbrochen. Es bleibt also dabei, dass gegenüber den Mächten der Natur, wie sie in der mittleren Strophe, in der als einziger auf das Du vollständig verzichtet wird, auftreten, keine Unterschiede zwischen den Menschen gemacht werden. Die Zuspitzung auf „Dich!“ im letzten Vers wird durch drei weitere grammatische Varianten des Personalpronomens in der 2. Person Singular eingeleitet und somit verstärkt: „Erhältst du dir das einzig deine ...“ (V. 20, Hervorhebung durch den Verfasser). Zusammen mit dem Artikel in dem Vers ergibt sich zusätzlich eine fünffache Alliteration mit dem Anlaut „D“. Dem Leser wird also die **Besinnung auf sich selbst**, losgelöst von allen Ansprüchen und jeglichem Besitz, überdeutlich zum **Fazit** des Gedichtes gemacht.

Enge **Grenzen** legt Franz Grillparzer sich und seinen Lesern hiermit auf. Diese zu akzeptieren und einzuhalten, fällt dem Menschen allerdings schwer. Dies zeigt genauso der Blick in die Zeiten vor, während und nach dem Biedermeier. Im Jahr 1971 schrieb der Autor **Erwin Strittmatter**: „Der Mensch ist das einzige Lebewesen, das sich nicht mit dem, was es auf seinem Planeten vorfindet, zufriedengibt.“ Wörtlich genommen mag man hier an die Weltraumfahrt denken, mit der der Mensch tatsächlich die Erde verlassen und damit anfangen konnte, im All nach neuen Erkenntnissen und Ressourcen zu suchen. Die Formulierung Strittmatters, der als **Autor in der damaligen DDR** lebte und arbeitete, ist aber zudem als Metapher zu lesen, die für den ständigen **Drang des Menschen** steht, **nach mehr zu streben**. Würde sich der Mensch mit dem, was er „vorfindet“, zufriedengeben, dann würde dies die Entsagung im Sinne des Gedichts von Grillparzer bedeuten: Der Mensch würde nicht nach weiterem Besitz, nach mehr Genuss, nach mehr Macht oder mehr Freiheit streben. Strittmatter verpackt seine Aussage als ein **Naturgesetz**, indem er den Menschen als „Lebewesen“ nicht der Natur gegenüberstellt, sondern sie zu ihrem Teil macht. Gegen dieses Naturgesetz, das dem menschlichen Wesen zugrunde liegt, kann man nicht ankämpfen. Wir werden immer weiter streben und verlören diese Eigenheit, die uns von anderen Lebewesen als **Alleinstellungsmerkmal** unterscheidet, wenn wir im Gegenteil dazu allem entsagen würden.

Nach alldem scheint sich Franz Grillparzers Gedicht aus dem Jahre 1836 nicht dazu zu eignen, den Begriff der Entsagung wieder populär zu machen. Hat aber die Natur nicht doch eine Macht über uns, die wir nicht missachten sollten und die uns manchmal darüber nachdenken lassen sollte, wo unsere Grenzen sind? Nimmt man das Zitat Strittmatters wörtlich, dann hat sich seit 1971 durchaus gezeigt, dass es uns doch nicht so einfach ist, die Grenzen unseres Planeten so zu überwinden, wie der damalige **Fortschrittsglaube** es suggerierte. So müssen wir einfach mit den **Ressourcen** auskommen, die wir auf der Erde vorfinden. Es ist also weniger der Blick in „altergraue Zeiten“, sondern der auf die zukünftigen Generationen, der uns dazu zwingt, in unserer Gegenwart auch über den Verzicht nachzudenken. Den flüchtigen Genuss, den Grillparzer in seiner zweiten Strophe in ein klassisches Bild gegossen hat, können auch wir nicht für die Ewigkeit bewahren. Im Gegenteil müssen wir uns eher immer wieder fragen, zu welchem Preis wir nicht darauf verzichten wollen: Was bedeuten zum Beispiel günstige Waren für die, die sie für geringen Lohn herstellen, oder für die Natur, die dafür ausgebeutet wird?

Grillparzers Gedicht ist deutlich in seiner Zeit verhaftet; die Resignation und die Unfreiheit des Menschen, die aus ihr in kräftigen Worten spricht, wollen wir heute wahrscheinlich nicht teilen. Die Dialektik von herrschen und beherrscht werden, Genuss und Bedarf, Pflicht und Recht ist aber weiterhin aktuell. Die starke Betonung des **Individuums** im letzten Vers ist zudem ein Aufscheinen moderner Vorstellungen.

Material 1:

Rudolf Kuhr (geb. 1937)

Worum es letztlich geht – Menschlichkeit
Gedanken über das eigentlich Selbstverständliche

[...]

Um in Wörterbüchern eine Definition des Begriffs Menschlichkeit zu finden, wird, wenn das Wort überhaupt enthalten ist, auf das Fremdwort Humanität verwiesen. Hier heißt es dann beispielsweise: *Menschlichkeit im Sinne eines idealisch gedachten Menschentums: harmonische Ausbildung der dem Menschen eigentümlichen wertvollen Anlagen des Gemütes und der Vernunft (so schon von Cicero bestimmt); höchste Entfaltung menschlicher Kultur und Gesittung und dementsprechendes Verhalten gegenüber den Mitmenschen, ja aller Kreatur. Seine eigentliche Begründung und Ausgestaltung erfuhr der Humanismusgedanke im 18. Jahrhundert, im Zeitalter des deutschen Klassizismus, besonders durch Lessing, Herder, Schiller, Goethe, W. von Humboldt. Für Kant ist Humanität „der Sinn für das Gute in Gemeinschaft mit anderen überhaupt; einerseits das allgemeine Teilnehmungsgefühl, andererseits das Vermögen, sich innigst und allgemein mitteilen zu können, welche Eigenschaften zusammen verbunden die der Menschheit angemessene Geselligkeit ausmachen, wodurch sie sich von der tierischen Eingeschränktheit unterscheidet".*
[...]

Wie entsteht verantwortliche Menschlichkeit?

Menschlichkeit entsteht nicht schon aus einem religiösen Glauben. Wie uns Geschichte und Gegenwart mit vielen Beispielen religiös motivierter, oft sogar im Namen Gottes verübter Verbrechen gegen die Menschlichkeit zeigen, ist eher das Gegenteil anzunehmen.

Menschlichkeit ist auch nicht automatisch ein Abfallprodukt zunehmenden materiellen Wohlstandes, auch hier ist eher das Gegenteil der Fall. Das Bemühen um das Erreichen und den Erhalt des materiellen Wohlstandes erfordert neben ökologisch bedeutenden Ressourcen sehr viel an Zeit und menschlicher Energie, die meist auf Kosten der Menschlichkeit gehen. Hier könnten sich die hochtechnisierten Gesellschaften an manchen von diesen so genannten Entwicklungsländern ein Beispiel nehmen. Nicht selten empfinden Angehörige oder Besucher solcher Länder unser hiesiges menschliches Klima vergleichsweise als kalt. Eine ganz bewußte, direkte Orientierung am Ideal der Menschlichkeit wäre deshalb heute mindestens ebenso dringend, wenn nicht wichtiger als die am Wirtschaftswachstum und an internationaler, wirtschaftlicher Konkurrenzfähigkeit.

Um befriedigendere und nachhaltigere Ergebnisse an positiver Menschlichkeit zu erreichen, erscheint es sinnvoll, in ganzheitlicher und an Wahrhaftigkeit orientierter Weise nicht nur die Ideale, sondern auch die naturgegebenen – oft negativen – Voraussetzungen des Menschseins mit einzubeziehen und jegliche mythischen und mystischen Vorstellungen beiseite zu lassen. [...]

In den Anlagen sind neben den Fähigkeiten zum selbständigen Denken vor allem sehr viele instinktähnliche Triebe vorhanden, die bisher zu wenig beachtet werden und deshalb immer wieder zu Problemen und Konflikten führen. Wenn es beispielsweise bei der Beschreibung des Menschenbildes idealerweise heißt: Der Mensch ist ein selbständig denkendes und bewußt handelndes Lebewesen, so kann realistischerweise genauso gesagt werden: Der Mensch ist ein unselbständig denkendes und unbewußt handelndes Lebewesen, denn die meisten Handlungen werden letztlich vom Gefühl her bestimmt, und die meisten Menschen denken – ohne es zu wissen – fremdbestimmt, weil sie zur Anpassung erzogen und zu wenig zur Selbstreflexion und Eigenständigkeit ermutigt wurden. [...]

Kuhr, Rudolf: Worum es letztlich geht – Menschlichkeit.
In: http://www.humanistische-aktion.de/menschli.htm (12. 11. 2013)

Material 2:

Johann Wolfgang von Goethe (1749–1832)

Wilhelm Meisters Lehrjahre (Romanauszug)

Aus einem Gespräch zwischen Philine und Wilhelm Meister

[...] Ein junger Mann, von ihrer Bekanntschaft aus der Stadt, kam mit einem Buche durch den Wald geschlichen, setzte sich zu ihnen, und rühmte den schönen Platz. Er machte sie auf das Rieseln der Quelle, auf die Bewegungen der Zweige, auf die einfallenden Lichter und auf den Gesang der Vögel aufmerksam. Philine sang ein Liedchen vom Kuckuck, welches dem Ankömmling nicht zu behagen schien; er empfahl sich bald.

Wenn ich nur nichts mehr von Natur und Naturszenen hören sollte, rief Philine aus, als er weg war, es ist nichts unerträglicher, als sich das Vergnügen vorrechnen zu lassen, das man genießt. Wenn schön Wetter ist, geht man spazieren, wie man tanzt, wenn aufgespielt wird. Wer mag aber nur einen Augenblick an die Musik, wer an's schöne Wetter denken? Der Tänzer interessiert uns, nicht die Violine, und in ein paar schöne schwarze Augen zu sehen, tut einem paar blauen Augen gar zu wohl. Was sollen dagegen Quellen und Brunnen, und alte morsche Linden! Sie sah, indem sie so sprach, Wilhelmen, der ihr gegenüber saß, mit einem Blick in die Augen, dem er nicht wehren konnte, wenigstens bis an die Türe seines Herzens vorzudringen.

Sie haben Recht, versetzte er mit einiger Verlegenheit, der Mensch ist dem Menschen das Interessanteste, und sollte ihn vielleicht ganz allein interessieren. Alles andere, was uns umgibt, ist entweder nur Element, in dem wir leben, oder Werkzeug, dessen wir uns bedienen. Jemehr wir uns dabei aufhalten, jemehr wir darauf merken und Teil daran nehmen, desto schwächer wird das Gefühl unsers eignen Wertes und das Gefühl der Gesellschaft. Die Menschen, die einen großen Wert auf Gärten, Gebäude, Kleider, Schmuck oder irgend ein Besitztum legen, sind weniger gesellig und gefällig; sie verlieren die Menschen aus den Augen, welche zu erfreuen und zu versammeln nur sehr wenigen glückt. Sehn wir es nicht auch auf dem Theater? Ein guter Schauspieler macht uns bald eine elende, unschickliche Dekoration vergessen, dahingegen das schönste Theater den Mangel an guten Schauspielern erst recht fühlbar macht. [...]

(1795/96)

von Goethe, Johann Wolfgang: Wilhelm Meisters Lehrjahre. In: Voßkamp, Wilhelm u. a. (Hrsg.): Werke Band 4. Insel Verlag, Frankfurt am Main/Leipzig 1998, S. 185.

Material 3:

Albert Schweitzer (1871–1965)
Ein freier Mensch!

Ich will unter keinen Umständen ein Allerweltsmensch sein.
Ich habe ein Recht darauf, aus dem Rahmen zu fallen –
wenn ich es kann. Ich wünsche mir Chancen, nicht Sicherheiten.
Ich will kein ausgeschaltener Bürger sein, gedemütigt und abgestumpft,
weil der Staat für mich sorgt. Ich will dem Risiko begegnen,
mich nach etwas sehnen und es verwirklichen, Schiffbruch erleiden
und Erfolg haben. Ich lehne es ab, mir den eigenen Antrieb
mit einem Trinkgeld abkaufen zu lassen.

Lieber will ich den Schwierigkeiten des Lebens entgegentreten,
als ein gesichertes Dasein führen,
lieber die gespannte Erregung des eigenen Erfolgs,
als dumpfe Ruhe Utopiens.
Ich will weder meine Freiheit gegen Wohltaten hergeben,
noch meine Menschenwürde gegen milde Gaben.
Ich habe gelernt, selbst für mich zu denken und zu handeln,
der Welt gerade ins Gesicht zu sehen und zu bekennen, dies ist mein Werk.
Das alles ist gemeint, wenn wir sagen: Ich bin ein freier Mensch.

Schweitzer, Albert: Ein freier Mensch!
In: http://www.mondamo.de/alt/schweizerwallraff.htm (07. 11. 2013)

Arbeitsanweisung

Johann Wolfgang von Goethe (1749–1832)

„[…], der Mensch ist dem Menschen das Interessanteste, und sollte ihn vielleicht ganz allein interessieren."

(von Goethe, Johann Wolfgang: Wilhelm Meisters Lehrjahre. In: Voßkamp, Wilhelm u. a. (Hrsg.): Werke Band 4. Insel Verlag, Frankfurt am Main / Leipzig 1998, S. 185.)

Erörtern Sie die Aussage.
Beziehen Sie alle beigefügten Materialien essayistisch ein.

Hinweise und Tipps

Voraussetzungen
Bei der materialgestützten Erörterung setzen Sie sich, wie bei der freien Erörterung, mit einer in der Aufgabenstellung angegebenen These – oft in Form eines Zitates – auseinander. Anders als bei der freien Erörterung müssen Sie in Ihre eigene Argumentation allerdings Materialien (in diesem Fall drei Texte) einbeziehen, die Ihnen vorgegeben werden. In welchem Umfang Sie das tun, ist Ihnen selbst überlassen. Wichtig ist jedoch, dass Sie bei der vorliegenden Aufgabe **alle Materialien verwenden**. Eine detaillierte Analyse dieser Texte wird nicht vorausgesetzt.

Erläuterung der Aufgabenstellung
Der Operator „Erörtern" verlangt die **kontroverse Auseinandersetzung** mit einer Thematik. Gleichzeitig wird ein essayistisches Einbeziehen aller Materialien gefordert. Der Essay beinhaltet ein freies Fließen der Gedanken auf hohem sprachlichem Niveau. Im Unterschied zur textgebundenen Erörterung können Sie selbst Schwerpunkte setzen und somit Ihrer Darstellung eine subjektive Note geben. Jedoch müssen Sie auch bei essayistischen Schreibformen mit Sachwissen operieren und sich argumentativ mit der Thematik auseinandersetzen. Achten Sie darauf, Ihre Gedankengänge präzise und nachvollziehbar zu entwickeln und darzustellen.
Zunächst verdeutlichen Sie sich die **Thematik der Aufgabe**. Diese orientiert sich am Rahmenthema „Der Mensch ist dem Menschen das Interessanteste." Hier jedoch wird das Goethe-Zitat fortgeführt, sodass es weitere Dimensionen beinhaltet.
In einem nächsten Schritt untersuchen Sie, welche Schwerpunkte in den **Materialien** erkennbar sind: Rudolf Kuhr behauptet, dass Menschlichkeit auch durch unbewusste Instinkte und Gefühle beeinflusst wird. Goethe stellt in seinem Roman das Verhältnis des Menschen zur Natur und zu sich selbst dar. Albert Schweitzer sieht den Menschen in seinem lyrischen Text als ein sich entwickelndes Individuum, welches unangepasst, eigenständig und konfliktfähig sein kann. An dieser Stelle sollten Sie die unterschiedlichen Entstehungszeiten der Texte beachten und kommen nicht umhin, die Begriffe „Klassik", „Humanismus" und „Pansophie" einzubeziehen.
Die Anlage Ihrer Erörterung erfordert eine **Schwerpunktsetzung**, um einen Zusammenhang zwischen den einzelnen Materialien, dem Thema und Ihren eigenen Gedanken herzustellen. Da der Essay die persönliche Auseinandersetzung mit einer vorgegebenen Thematik bedingt, ist es ratsam, eigene Anschauungen, Erkenntnisse und Überlegungen in den Mittelpunkt Ihrer Betrachtungen zu stellen.
Beziehen Sie dafür beispielsweise Wissen ein, welches Sie in der Schule erworben haben. So richtet der Ethik- oder Religionsunterricht einen Blick auf den Sinn menschlichen Daseins, der Sozialkunde- und Geschichtsunterricht wiederum betrachtet den Menschen als gesellschaftliches Wesen. Im Rahmen des Deutschunterrichts beschäftigt man sich ebenfalls mit dem Menschen in verschiedenen Lebenssituationen: Werke der **Klassik** sehen den Menschen als „gut" an, auch wenn er sich in scheinbar ausweglosen Situationen befindet; in der **Gegenwartsliteratur** wird der Mensch oft in Konfliktsituationen, in Zeiten des Umbruchs, auf der Suche nach sich selbst gezeigt. Besonders an dieser Stelle eignet sich die Einbeziehung des Schweitzer-Zitats.
Die Frage nach dem, was eigentlich „Menschlichkeit" (vgl. Material 1) bedeutet, sollte uns alle beschäftigen und anregen, eigene Lebens- beziehungsweise Gedankenmodelle zu reflektieren. Im **Fazit** ist es möglich, den eigenen Platz als Individuum in der Gesellschaft zu betrachten und Konsequenzen abzuleiten.

Die nachfolgende Darstellung ist als Vorschlag zu betrachten. Andere Denk- und Lösungsansätze sind durchaus vorstellbar.

Lösungsvorschlag

Einleitung

Was verbindet Angela Merkel, Justin Bieber, Mutter Theresa, Adolf Hitler? Im ersten Moment würde jeder entrüstet „Nichts!“ antworten. Dabei ist die Antwort so einfach: Sie alle sind Menschen. Nicht mehr und nicht weniger. Aber was ist der Mensch?

Der Mensch ist etwas Besonderes, die höchste Schöpfung Gottes, wenn man der Bibel glaubt. Bei der Frage nach dem Warum gehen die Meinungen stark auseinander. Einige halten seine Intelligenz und seinen Einfallsreichtum für ausschlaggebend, andere seine Fähigkeit, Mitgefühl zu empfinden. Doch beinhalten diese – auf den ersten Blick so verschiedenen – Menschenbilder vielleicht einen gemeinsamen Kern?

Tatsächlich geht es bei all den unterschiedlichen Sichtweisen stets um die **Rolle des Menschen in der Gesellschaft**. Angela Merkels Intelligenz würde ebenso wie Mutter Theresas Mitgefühl in der Bedeutungslosigkeit verschwinden, hätten sie nicht einen Adressatenkreis innerhalb der Gesellschaft. Jedes menschliche Handeln wäre für andere uninteressant, wenn es keinen Bezug zu den Mitmenschen aufweisen könnte. Doch rechtfertigt dies die These, „der Mensch ist dem Menschen das Interessanteste, und sollte ihn vielleicht ganz allein interessieren“, wie es der Protagonist in Johann Wolfgang von Goethes 1795/96 entstandenem Roman „Wilhelm Meisters Lehrjahre“ ausgedrückt hat?

Diese These beinhaltet verschiedene Facetten. Zunächst einmal stellt Wilhelm Meister die Überlegung an, ob sich nicht jeder Einzelne im Lichte seiner Mitmenschen betrachten sollte. Das heißt einerseits, dass trotz eines mehr oder weniger stark ausgeprägten Individualismus menschliches Handeln **an der Erwartung anderer ausgerichtet** ist. Untrennbar damit verbunden ist andererseits die Behauptung, dass sich der Mensch im Sinne eines Mitfühlens und eines daraus resultierenden **menschlichen Verhaltens** für andere interessiert. Aber ist Menschlichkeit nur ein Ideal aus längst vergangenen Zeiten oder heute noch aktuell?

Menschliches Handeln in der Gemeinschaft

Rudolf Kuhr, Jahrgang 1937, hat sich in seinem Artikel „Worum es letztlich geht – Menschlichkeit“ (M 1) mit der Frage nach der Menschlichkeit in unserer Gesellschaft auseinandergesetzt. Doch was ist das überhaupt? Im Lexikon werde bestenfalls „auf das Fremdwort Humanität verwiesen“ (M 1, Z. 2). Menschlichkeit bedeutet hier die „harmonische Ausbildung der dem Menschen eigentümlichen wertvollen Anlagen des Gemütes und der Vernunft [...]; höchste Entfaltung menschlicher Kultur und Gesittung und dementsprechendes Verhalten gegenüber den Mitmenschen“ (M 1, Z. 4 ff.). Wenn dies alles „Menschlichkeit“ bedeutet, heißt das dann, dass Menschen wie Adolf Hitler, die für unsägliches Leid verantwortlich sind, keine Menschen im eigentlichen Wortsinn sind? Wo ist hier die „Harmonie“? Johannes Rau, ehemaliger Bundespräsident, sagte während der Trauerfeier für die Toten des Amoklaufs am Erfurter Gutenberg-Gymnasium: „Egal, was ein Mensch getan hat, er bleibt doch ein Mensch.“ Im ersten Moment möchte man aufschreien, doch bei näherer Betrachtung muss man erkennen, dass die Aussage richtig ist. **„Mensch sein“ bedeutet nicht zwangsläufig „menschlich sein“**.

Kuhr behauptet, dass in „den Anlagen [...] neben den Fähigkeiten zum selbständigen Denken vor allem sehr viele instinktähnliche Triebe vorhanden [sind], die [...] immer wieder zu Problemen und Konflikten führen“ (M 1, Z. 35 ff.). Weiterhin erklärt er, unser Denken sei „fremdbestimmt“ (M 1, Z. 42). Menschen wie Hitler wurden also auch geprägt von der Gesellschaft, in der sie lebten. Wir müssen nicht jede Tat verstehen oder akzeptieren, sollten uns jedoch fragen, wie es immer wieder zu unmenschlichem Verhalten kommen kann. Hitlers Mitmenschen haben die Verbrechen des NS-Regimes zugelassen, die meisten von ihnen haben tatenlos zugeschaut. Was ist aus Goethes klassischer Forderung „Edel sei der Mensch, hilfreich und gut“ geworden?

Für Goethes Wilhelm Meister sollte der Mensch allerdings frei von äußeren Einflüssen handeln und sich deswegen selbst in den Mittelpunkt rücken. Aber wonach strebt der Mensch in seinem Leben überhaupt? In der Antike setzte sich **Aristoteles** mit dieser Frage auseinander. Für ihn ist das Streben nach Glück der Antrieb im Leben und das Erreichen desselben oberstes Ziel menschlicher Existenz. Wie das Glück gesucht wird, ist individuell, jedoch sollte der **„mittlere Weg"** beschritten, Extreme also vermieden werden. Auch der Buddhismus empfiehlt einen solchen Weg. Wir alle wissen, dass Ausgeglichenheit, kontrollierte Gefühle und Rücksichtnahme zum Lebensglück führen können. Eine Auseinandersetzung mit dem Zitat aus Goethes „Wilhelm Meisters Lehrjahre" sollte also berücksichtigen, was dieses zur Suche nach dem persönlichen Glück beitragen kann.

Doch kommen wir zurück zur Frage, was es bedeutet, wenn der Mensch dem Menschen – im Sinne der Humanität – das Interessanteste ist. **Kant** behauptet, Humanität sei „der Sinn für das Gute in Gemeinschaft mit anderen überhaupt" (M 1, Z. 9 f.). Aber worin besteht diese **Gemeinschaft** in modernen Industrieländern? Wir arbeiten zusammen, weil das oft aufgrund bestimmter Strukturen notwendig ist. „Das Bemühen um das Erreichen und den Erhalt des materiellen Wohlstands erfordert [...] sehr viel an Zeit und menschlicher Energie, die meist auf Kosten der Menschlichkeit gehen" (M 1, Z. 21 ff.), so Kuhr. Wir verlieren uns in **materiellen Dingen**, der Mensch selbst wird oft vernachlässigt. Dass es auch anders geht, zeigen uns die sogenannten Entwicklungsländer. Mit Blick auf deren zwischenmenschliche Strukturen „könnten sich die hochtechnisierten Gesellschaften an manchen von diesen [...] ein Beispiel nehmen" (M 1, Z. 24 f.), wie Kuhr konstatiert. Sicher besitzen die Menschen in diesen Ländern wesentlich weniger materielle Güter, doch dafür erscheint das dort vorherrschende „menschliche[ ] Klima vergleichsweise als [weniger] kalt" (M 1, Z. 26 f.).

Goethes Wilhelm Meister erklärt, Menschen seien „weniger gesellig und gefällig" (M 2, Z. 21), wenn sie „großen Wert auf Gärten, Gebäude, Kleider, Schmuck oder irgend ein Besitztum" (M 2, Z. 20 f.) legten, und verlören die Menschen aus den Augen. Die Folgerung scheint also logisch zu sein, dass der Mensch sich statt mit materiellen Dingen mit sich selbst beschäftigen sollte (vgl. M 2, Z. 15 f.) – nicht, um ein egozentrisches Leben zu führen, sondern im Gegenteil, um die **eigene Menschlichkeit** zu bewahren und auf die Mitmenschen zu achten.

In „Wilhelm Meisters Lehrjahre" geht es darum, dass einzig der Mensch selbst zählt, alles andere sei „nur Element" (M 2, Z. 17). Es stimmt: Wichtig ist, dass die Menschen miteinander leben, einander bewundern, voneinander lernen, uns inspirieren. „Ein guter Schauspieler macht uns bald eine elende, unschickliche Dekoration vergessen, dahingegen das schönste Theater den Mangel an guten Schauspielern erst recht fühlbar macht" (M 2, Z. 23 ff.), so Wilhelm Meister. Und tatsächlich geht es nicht darum, woher man kommt, was man hat oder nicht hat. Es geht darum, wer man ist und was man aus sich macht. Materielles Glück ist nicht von Dauer; wirkliches Glück finden wir in Menschen, die unser Leben bereichern, die wir lieben. Leider verlieren wir dies häufig aus den Augen. Unser Leben ist oft bestimmt durch materielle Güter, auf die wir nicht verzichten wollen. Wer erfolgreich sein will, muss Zeit und Energie investieren und darf sich nicht von der Konkurrenz ausbooten lassen. Diese Ellenbogenmentalität fördert jedoch nicht den Gemeinschaftssinn, und die **Menschlichkeit bleibt schnell auf der Strecke** (vgl. M 1, Z. 20 ff.). Auch kann permanenter Erfolgsdruck auf Dauer zu Depressionen bis hin zu Burn-out führen. Der Mensch schadet sich also mit seinem Verhalten selbst, wenn er nicht den Menschen, sondern materielle Dinge in den Vordergrund rückt.

Sollte der Mensch sich also stärker als **Gemeinschaftswesen**, als „Herdentier" denken? Vielleicht könnten wir als Gemeinschaft einen Weg finden, krank machendes Konkurrenzdenken zu vermeiden. Vielleicht würden wir aber auch scheitern.

Eine positive Konnotation des Gemeinschaftssinnes findet sich auch bei Rudolf Kuhr. Der von ihm zitierte Lexikonartikel spricht von einer „der Menschheit angemessene[n] Geselligkeit" (M 1, Z. 12 f.), die uns vom Tierreich unterscheide. Also macht uns eben jenes „Gemeinschaftsgefühl", sozusagen die Tatsache, dass „der Mensch dem Menschen das Interessanteste" ist, zu etwas Besonderem? Diese Theorie lässt sich nur teilweise bestätigen, da viele Tiere ebenfalls in Gruppen leben. Also macht diese Lebensform allein den Menschen nicht zur „höchsten Schöpfung Gottes".

Unbestritten ist jedoch, dass der Mensch Kontakte benötigt, um als **soziales Wesen** existieren zu können. Kleinkinder interagieren mit ihren Kuscheltieren, denen sie alles anvertrauen und die sie natürlich auch verstehen. Jeder weiß, dass Teddys unterschiedliche Gesichtsausdrücke haben können: Mal sind sie fröhlich, mal schauen sie traurig und weinen sogar. Auch Erwachsene suchen Kontakte. Das kann auf einer einsamen Insel ein Volleyball sein: Wir sitzen vor dem Bildschirm und sehen Tom Hanks in dem Film „Cast away" zu, wie er mit Wilson, einem Ball, kommuniziert, und niemand unter den Zuschauern findet das lächerlich. Im Gegenteil, wenn der beste Freund schließlich im Meer versinkt, trauert das Publikum mit seinem Helden, der nun wieder ganz allein ist. Wo menschliche Kontakte (vorübergehend) nicht möglich sind, andere Menschen eben nicht das Interessanteste sein können, brauchen wir materiellen **Ersatz** – der Teddy dient unbewusst als Projektionsfläche kindlicher Bedürfnisse, der Ball wird gezielt aus Mangel an sozialen Kontakten zum Ansprechpartner.

Keinesfalls sollten wir jedoch zulassen, dass Dinge zum dauerhaften Ersatz für Menschen werden, denn wir brauchen die Gemeinschaft. Ohne sie können wir nicht existieren. Daher ist es auch wichtig zu begreifen, dass wir andere Menschen gerade in schwierigen Situationen nicht allein lassen dürfen – viele Amokläufer fühlten sich offenbar **sozial isoliert**, als sie sich zu ihrer Gewalttat entschlossen.

Andererseits ist es wichtig, den anderen und uns selbst Freiräume zuzugestehen. Der Mensch ist ein **Individuum**, nicht nur durch die enorme Variabilität der Gene, sondern auch durch seinen Charakter. Dieser wird durch die unterschiedlichsten Faktoren **determiniert**. Das soziale Umfeld wirkt auf die Entwicklung jedes Menschen. Seitens der Familie werden im Idealfall Normen und Werte vermittelt, der Staat trägt mit Gesetzen und notfalls mit der dazugehörenden Rechtsprechung zur Erziehung des Menschen bei. In Bildungseinrichtungen soll durch den Umgang mit Lehrern und Mitschülern die Sozialkompetenz junger Menschen geschult werden. Goethes Wilhelm Meister stellt fest, dass das Interessanteste für den Menschen er selbst sei. Er setzt also seine Prioritäten und stellt die Überlegung an, sich allein auf den Menschen zu fokussieren. Durch die Verwendung der Worte „sollte" und „vielleicht" wird deutlich, dass es sich um ein Gedankenspiel, ein Überlegen handelt. Demzufolge gibt das Zitat keine Antwort auf die Frage: Was ist der Mensch? Vielmehr zeigt es eine mögliche Denkrichtung auf.

Beeinflussung menschlichen Handelns durch äußere Faktoren

Neben der eben betrachteten Auslegung des Zitates, dass der Mensch sich um andere im Sinne der Menschlichkeit sorgt und als Gemeinschaftswesen agiert, gibt es noch weitere Möglichkeiten, den Ausspruch zu interpretieren: Menschliches Handeln wird dadurch bestimmt, dass der Einzelne auf die gesellschaftlichen Erwartungen blickt – oder dadurch, dass er nur auf sich selbst achtet, ausschließlich nach den **eigenen Bedürfnissen** handelt.

Dass Letzteres nicht funktionieren kann, versteht sich fast von selbst. Eine solche Vorstellung ist zwar verlockend, führt jedoch unweigerlich zu chaotischen Verhältnissen innerhalb der Gesellschaft. Schon **Theodor Fontane** zeigte in seinem Gesellschaftsroman „Effi Briest", dass wir einem „**uns tyrannisierenden Gesellschafts-Etwas**" unterliegen. So trennt sich Baron Innstetten von seiner Frau, obgleich er ihren Seitensprung verzeihen könnte, nur um weiterhin Karriere machen zu können; und Effis Eltern bieten ihrer Tochter ebenfalls zunächst keine Heimat, weil sie die gesellschaftliche Isolation fürchten.

Auch heute unterliegen wir gewissen Zwängen. Wir können nicht immer tun, was wir wollen. Wir haben Angst davor, was unsere Handlungen auslösen könnten, handeln deshalb häufig so, dass wir nicht auffallen und perfekt in das Bild des Durchschnittsbürgers passen. Wir wollen einen guten Eindruck hinterlassen. Aus diesem Grund interessieren wir uns dafür, was andere von uns erwarten, und leben nicht das aus, was wir für richtig erachten. Damit wären wir bei dem Aspekt des Goethe-Zitates angelangt, dass Menschen ihr Handeln nach den Vorstellungen ihrer Mitmenschen ausrichten. Glücklicherweise gibt es aber Personen, die aus diesen Zwängen ausbrechen.

Albert Schweitzer, Gründer der „Schweitzer Kinderdörfer“, lässt den lyrischen Sprecher seines Gedichts „Ein freier Mensch!“ (M 3) seine Positionen unmissverständlich darlegen: „Ich will unter keinen Umständen ein Allerweltsmensch sein.“ (M 3, V. 1) Er möchte „aus dem Rahmen […] fallen“ (M 3, V. 2), schränkt allerdings diesen Wunsch durch die Aussage „wenn ich es kann“ (M 3, V. 3) ein. Dem lyrischen Ich geht es nicht um Anarchie, trotzdem ist es bestrebt, das zu tun, was es will, und die Chance zu haben, sein Leben so zu gestalten, wie es ihm gefällt. Es möchte Risiken in allen Lebensbereichen eingehen und „lieber die gespannte Erregung des eigenen Erfolgs, als dumpfe Ruhe Utopiens“ (M 3, V. 11 f.) durchleben. Dafür nimmt es in Kauf, „Schiffbruch“ (M 3, V. 6) zu erleiden, weil jeder Fehler macht, aus denen er im Idealfall lernt. Tatsächlich hat Schweitzer recht – es ist ein tolles Gefühl, wenn man eine Sache zu ihrem Abschluss gebracht hat, mag der Weg auch noch so steinig gewesen sein. Und niemand kann uns den Erfolg nehmen, wenn wir zu unserem eigenen Handeln stehen, auch davon spricht das lyrische Ich: „Ich habe gelernt, selbst für mich zu denken und zu handeln, der Welt gerade ins Gesicht zu sehen und zu bekennen, dies ist mein Werk.“ (M 3, V. 15 f.)

„Lieber will ich den Schwierigkeiten des Lebens entgegentreten, als ein gesichertes Dasein führen“ (M 3, Z. 9 f.) – dieses Zitat aus Schweitzers Text erinnert auch an Goethes Gedicht „**Prometheus**“. Der Held stellt hier seine eigenen Leistungen heraus und erklärt, die Götter seien niemals aktiv geworden, um zu helfen – er ehre sie daher auch nicht. Das klang in der Epoche des Sturm und Drang revolutionär, da sich der kleine Mensch über die Götter stellte. Hier nimmt der Held sein Schicksal selbst in die Hand, er vertraut nicht mehr auf etwaige „höhere Mächte“. Die Kritik richtet sich dabei nicht gegen Gläubigkeit, sondern gegen **unbedingten Gehorsam**. Johann Wolfgang von Goethe erkannte zu Zeiten der Klassik in seiner pansophistischen Weltanschauung an, dass es ein höheres Wesen gebe, mit dem Mensch und Natur gemeinsam in Einklang lebten. Rudolf Kuhr widerspricht allerdings ebenso wie Goethe der Theorie, dass Menschlichkeit aus religiösem Glauben entstehe: „Wie uns Geschichte und Gegenwart mit vielen Beispielen religiös motivierter, oft sogar im Namen Gottes verübter Verbrechen gegen die Menschlichkeit zeigen, ist eher das Gegenteil anzunehmen.“ (M 1, Z. 16 ff.) Fanatische Menschen sind nicht frei. Sie treffen keine eigenen Entscheidungen.

Freiheit bedeutet für Schweitzers lyrischen Sprecher eigenes Denken und Handeln, Erfolg, Fehler, Schwierigkeiten, aber vor allem **Selbstverwirklichung**. Das alles macht uns zu freien Menschen. Sieht man sich diese Aspekte an, stellt sich unweigerlich die Frage: „Bin ich ein freier Mensch?“ Wie viele von uns fallen aus dem Rahmen? Wer geht schon gerne Risiken ein? Wenn wir wirklich freie Menschen sein wollen, dann dürfen die Erwartungshaltungen anderer nicht mehr das Interessanteste für uns sein.

Jeder hat das Recht, sich selbst zu verwirklichen, wenn er es kann (vgl. M 3, Z. 3). Ob dies möglich ist, hängt auch von den Mitmenschen ab. Wenn eine **Conchita Wurst** zum Grand Prix d’Eurovision als Frau mit Vollbart auftritt, sind Millionen von Menschen irritiert, lassen sich jedoch schließlich beeindrucken von der künstlerischen Leistung und dem Mut des dahinterstehenden Travestiekünstlers Tom Neuwirth. Dieser verwirklicht sich und seine Träume, auch gegen massive Widerstände in der Gesellschaft. Er hat offensichtlich gelernt, „der Welt gerade ins Gesicht zu sehen“ (M 3, V. 16).

Abschließende Gedanken

Ist der Mensch also dem Menschen das Interessanteste – und sollte er ihn ganz allein interessieren? Ja und nein. Als **soziales Wesen** richtet sich der Mensch sicherlich nach den anderen Menschen; solange das zu einem harmonischen, rücksichtsvollen Zusammenleben führt und nicht zur **Selbstaufgabe oder -verleugnung**, ist dies ein positiver Aspekt. Auch auf sich selbst zu blicken, ist in einem gewissen Maße sinnvoll, sofern es zur Selbstreflexion und nicht zu einem rücksichtslosen Egoismus führt. Doch sollten wir uns bemühen, für unsere Bedürfnisse ein gesundes **Mittelmaß** zu finden.

Jedes Individuum hat das Recht auf ein angenehmes, glückliches und selbstbestimmtes Leben. Das eigene Selbstwertgefühl, die persönliche Verwirklichung, eigene Interessen und Träume sollten niemals vergessen werden. Es ist aber wichtig, sich nicht allein für den Menschen zu interessieren, sondern zudem auf die **Umwelt**, **auf Pflanzen**, **Tiere** und auch auf Gegenstände zu achten, ohne den Besitz materieller Dinge über menschliche Werte zu stellen. Dann leben wir in einer gut funktionierenden Gesellschaft, in der jeder von uns seine eigene Individualität entfalten kann.

Hans Magnus Enzensberger (geb. 1929)

Vom Terror der Reklame

Werbung war früher nur lästig. Heute dient sie der totalen Überwachung.

Laut war sie immer. Heute noch kann man auf manchen Plätzen die Stimme des Marktschreiers hören. Sie ist lästig, aber harmlos. Als die industrielle Revolution den Massenkonsum zur Blüte brachte, befreite sich die Reklame von der Lungenkraft der Handwerker und der Marktweiber. Sie ging zum Manufakturbetrieb über. Doch seinen anrüchigen Ruf ist das Medium der Reklame nie ganz losgeworden. In den Kreisen, die sich für die besseren hielten, galt es lange als vulgär, sich selbst oder seine Produkte anzupreisen. Dass die Branche sich in Werbung umgetauft hat, weil dieses ehrwürdige Wort mit seinen erotischen Untertönen besser klingt, hat ihr Ansehen nicht verbessert. Heute steht auf den Visitenkarten Unternehmenskommunikation. Auch das hat nichts genützt. Und wenn ein Grafiker sich den Titel Kunst-Direktor zulegt, steigt er vielleicht in eine höhere Gehaltsklasse auf, aber die Welt sieht in ihm nach wie vor einen Fuzzi. […]

Auch als 1989 mehr als eine Mauer fiel und als die Transparente verschwanden, die verkündeten, dass von der Sowjetunion lernen siegen heiße, mussten verdiente Agitprop-Fachleute sich nach neuen Betätigungsfeldern umsehen. Da Wendigkeit zu ihrer Qualifikation gehört, fiel es ihnen nicht schwer, sich wie seinerzeit im Nachkriegsboom des Westens, so auch nach dem Waffenstillstand im Kalten Krieg komfortabel einzurichten.

Der Bedarf an solchen Fachleuten war nicht neu. Er hatte schon seit dem Wachstum der Massenmedien stark zugenommen. Dass die Presse vom Verkauf der Zeitungen allein nicht überleben konnte, wussten schon Balzac und Zola. Zunächst erzielten die Druckmedien mit dem steigenden Reklameaufkommen hohe Gewinne. Die Agenturen blühten auf, je mehr die Auflage der Magazine, Illustrierten und Boulevardblätter zunahm. Als Rundfunk und Fernsehen zu Massenmedien wurden, schlossen sie in Amerika ein inniges Bündnis mit der „Madison Avenue“[1]. Filme und Nachrichtensendungen wurden routinemäßig durch Reklameblöcke unterbrochen und gestreckt. In den fünfziger Jahren trat diese Praxis, die in der Serie „Mad Men“ gepriesen wird, in der ganzen Welt ihren Siegeszug an. […]

Seitdem sind neue Weltkonzerne entstanden, deren Börsenwerte die alten Monster der Schwerindustrie und des Finanzkapitals in den Schatten stellen. Jeder gehört zu ihren Kunden, jeder kennt ihre Namen: Google, Facebook, Yahoo & Co. Es ist ihr Grundprinzip, dass sie selber keinerlei Inhalte generieren. Diese Arbeit überlassen sie entweder anderen Medien oder den so genannten Usern, die ihnen kostenlos Nachrichten oder Details aus ihrem Privatleben zuliefern. Dieses Geschäftsmodell hängt von der Finanzierung durch Reklame ab. Diese Konzerne sterben, wenn sie nicht werben. Das ist ihr Hauptprodukt; alles andere ist Seife. Dazu ist ihnen jedes Mittel recht. Neutrale Suchmaschinen gibt es nicht. Updates werden manipuliert, Kaufempfehlungen routinemäßig gefälscht, Kinder durch Gewinnspiele angelockt und zu Kunden umerzogen.

Zwar müssen Handelsgiganten wie Amazon sich nach wie vor mit dem Versand materieller Güter aus der analogen Welt abplagen, und Konzerne wie Microsoft oder Apple leben immer noch vom Verkauf ihrer Soft- und Hardware. Aber wer Milliarden von Kunden akquirieren und verwalten will, muss ihre persönlichen Daten so vollständig wie möglich ausforschen und sammeln. Dazu dienen mathematische Methoden der Speicherung, Filterung und Rekombination, die den Herrschaftstechnikern der Geheimpolizeien, der Gestapo, des KGB und der Stasi weit überlegen sind.

Damit hat die Reklame eine neue politische Dimension erreicht. Denn die amerikanischen Konzerne, die das Internet beherrschen, sind Verbündete des „tiefen Staates“[2]. Ihr Verhältnis zu den Geheimdiensten beruht auf handfesten gemeinsamen Interessen. Man kooperiert; beide brauchen alle verfügbaren Informationen, um die Bevölkerung zu kontrollieren. Einig ist man sich darin, dass Grundrechte, wie sie in den meisten Verfassungen garantiert werden, nur Überreste aus vergangenen Zeiten sind. Dankenswerterweise hat einer der mächtigsten Akteure, der Facebook-Gründer Mark Zuckerberg, die Überzeugung, dass das Zeitalter der Privatheit vorbei sei, offen ausgesprochen.

Während die europäische Politik sich ahnungslos oder duckmäuserisch gibt, fällt auf, dass die effektivsten Gegner des „tiefen Staates“ gerade aus den Vereinigten Staaten kommen. Die als Verräter gebrandmarkten Pfeifenbläser wie Mr. Ellsberg, Mr. Drake, Mr. Brown, Mr. Manning und Mr. Snowden sind es, die der Verfassung ihres Landes die Treue halten.

Wer auf der Seite der Überwachung und der Kontrolle am längeren Hebel sitzt, ist im Einzelnen schwer auszumachen. Sind es die so genannten staatlichen „Dienste“, die sich von jeder demokratischen Kontrolle emanzipiert haben? Schon ihrem Gründungsvater J. Edgar Hoover, dem Chef des FBI, war es ja gelungen, Präsidenten mit seinen Dossiers einzuschüchtern. Heute sehen die Regierungschefs den monströsen Diensten, die sich als ihre Herren aufspielen, ohnmächtig zu.

Sind es also Einrichtungen, die sich hinter Akronymen wie NSA[3], GCHQ[4], CSIS[5], NZSIS[6], DGSE[7] und BND[8] verbergen, die das Heft in der Hand haben, oder sind es vielmehr ihre Komplizen, die Internetkonzerne, die den weltweiten Datenverkehr beherrschen? Diese Partnerschaft bildet ein politisches Parallel-Universum, in dem die Demokratie keine Rolle mehr spielt.

Es gibt in diesem Bunde noch einen Dritten: die Organisierte Kriminalität. Auch da ist es nicht immer klar erkennbar, mit wem man es zu tun hat. Zwar weiß jeder „User“, dass internationale Syndikate im Netz unterwegs sind, um Daten zu stehlen, Spam, Phishing-Attacken, Viren und Trojaner auszusäen, Drogengelder zu waschen, mit Waffen zu handeln und so an den Opportunitätsgewinnen zu partizipieren, die der Datenstrom zu bieten hat. Doch sind die Grenzen zwischen zivilen und militärischen Geschäften, zwischen Spionage und terroristischen Zellen fließend, weil alle Beteiligten die gleichen Methoden anwenden und ihre Informatiker, Hacker und Kryptografen aus ein und demselben Talentpool rekrutieren.

Das gilt für einen weiteren Teilnehmer am Spiel mit dem Netz. Er ist der bei weitem kleinste. Seine Rolle ist die des Störenfrieds. Weil die Netzguerilla anonym operiert und auf hierarchische Organisationsformen verzichtet, ist sie schwer zu fassen. Diese avancierte Form des zivilen Widerstandes hält für die Geheimdienste vermutlich noch manche unangenehme Überraschung bereit.

Das Schöne in dem postdemokratischen Regime, in dem wir leben, ist seine Lautlosigkeit. Die Rolle des Blockwarts[9] und des Denunzianten haben Millionen von Überwachungskameras und Mobiltelefonen übernommen. In Ländern wie Großbritannien oder Deutschland brauchen nur ganz wenige zu befürchten, dass sie ohne Gerichtsurteil entführt, deportiert, in ein Konzentrationslager gesperrt oder durch eine Drohne ermordet werden.

Für die allermeisten ist das ziemlich angenehm. **Soll man also die Entdeckung, dass die totale Überwachung und Kontrolle der Bevölkerung auch mit relativ gewaltlosen, relativ unblutigen Mitteln möglich ist, einen historischen Fortschritt nennen?** Garantiert wird dieser Zustand durch die Herrschaft der Dienste und ihr Bündnis mit der Reklame. Doch wer sich mit diesem Regime abfindet, der tut es auf eigene Gefahr.

Enzensberger, Hans Magnus: Vom Terror der Reklame. In: DER SPIEGEL. Heft 32/2013 vom 05.08.2013, S. 102 f.

1 gilt als teure Einkaufsstraße mit zahlreichen Werbeagenturen in New York City
2 Staat im Staate
3 National Security Agency
4 Government Communication Headquarters
5 Center for Strategic and International Studies
6 New Zealand Security Intelligence Service
7 Direction Générale de la Sécurité Extérieure
8 Bundesnachrichtendienst
9 Zuständigkeitspersonal im Bereich eines Häuserblocks zur NS-Zeit in Deutschland

Arbeitsanweisung

Analysieren Sie den Text nach Inhalt, Struktur und Sprache.
Legen Sie Ihre Position zur Frage im letzten Absatz dieses Textes dar.

Hinweise und Tipps

Voraussetzungen
Die Aufgabe verlangt die typische Herangehensweise an eine textgebundene Erörterung. Es handelt sich somit um zwei Teilaufgaben des Anforderungsbereiches III, welcher reflektierte, gedanklich eigenständige Leistungen fordert: die Analyse einer Textvorlage und die anschließende Erörterung einer im Text aufgeworfenen Frage.

Erläuterung der Aufgabenstellung
In einem ersten Schritt nehmen Sie eine **strukturierte Analyse** des Beitrages von Hans Magnus Enzensberger in der Zeitschrift „Der Spiegel" vor. Das aktuelle Thema des Textes darf Sie nicht dazu verleiten, schon an dieser Stelle eigene Denkansätze wiederzugeben. Hier ist zuerst eine Auseinandersetzung mit den Ansichten des Autors gefordert. Außerdem sollten Sie der Struktur und Sprache des Textes besondere Aufmerksamkeit schenken. Achten Sie darauf, gestalterische Besonderheiten nicht nur zu benennen, sondern ihre Funktion und Wirkung hinsichtlich der Gesamtaussage des Textes zu betrachten. Hier empfiehlt es sich, verstärkt mit Textbelegen zu arbeiten.
Im zweiten Schritt setzen Sie sich **erörternd** mit einer **rhetorischen Frage** auseinander, die Enzensberger im letzten Teil seines Beitrages stellt. Hier ist es wichtig, dass Sie das Thema differenziert aus verschiedenen Perspektiven beleuchten. Sie dürfen eigene Erfahrungen oder aktuelle gesellschaftliche und politische Entwicklungen einbringen. Es ist ratsam, weitergehende **Überlegungen zu den** von Enzensberger genannten **historischen Aspekten** anzustellen und Ihre Argumentation mit **aktuellen Beispielen** zu verstärken.
Die Problematik bietet zudem einen Bezug zum diesjährigen **Rahmenthema** „Der Mensch ist dem Menschen das Interessanteste". Daher besteht für Sie die Möglichkeit, im zweiten Teil Ihrer Darlegungen darauf Bezug zu nehmen – Sie müssen das Goethe-Zitat aber nicht mit einbeziehen.
Zum Schluss ziehen Sie ein **Fazit**, das auch einen zukunftsorientierten Appell enthalten kann.

Lösungsvorschlag

Einleitung

Werbung begegnet uns überall, im Fernsehen, in Zeitschriften, in der Stadt. Geworben wird dabei für alles, von Autos über Kleidung bis hin zu Lebensmitteln und anderen Waren. Wir sehen sie, manchmal übersehen wir sie – aber sie ist Teil unseres Lebens. Werbung manipuliert, steuert und bisweilen betrügt sie den Konsumenten auch. Viele Versprechungen sollen Produkte attraktiver machen, gaukeln uns Dinge vor, die nicht unbedingt der Realität entsprechen. Aber das ist bei Weitem nicht das Gefährlichste daran.

Hans Magnus Enzensberger beschäftigt sich mit dem Thema „Werbung" in einem 2013 erschienenen Artikel in der Zeitschrift „Der Spiegel", welcher den Titel „Vom Terror der Reklame" trägt. Er untertitelt seinen Beitrag mit zwei Sätzen, die kurz und präzise Werbung von früher mit Werbung von heute vergleichen: „Werbung war früher nur lästig. Heute dient sie der totalen Überwachung."

Textanalyse

Beginnend mit einer Inversion verweist der Autor auf eine Eigenschaft der Reklame, die früher typisch war: „**Laut** war sie immer." (Z. 1) Ging man in der Vergangenheit beispielsweise auf einen Markt, priesen Händler lautstark ihre Waren an, und wer vorbeiging, blickte unwillkürlich auf das Angebot. Noch immer halten mancherorts Marktschreier ihre Waren feil, beispielsweise auf sogenannten Mittelalterfesten oder auf dem Hamburger Fischmarkt. Das stört sicher den einen oder anderen, obgleich es kein ernsthaftes Problem darstellt, wie Enzensberger anhand zweier kontrastierender Adjektive deutlich macht: „[Reklame] ist lästig, aber harmlos." (Z. 2)

Heute bezeichnet die Branche ihre Tätigkeit als „Werbung" und die Leute, die sich mit ihr beschäftigen, gehören zum Bereich der „Unternehmenskommunikation" – Begriffe, die **positive Assoziationen** wecken sollen. Doch obgleich zahlreiche Menschen viel Geld mit Werbung verdienen, ist ihr Ansehen in der Gesellschaft oft gering, was der Autor mit der umgangssprachlichen Bezeichnung „Fuzzi" (Z. 11) veranschaulicht.

Der folgende Abschnitt beginnt mit dem Blick auf ein geschichtliches Ereignis, die Wende im Jahre 1989. Enzensberger erklärt, dass damals „mehr als eine Mauer fiel" (Z. 12), und er erwähnt in diesem Zusammenhang Transparente, die in der ehemaligen DDR die Bevölkerung von der Macht der Sowjetunion überzeugen sollten. Funktionäre, die diese Sprüche, also diese Werbung kreierten, waren zuständig für Agitation und Propaganda, daher nennt Enzensberger sie kurz „Agitprop-Fachleute" (Z. 13 f.). Diese waren es, die aufgrund ihrer – hier in einem Wortspiel eindeutig negativ besetzten – „Wendigkeit" (Z. 14) nach neuen Betätigungsfeldern suchten und sie auch fanden.

Über die Feststellung, dass Werbespezialisten schon früher benötigt wurden, leitet Enzensberger über zur **Geschichte der Reklame**. Er führt aus, dass seit dem Aufkommen von Massenmedien im **19. Jahrhundert** nach Möglichkeiten gesucht wurde, den Verkauf von Zeitungen profitabel zu gestalten. Ein Zuwachs an Reklame in Zeitungen und Zeitschriften habe schließlich zu den gewünschten Gewinnen geführt. Enzensberger belegt diese Aussage, indem er zwei französische Autoren – Balzac und Zola – nennt, denen das schon im 19. Jahrhundert bewusst gewesen sei (vgl. Z. 19).

Auch Rundfunk und Fernsehen, die Massenmedien des **20. Jahrhunderts**, machten sich bald die Werbung zunutze: „Filme und Nachrichtensendungen wurden routinemäßig durch Reklameblöcke unterbrochen und gestreckt." (Z. 23 f.) Von Amerika ausgehend sei diese Methode bald überall in der Welt angewandt worden.

Inzwischen sind laut Enzensberger **neue Weltkonzerne** entstanden, die bezüglich der Börsenwerte „die alten Monster der Schwerindustrie und des Finanzkapitals in den Schatten stellen" (Z. 27 f.). Die Metapher der „alten Monster" zeigt, dass es für Enzensberger nun „neue Monster" gibt. Der Autor erzeugt Spannung, indem er eine Anapher einsetzt und im parallel aufgebauten Satz „Jeder gehört zu ihren Kunden, jeder kennt ihre Namen: Google, Facebook, Yahoo & Co." (Z. 28 f.) den Leser unmittelbar in seine Ausführungen einbezieht. Die Personifikation „Diese Konzerne sterben, wenn sie nicht werben" (Z. 33) zeigt, wie gewaltig dieser Geschäftszweig ist. Durch einen Reim wird die Gegenüberstellung der Wörter „sterben" und „werben" noch verstärkt. **Der eigentliche Sinn dieser Konzerne sei es zu werben**, denn die Inhalte von Google, Facebook und Co. generierten letztlich die Nutzer selbst (vgl. Z. 29 ff.). Drei in einer asyndetischen Reihung aufgezählte Maßnahmen der Unternehmen sollen die von Enzensberger aufgestellte Behauptung belegen: Durch manipulierte Updates, gefälschte Kaufempfehlungen und Gewinnspiele für Kinder würden die großen Konzerne versuchen, Kunden anzuwerben (vgl. Z. 35 f.).

Um Werbung gezielt einsetzen zu können, ist es nötig, möglichst viele **Informationen über die Nutzer zu sammeln**. Daher stellt Enzensberger fest, dass Unternehmen wie Amazon, Microsoft oder Apple sich zwar noch mit dem Verkauf oder Versand „materieller Güter [...] abplagen" (Z. 37 f.) müssten, das möglichst umfassende Sammeln persönlicher Daten aber im Vordergrund stünde. Diese würden durch mathematische Methoden erfasst, wodurch die Konzerne die ehemaligen Giganten der Datenspeicherung wie Gestapo, KGB und Stasi weit in den Schatten stellten, so der Autor (vgl. Z. 41 ff.).

Im nun folgenden Abschnitt bezeichnet Enzensberger die Reklame als **politisches Instrumentarium**, das diese amerikanischen Konzerne und die Geheimdienste verbinden würde. Um diese Verflechtung zu verdeutlichen, spricht er sogar von einem „tiefen Staat[ ]" (Z. 45), also einem Staat im Staate, der die Internetgiganten zu Verbündeten habe. Er begründet diese Aussage mit der Feststellung, dass sowohl die Konzerne als auch die Geheimdienste nur mit so vielen Informationen wie möglich eine Kontrolle über die Bevölkerung hätten. Einst garantierte Grundrechte würden dabei als Relikte vergangener Zeiten betrachtet werden. Als Beispiel nennt er Facebook-Gründer Mark Zuckerberg, der seine Meinung, „dass das Zeitalter der Privatheit vorbei sei" (Z. 51), offen ausgesprochen habe.

Ein kritischer Seitenhieb Enzensbergers auf die **europäische Politik** zeigt, dass er dieser vorgegaukelte **Ahnungslosigkeit und duckmäuserisches Verhalten** unterstellt (vgl. Z. 52). Ausgerechnet einige Amerikaner seien es, die zur Verfassung ihres Landes stünden: Dem Begriff „Verräter" (Z. 54), mit dem man diese „**Pfeifenbläser**" (Z. 54) bezeichnet habe, stellt Enzensberger das Wort „Treue" (Z. 56) entgegen, welche die Whistleblower gegenüber der Verfassung gezeigt hätten. Dies belegt er durch die Erwähnung verschiedener Namen, wobei insbesondere Edward Snowden für viel Aufregung im Jahr 2013 sorgte. Resignierend stellt Enzensberger aber fest, dass die eigentlichen Urheber der Überwachung nicht oder zumindest nur schwer auffindbar seien. Ein expressives Adjektiv verleiht den „monströsen Diensten" (Z. 61), die sich als Herren der Regierungschefs zeigten, etwas Unantastbares. Und Enzensberger erweitert seine Überlegungen dahingehend, dass er Einrichtungen wie beispielsweise NSA oder BND als Hauptverantwortliche benennt beziehungsweise die Internetkonzerne als ihre Komplizen. Dabei kommt er unweigerlich zu dem Schluss, dass in jedem Fall **demokratische Strukturen unterlaufen** würden.

Im folgenden Abschnitt erwähnt der Autor noch einen dritten Verbündeten: die **Organisierte Kriminalität** (vgl. Z. 68 ff.). Jeder Internetnutzer wisse um deren Machenschaften; Phishing-Attacken, Spam, Viren und Trojaner seien die üblichen Mittel der Kriminellen. Doch die Grenzen zwischen zivilen und militärischen Geschäften seien fließend, konstatiert Enzensberger, denn alle Beteiligten arbeiteten mit den gleichen Methoden und bezögen ihre Fachleute aus denselben Kreisen (vgl. Z. 73 ff.).

Im nächsten Absatz erwähnt der Autor den bei Weitem kleinsten Teilnehmer im Internet – die **„Netzguerilla"** (Z. 78), eine „Form des zivilen Widerstandes" (Z. 80). Diese halte, so die Hoffnung Enzensbergers, sicher noch „manche unangenehme Überraschung bereit" (Z. 80 f.).

Ironisch konstatiert der Autor im Anschluss, das „Schöne" (Z. 82) an dem „postdemokratischen" (Z. 82) System, in dem wir lebten, sei die Tatsache, dass dieses uns still und heimlich überwache – ein Gegensatz zum eingangs besonders herausgestellten Wort „[l]aut" (Z. 1), mit dem die Werbung charakterisiert wurde. In diesem Zusammenhang greift er auf die **deutsche Vergangenheit** zurück und stellt einen Vergleich zum **„Blockwart[ ]"** (Z. 83) an, welcher im Dritten Reich ein Instrument der Überwachung war. Ein Blockwart beobachtete die Menschen, spionierte sie aus und denunzierte sie. Diese Aufgaben haben heute laut Enzensberger „Millionen von Überwachungskameras und Mobiltelefonen" (Z. 83 f.) übernommen. Auch sie würden uns und unsere Aktivitäten beobachten, uns also ausspionieren. Und sie würden uns auch denunzieren, indem sie die gesammelten Informationen über uns preisgeben würden. Enzensberger vergleicht aber nicht nur mit der Vergangenheit, er wirft auch einen Blick auf die Gegenwart, wenn er davon spricht, dass wir kaum zu befürchten hätten, durch eine **Drohne** ermordet zu werden (vgl. Z. 86). Drohnen dienen vor allem der Überwachung und werden unter anderem für wissenschaftliche, aber auch für militärische Einsätze verwendet. Gerade Letzteres ist immer wieder Gegenstand öffentlicher Diskussionen geworden, speziell bezüglich ihres Einsatzes zur Tötung von Terrorverdächtigen. Eine Ermordung durch Drohnen oder die Internierung in einem Konzentrationslager aufgrund der gesammelten Informationen müssten wir, so der Autor, jedoch kaum befürchten (vgl. Z. 85 ff.).

Nachdem er dieses **Bild der Überwachung mit Todesfolge** aufgeworfen hat, stellt Enzensberger die Frage, ob wir nicht froh sein könnten, dass Überwachung und Kontrolle heute mit „relativ gewaltlosen, relativ unblutigen Mitteln möglich" (Z. 89 f.) seien – ein Ergebnis der Herrschaft der von ihm im Vorfeld benannten Dienste und ihres Bündnisses mit der Reklame. Durch die Wiederholung des Wortes „relativ" schränkt der Autor die vermeintliche Harmlosigkeit bewusst ein; anstelle des Ausdrucks „friedlich" verwendet er die Begriffe „gewaltlos" und „unblutig", womit er suggeriert, dass es durchaus in gewissem Maße zu Gewalt und Blutvergießen kommt. Mit dieser Argumentationslinie bestätigt er die These seiner Überschrift: „Vom Terror der Reklame".

Argumentationsaufbau und sprachliche Gestaltung
Enzensberger versucht also, dem Leser die Gefahren der Reklame zu verdeutlichen, indem er die gesellschaftliche Wirklichkeit beschreibt und geschichtliche Vergleiche anführt. So beginnt er seinen Text mit einem **scheinbar neutralen Vergleich** der Werbung von früher und heute. Dem fügt er einen kurzen **geschichtlichen Abriss** über die Entwicklung bei, der aber schon ansatzweise die Einstellung des Autors zu dieser Problematik zeigt, ehe er zur **Kritik der aktuellen Situation** übergeht. Anhand des vorwiegend hypotaktischen Satzbaus wird beim Leser der Eindruck erweckt, dass es sich nur um die Aneinanderreihung von Informationen handelt. Dieser **angeblichen Nüchternheit** stehen aber zahlreiche **sprachliche Auffälligkeiten** gegenüber, wie beispielsweise aussagekräftige Attribute (zum Beispiel „[d]ie als Verräter gebrandmarkten Pfeifenbläser", Z. 54), expressive Verben (zum Beispiel „abplagen", Z. 38) und saloppe Formulierungen (zum Beispiel „Fuzzi", Z. 11). Vor allem aber greift Enzensberger auf ein Vokabular aus dem Bereich des Krieges (etwa „überleben", Z. 19; „Bündnis", Z. 23; „Verbündete", Z. 45; „Verräter", Z. 54; „zivile[r] Widerstand[ ]", Z. 80) und der Kriminalität („manipulieren", „fälschen", vgl. Z. 35 f.; „Komplizen", Z. 65; Bündnispartner Organisierte Kriminalität, vgl. Z. 68 ff.) zurück, um zu unterstreichen, wie drastisch die Entwicklungen aus seiner Sicht sind.

Indem er so die Verbindung zwischen Internetkonzernen und der Werbung offenlegt, gelingt es ihm, ein wahres **Schreckensszenario der Datenspeicherung** bis hin zur totalen Überwachung des Menschen zu entwerfen.

Ist die moderne Form der „totalen Überwachung" ein „historischer Fortschritt"?
Was aber sollte man Enzensberger auf seine rhetorische Frage im letzten Absatz des Textes entgegnen? Handelt es sich bei der Entdeckung, dass die „totale Überwachung und Kontrolle der Bevölkerung […] mit relativ gewaltlosen, relativ unblutigen Mitteln möglich" (Z. 89 f.) sei, um einen historischen Fortschritt?

Blickt man auf den vom Autor angeführten Verweis auf die **Zeit des Nationalsozialismus**, so muss man eindeutig feststellen, dass die Form heutiger Kontrolle nicht mit dieser Zeit vergleichbar ist. Denn wir als Bürger sind diesen Machenschaften nicht schutzlos ausgeliefert. Sicher birgt der Umgang mit dem Internet Gefahren, aber dies sollte man nicht überbewerten. Die meisten Nutzer von Internetdiensten wissen um diese Risiken und sind in der Lage, ihnen zu begegnen. So kann man beispielsweise bei Facebook genau einstellen, wem man welche Informationen mitteilen möchte. **Jeder kann selbst bestimmen, was er in sozialen Netzwerken über sein Leben öffentlich macht** und was nicht. Auch kann man in den meisten Staaten davon ausgehen, dass die von Internetkonzernen gespeicherten Daten **nicht das Wohl des Menschen ernsthaft bedrohen** – in der Regel beeinflussen sie vielmehr die Auswahl an Werbeanzeigen, die bei Facebook erscheinen, oder die Kaufempfehlungen bei Amazon. Sofern man sich dessen bewusst ist, stößt der Einfluss von Werbung hier an seine Grenzen.

Trotz Enzensbergers – sicher zu recht geäußerten – Befürchtungen sollte man das Internet also nicht nur negativ beurteilen. Schließlich bietet es **vielfältige Erleichterungen**, in vielerlei Hinsicht. Ein umsichtiger Umgang mit Google ermöglicht es beispielsweise, in kürzester Zeit einen Überblick zu Referatsthemen zu erhalten. Mithilfe von sozialen Netzwerken können Freunde in Kontakt bleiben und zum Beispiel Fotos oder Links austauschen, obwohl sie in weit entfernten Städten leben (etwa bei Freundschaften, die durch einen Schüleraustausch entstanden sind). Durch die Nutzung von Internetdiensten können wir uns in Schule, Beruf und Freizeit vieles vereinfachen, wenn nicht gar erst ermöglichen.

Andererseits handelt es sich bei der Speicherung von Daten im Internet um einen ernsthaften **Eingriff in die Persönlichkeitsrechte des Einzelnen**, und kaum jemand weiß ganz genau, welche Daten von welchem Konzern gespeichert werden. Wenn die Menschen hier nicht protestieren, wird sich die Missachtung von Grundrechten bald vielleicht nicht mehr nur auf die Anzeige von Kaufempfehlungen auswirken. Zudem erklärte erst kürzlich der ehemalige Chef der NSA, dass Metadaten, die im Internet gesammelt wurden, als **Grundlage für bewaffnete Drohneneinsätze** dienten – geht also doch eine Gefahr für das persönliche Leben von der Datenspeicherung aus? Sicherlich handelt es sich hier keineswegs um einen „Terror der Reklame", doch können – wie Enzensberger herausstellt – die Grenzen zwischen „zivilen und militärischen Geschäften" (Z. 73) fließend sein.

Kann man also von einem historischen Fortschritt sprechen? Nicht unbedingt, denn Aufgabe der Privatsphäre, Verlust staatlicher Kontrollen und Unterlaufen demokratischer Strukturen können kein Fortschritt sein.

Abschließende Gedanken
Dennoch leben wir in einer Zeit, in der die meisten Menschen im Internet nach Informationen googlen, bei Amazon einkaufen, bei Facebook registriert sind und auf diese Weise viele Informationen von sich preisgeben. An dieser Stelle zeigt sich die Intention Enzensbergers: Wir müssen im Umgang mit dem Internet vorsichtig sein. **Wir müssen unsere Daten so weit wie möglich schützen.** Dafür ist es hilfreich, wenn Kinder und Jugendliche durch Eltern oder Lehrer auf die Gefahren der digitalen Medien vorbereitet werden und den verantwortungsbewussten Umgang damit lernen. Wenn auch das Internet viele Vorteile aufweist, muss sich jeder der Risiken bewusst sein, die eine Weitergabe von persönlichen Daten mit sich bringt.

Und so schließt der Artikel Enzensbergers mit der Warnung: „[W]er sich mit diesem Regime abfindet, der tut es auf eigene Gefahr." (Z. 92)

Eibe Meiners (geb. 1978)

Die Musiker

Es war einmal ein Mädchen, dessen größter Schatz ein Kontrabaß war. Jeden Tag stand es stundenlang auf einem Hocker in einer traurigen Dachkammer und schrubbte mit dem Bogen über die Saiten des Instruments. Was das Mädchen nicht wußte: Es war vollkommen unmusikalisch. Daher fiel es auch niemandem ein, das Mädchen als Musikerin einzustellen, und so blieb es arm.

Nur gelegentlich bekam es von den anderen Mietern ein paar Geldstücke zugesteckt – damit es beim Üben eine Pause machte. Das reichte natürlich kaum zum Essen, einen Arzt konnte sich das Mädchen auch nicht leisten, und trotz Hungers und schweren Fiebers stand es auf seinem Hocker und übte, übte, übte.

Da wurde es nun Zeit für den lieben Gott, den Tod zu dem Mädchen zu schicken. Der hörte von weitem das Kontrabaßspiel. Ehe er in die Dachkammer trat, verhüllte er sein Schädelgesicht mit der Kapuze, um das Mädchen nicht zu erschrecken. Das Mädchen hatte nur selten Besuch. Es freute sich über den Ankömmling, wollte besonders ausdrucksvoll spielen und schrubbte noch emsiger über die Saiten.

Der Tod setzte sich in eine Ecke und hörte dem Mädchen zu. Dann öffnete er seine Kutte und begleitete die Musik des Mädchens, indem er mit seinen Knochenfingern auf seinen Rippen kratzte. Das Knirschende, Sägende der Rippenharfe kam zu dem Schrammelnden, Krächzenden des Kontrabasses, und da der Tod und das Mädchen gleichermaßen unmusikalisch waren, war es für sie das schönste Konzert, das sie je erlebt hatten.

Plötzlich wurden sie jedoch unterbrochen. Es hämmerte an der Tür, und eine grobe Stimme brüllte:

„Aufhören! Aufhören! Ich will schlafen!“

„Das ist mein Vermieter“, flüsterte das Mädchen, „er darf nicht wissen, daß ich Herrenbesuch habe.“

Der Tod trat an die Tür, öffnete sie und schob seine Kapuze zurück. Dem Vermieter sprang die Bleiche ins Gesicht, als er den Gast des Mädchens sah. Er taumelte zurück, stürzte die Treppe hinunter und brach sich das Genick.

„Das hat der Zufall gut getroffen“, dachte der Tod bei sich und beschloß, dem lieben Gott die Seele des Vermieters statt des Mädchens zu bringen. Er verhüllte wieder sein Gesicht und trat zu dem Mädchen. Er legte ihm die knöcherne Hand auf den Rücken und zog ihm das Fieber aus dem Körper. Dann gab er ihm einen Goldklumpen, verabschiedete sich und steckte auf dem Rückweg die Seele des Vermieters ein.

Bald kamen dem Tod jedoch Bedenken, der liebe Gott könne den Betrug bemerken: Die Seele des Mädchens war blütenweiß und warm gewesen und hatte nach Aprikose geduftet. Die Seele des Vermieters dagegen war aschgrau, kühl und roch nach Zwiebeln. Da nahm der Tod Pinsel, Farbe und strich die Seele weiß an. Er tunkte sie in Aprikosensaft, wärmte sie mit Kerzenlicht und brachte sie in den Himmel.

Der liebe Gott war weit davon entfernt, sich von solchen Tricks täuschen zu lassen – aber weil der Tod etwas aus Liebe getan hatte, tat er so, als würde er den Trug nicht merken.

Meiners, Eibe: Die Musiker. In: Sinn und Form. 1. Heft/2013, Berlin, Akademie der Künste, S. 121 f.

Material 1:

„Der Tod und das Mädchen“, Brunnenskulptur des Schweizer Bildhauers Rolf Brem (geb. 1926), Standort: Stans, Schweiz

Abbildung: © Arthur Baumgartner

Material 2:

Matthias Claudius (1740–1815)

Der Tod und das Mädchen

Mädchen: Vorüber, ach! vorüber
Geh, wilder Knochen-Mann!
Ich bin noch jung; geh lieber!
Und rühre mich nicht an.

Tod: Gib Deine Hand, Du zart und schön Gebild!
Bin Freund und komme nicht zu strafen.
Sei gutes Muts, ich bin nicht wild;
Sollst sanft in meinen Armen schlafen. (1775)

Claudius, Matthias: Der Tod und das Mädchen.
In: Perfahl, Jost (Hrsg.): Sämtliche Werke.
Emil Vollmer Verlag, Wiesbaden 1968, S. 86 f.

Arbeitsanweisung

Interpretieren Sie den epischen Text.
Vergleichen Sie die Intention dieses Textes mit den Aussageabsichten der Materialien 1 und 2.

Hinweise und Tipps

Voraussetzungen
Die Arbeitsanweisung verlangt von Ihnen eine Interpretation des Prosatextes sowie einen Vergleich mit den Aussageabsichten von zwei gegebenen Materialien, einem Gedicht und dem Foto einer Brunnenskulptur.
Wie bei **Interpretationen** üblich, beginnen Sie mit der Inhaltsangabe, erarbeiten sich die Charakterisierung der vier Figuren und fahren fort mit erzähltechnischen Merkmalen, wie der Raum- und Zeitgestaltung, der Erzählperspektive sowie sprachkünstlerischen Besonderheiten. Im Anschluss stellen Sie die Aussageabsicht des Textes von Eibe Meiners **Material 1 und 2** gegenüber. Es ist nicht notwendig, diese beiden Materialien im Detail zu analysieren. Konzentrieren Sie sich lediglich auf die Intention der Werke.

Erläuterung der Aufgabenstellung
Die Handlungsträger haben eindeutig gute beziehungsweise schlechte **Charaktere:** Das Mädchen ist arm und krank. Zudem hat es einige Eigenschaften, die auch der personifizierte Tod aufweist: Beide sind einsam und unmusikalisch. Der Tod ist entgegen sonstiger Lesegewohnheiten einfühlsam sowie kreativ – und er tut etwas aus Liebe. Gott erscheint als der typische „liebe Gott". Der Vermieter schließlich ist als Kontrastfigur ungehobelt und kaltherzig.
Etwas länger werden Sie über die **Textsorte** nachdenken. Einerseits erkennen Sie sicher schnell, dass Merkmale des Märchens vorhanden sind, andererseits passen modern anmutende Elemente nicht dazu, sodass Sie sich auf die Bezeichnung „Märchen mit parabelhaften Zügen" festlegen können.
Die Analyse des Textes führt zu der Erkenntnis, dass in dem Text der Tod nicht der unbarmherzige Vollstrecker ist, als den die Menschen ihn sich landläufig vorstellen. Hier wird dieses Bild also ins Gegenteil verkehrt.
Wie in der Aufgabenstellung angewiesen, kommen Sie nach der Textinterpretation zu einem Vergleich mit den **beiden Materialien**. Sowohl im Gedicht als auch in der Skulptur tritt der Tod wohl als Vollstrecker auf. Allerdings trifft in Material 1 ein wollüstiger Tod auf ein offenbar selbstverliebtes Mädchen und in Material 2 ein gnädiger Tod auf ein um Verschonung bittendes. Durch die unterschiedlichen Aussageabsichten zwischen Ausgangstext und Materialien wird eine Kontrastierung der Funktion des Todes erreicht.
In einer weitergehenden **Deutung** können Sie die Handlung aus der märchenhaften Welt in die Realität holen und heutige Betrachtungen über den Tod anstellen. Scheuen Sie sich dabei nicht, die Figur des Mädchens, das verbohrt an seinem schlechten Kontrabassspiel festhält, kritisch zu betrachten.
Nun fehlen noch Ideen für **Anfang und Schluss**. Möglich wäre hier der Hinweis auf ein aktuelles Buch oder einen Film, der das Thema „Tod" behandelt. Wie wäre es zum Beispiel, dafür den Roman „Die Bücherdiebin" von Markus Zusak zu nehmen, der kürzlich verfilmt wurde? Dort tritt der Tod ebenfalls personifiziert, sogar als Ich-Erzähler auf. Er wirkt wie im Text von Eibe Meiners sympathisch und nachsichtig. Durch einen solchen Verweis geben Sie Ihrem Aufsatz einen Rahmen und ordnen Ihre Ausführungen in einen größeren Zusammenhang ein.

Lösungsvorschlag

Einleitung

Die meisten Menschen hätten einen tief sitzenden Widerwillen gegen ihn. Sie glaubten nicht, dass er auch fröhlich und angenehm sein könne. – So spricht der Tod in Markus Zusaks Roman „Die Bücherdiebin" zu den Menschen. In diesem Werk fungiert er als allwissender Erzähler. Entgegen sonstiger Lesegewohnheiten ist er ein **menschlicher**, **staunender Tod**, welcher den Schrecken des Krieges, durch den er unverhältnismäßig viel zu tun bekommt, mit Trotz begegnet und sich selbst beweisen will, dass die Menschen ungeachtet ihrer Gräueltaten eine Existenz verdienen. In seiner Rührseligkeit erscheint er dem Leser fast sympathisch. Eine ähnliche Erfahrung macht der Rezipient in Eibe Meiners 2013 veröffentlichter Geschichte „**Die Musiker**", in welcher der Tod ebenfalls menschliche Züge annimmt.

Analyse des Textes „Die Musiker"

Der Tod bekommt von Gott den Auftrag, die Seele eines kranken Mädchens zu holen. Inkognito besucht er dieses in seiner Dachkammer, wo es laut und falsch Kontrabass spielt. Es glaubt unverdrossen an seine Talente auf dem Instrument, was den Tod rührt. Sie musizieren gemeinsam, bis sie der Vermieter unterbricht, welcher sich durch den Lärm gestört fühlt. Im Gegensatz zum Mädchen erkennt der Mann den Tod sofort und stürzt vor Schreck die Treppe hinunter. Diesen Zufall nutzt der Tod, um dessen Seele gegen die des Mädchens einzutauschen und es so zu verschonen. Obwohl sich der Tod bemüht, die schmutzige Seele zu präparieren, bemerkt Gott den Betrug. Er duldet diesen aber, da der Tod aus Liebe gehandelt hat.

Der Leser wird durch **märchenhafte Elemente** in eine Illusion hineingezogen, die maßgeblich von den handelnden Figuren getragen wird. Das **Mädchen** lebt einsam, arm und krank in einer personifizierten „traurigen Dachkammer" (Z. 2). Obwohl es „vollkommen unmusikalisch" (Z. 3 f.) ist, spielt es jeden Tag auf seinem Kontrabass, zur Verzweiflung der anderen Mieter, die ihm Münzen geben – nicht für die Darbietung der Musik, sondern damit es „beim Üben eine Pause macht[ ]" (Z. 7). Während die Protagonistin eigentlich wegen ihres mangelnden Talentes beschämt das Instrument beiseitelegen müsste, tritt das Gegenteil ein. Sie steht auf ihrem Hocker und „übt[ ], übt[ ], übt[ ]" (Z. 9). Das Mädchen bekommt selten Besuch, weshalb es sich über den Gast freut und seinem Aussehen gegenüber unkritisch ist. Denn den mit einer Kapuze leidlich verhüllten Kopf hätte es wohl als Totenschädel erkennen können.

Der **Tod** teilt einige der Eigenschaften des Mädchens. Auch er ist einsam und unmusikalisch. Er begibt sich inkognito in die Dachkammer, die das Mädchen bewohnt, um auftragsgemäß dessen Seele zu holen. Wäre er der unbarmherzige Vollstrecker, für den er in der Regel gehalten wird, wäre er mit seinem Auftrag schnell fertig. Stattdessen entdeckt er jedoch seinerseits Freude am Spiel und begleitet das Mädchen, „indem er mit seinen Knochenfingern auf seinen Rippen kratzt[ ]" (Z. 16 f.). Das künstlerische Ergebnis ist sicherlich ein schrecklicher Lärm, für das Duo jedoch ist es „das schönste Konzert" (Z. 19), das es je erlebt hat. Diese Selbstvergessenheit und Einmütigkeit im **gemeinsamen Musizieren** ist der **Höhepunkt der Geschichte**. Der Leser vergisst, dass hier der Tod zu Besuch ist. Auch die weitere Handlung unterstreicht die menschlichen Züge des Protagonisten. Als der Vermieter die Treppe hinunterstürzt und stirbt, nimmt der Tod dessen Seele und will sie statt der des Mädchens Gott präsentieren. Bevor er die Dachkammer verlässt, zieht er das Fieber aus dem Körper des Mädchens und schenkt ihm einen Goldklumpen – dies erinnert den Leser an das Märchen „Hans im Glück", in dem der Meister der Hauptfigur einen solchen als Lohn nach beendeter Lehre auf den Nachhauseweg mitgibt. Anschließend versucht der Tod, die Seele des Vermieters so zu bearbeiten, dass sie der des Mädchens gleicht. Dafür muss er eine Seele, die „aschgrau, kühl" (Z. 35) ist und nach Zwiebeln riecht, in eine „blütenweiß[e] und warm[e]" (Z. 34), nach Aprikosen duftende verwandeln. Der Tod wird kreativ, streicht die dunkle Seele weiß an, tunkt sie in Aprikosensaft, wärmt sie mit Kerzenlicht (vgl. Z. 36 f.) – und hat letztlich Erfolg mit seiner Tat.

Der **Vermieter**, der selbst aus der „traurigen Dachkammer“ (Z. 2) Profit ziehen will, ist ein unfreundlicher und kaltherziger Mensch, vor dem das Mädchen Angst hat. Als er unbarmherzig an die Tür hämmert und mit grober Stimme lautstark seine Missbilligung der Musik kundtut, fallen seiner Mieterin sogleich Verhaltensregeln ein, die ihr auferlegt worden sind, nämlich keinen Herrenbesuch zu empfangen. Dem Mann erschließt sich – anders als dem Mädchen – die wahre Identität des Besuchers sofort, als hätte er ein schlechtes Gewissen. Erschrocken stürzt er die Treppe hinunter und bricht sich das Genick. Die Beschreibung der Seele des Vermieters (vgl. Z. 35) verstärkt das Gefühl des Lesers, durch den tödlichen Sturz habe dieser seine gerechte Strafe erhalten.

Gott wird so dargestellt, wie es dem vorherrschenden Bild entspricht: als allmächtig und allwissend, als „liebe[r] Gott“ (Z. 10). Er hat es in seiner Hand, die Geschicke der Menschen zu leiten und zu lenken, er kann bestimmen, wann das Leben des Mädchens zu Ende gehen soll. Aber offensichtlich hat er nicht mit der Emotionalität seines Gehilfen, des Todes, gerechnet, der ihm eine falsche Seele unterschieben will, und augenscheinlich gibt es trotz Allwissenheit Zufälle, die Gott nicht beeinflussen kann, wie den plötzlichen Tod des Vermieters. Der Leser erwartet kaum, dass Gott die Manipulation des Todes nicht bemerkt, so dilettantisch stellt sich dieser bei seinem Verschleierungsversuch an – ein bisschen Farbe, Geruch und Wärme helfen nicht, eine verdorbene Seele zu reinigen. Verblüffend jedoch ist die Erklärung, warum Gott seinen Gehilfen gewähren lässt: „weil der Tod etwas aus Liebe getan hatte“ (Z. 39). Somit erscheint der Schöpfer als nachsichtig und gütig.

Die Handlung spielt nach einer Einführung, in welcher das Mädchen vorgestellt wird, von Zeile 10 bis 32 in der kleinen **Dachkammer**. Der Besuch des Todes hier ist offenbar nur von kurzer Dauer. Wie viel Zeit bis zum folgenden „Bald“ (Z. 33) vergeht, als dem Tod Bedenken kommen, erfährt der Leser nicht. Ebenso wenig weiß er, wo genau der Tod die Seele des Vermieters bearbeitet – es bleibt ein imaginärer Ort. Insgesamt wird die Geschichte in **Zeitraffung** erzählt.

Der Text ist also einerseits ein Märchen, da er die **typischen Elemente dieser Textsorte** enthält: Er beginnt wie die meisten Märchen mit den Worten „Es war einmal“ (Z. 1); er ist in einer abstrakten Welt angesiedelt, in der Tod und Gott als Protagonisten agieren; Ort und Zeit sind unbestimmt; ein Protagonist, in diesem Falle der Tod, bekommt eine Aufgabe gestellt, nämlich die Seele des Mädchens zu holen; und er endet glücklich, da das Mädchen überlebt. Andererseits weist die Geschichte jedoch Elemente auf, die nicht in dieses Schema passen, zum Beispiel die **fehlende Musikalität** der Hauptfigur und ihr beharrliches Ignorieren dieses Mangels. Eine gewisse **Gesellschaftskritik** ist enthalten, wenn die anderen Mieter im Haus nicht barmherzig sind und, wie man es erwarten würde, dem Mädchen Brot oder Geld schenken, damit es überleben kann, sondern ihm die Geldstücke nur zustecken, damit es aufhört zu spielen. In diese Kategorie fällt ebenfalls die realistische Gestaltung des Vermieters, der kaltherzig und widerwärtig gezeichnet wird, aber prompt seine Strafe bekommt. Man könnte also sagen, der Text ist ein **Märchen mit parabelhaften Zügen**.

Der Autor arbeitet mit vielfältigen sprachkünstlerischen Mitteln, um seine Botschaft zu transportieren. Ein **auktorialer Erzähler** führt durch die Geschichte, in der häufige Satzreihungen die Dynamik verstärken. Die Musik, die eine große Rolle spielt, wird **lautmalerisch** beschrieben: Das Mädchen „schrubbt[ ] mit dem Bogen über die Saiten des Instruments“ (Z. 2 f.), es will „besonders ausdrucksvoll spielen und schrubbt[ ] noch emsiger über die Saiten“ (Z. 13 f.). Diese Beschreibung erinnert an die alte Methode, Wäsche auf einem Waschbrett sauber zu schrubben. Dabei entsteht ein monotones, kratzendes Geräusch, das wenig mit der Erzeugung harmonischer Töne gemein hat. Der Tod kratzt über seine Rippen und wird so metaphorisch zum Spieler einer „Rippenharfe“ (Z. 17). Der Parallelismus „[d]as Knirschende, Sägende der Rippenharfe kam zu dem Schrammelnden, Krächzenden des Kontrabasses“ (Z. 17 f.) unterstreicht die schrecklich klingenden Töne des ungewöhnlichen Konzerts, aber auch das auf eine gewisse Weise harmonische Zusammenspiel von Tod und Mädchen. Ein Musiker übertrifft den anderen in Geräuschen, die aus handwerklichen Bereichen stammen, wie Knirschen und Sägen, oder Tieren zugeschrieben werden, wie Krächzen. Schrammeln gehört immerhin in den musikalischen Bereich und bezieht sich ursprünglich auf eine für Wien typische Musikgattung des 19. Jahrhunderts, die Schrammelmusik. Der Begriff kann jedoch auch umgangssprachlich als abwertende Bezeichnung für das Spielen eines Saiteninstrumentes benutzt werden.

Der Autor arbeitet mit **Gegensätzen und Farben**, um seine Figuren kontrastierend zu kennzeichnen. Das **Mädchen** wird als liebenswert dargestellt. Es ist zwar unmusikalisch, aber wie es sein Ziel verfolgt, durch fleißiges Üben eine gute Musikerin zu werden, nötigt dem Leser Respekt ab. Man hat eine zarte Erscheinung vor Augen, zumal das Mädchen hungert und fiebert. Eigentlich passen die lauten und schrägen Töne, die es seinem Instrument entlockt, nicht dazu. Beim Üben steht es auf einem Hocker, es ist also zu klein, um den Kontrabass ohne Erhöhung zu spielen. Demgegenüber wird der **Vermieter** grobschlächtig gezeichnet. Er hämmert an die Tür und brüllt zweimal „Aufhören!" (Z. 22).

Besonders deutlich wird der Gegensatz der beiden Figuren in der **Beschreibung ihrer Seelen**. Die Seele des Mädchens ist weiß, sogar „blütenweiß" (Z. 34), warm und nach Aprikosen duftend. Das deutet auf dessen Unschuld hin, da Weiß als Farbe der Reinheit, Sauberkeit und Leichtigkeit gilt. Aprikosen wecken die Assoziation mit einem Geschmack von Süße und Saftigkeit, was auf die Jugend und Unberührtheit des Mädchens schließen lässt. Die Seele des Vermieters dagegen ist „aschgrau" (Z. 35). Meiners beschränkt sich hier nicht auf die Angabe „grau", sondern nimmt einen Vergleich mit Asche vor, einem Abfallprodukt, das beim Verbrennen von Kohle oder Holz entsteht und mit dem man nichts weiter anfangen kann, als es zu entsorgen. Die Seele ist außerdem „kühl" (Z. 35) und riecht „nach Zwiebeln" (Z. 35). Die Zwiebeln sollen wohl den abstoßenden Charakter des Mannes veranschaulichen, denn sie erzeugen einen beißenden Geruch und reizen die Augen zu Tränen. Von so einem Menschen ist keine Güte zu erwarten.

Der Rezipient könnte das Märchen nun lesen und damit zufrieden sein, dass die Hauptfigur als Gewinnerin daraus hervorgeht. Sie ist zwar am Ende immer noch unmusikalisch, aber gesund und im Besitz eines Klumpens Gold, der es ihr ermöglicht, ein neues Leben zu beginnen. Allerdings könnte sich der Leser auch weiterführende Gedanken machen und kritisch hinterfragen, welches Bild vom Tod und dem Mädchen hier transportiert wird – auch im Vergleich zu anderen Darstellungen dieser beiden Figuren.

Vergleich des Textes mit Material 1 und 2
Der Tod hat viele **Namen**. Bei den Gebrüdern Grimm heißt er *Gevatter Tod,* im Norden *Freund Hain,* im Süden *Boandlkramer,* auch als *Sensenmann* oder *Schnitter* ist er bekannt. Die **Figur des Todes** tritt in vielen Märchen und Geschichten auf, weil sich die Menschen noch nie mit dessen Endgültigkeit abfinden konnten. In der Literatur hat das Motiv des Todes eine lange Tradition. Es kommt in seiner Personifizierung in vielfältiger Weise vor, als Protagonist, als Strafe für das Böse, als Scheintod, auf den neues Leben folgt; ebenso als Schlaf, als Verwandlung, als Entrückung und als Durchgangsstadium zum ewigen Leben.

Sowohl im Text von Meiners als auch in den Materialien treten der Tod und ein Mädchen in Beziehung – ein häufiges Motiv in der Malerei und der bildenden Kunst verschiedener Epochen. Bei Meiners kommt die **Funktion des Todes als Vollstrecker** abhanden, denn als solcher hätte er unverzüglich die Seele des Mädchens mitnehmen müssen. In den Materialien scheint er hingegen seinen Auftrag auszuführen, jedoch auf unterschiedliche Art und Weise.

Material 1 zeigt eine Brunnenskulptur des 1926 geborenen Schweizer Bildhauers Rolf Brem. Der mit einem Hut statt mit einer Kapuze bekleidete Tod steht hinter einem Mädchen und umfasst wollüstig seine Hüften. Die junge Frau kämmt gerade ihr Haar und blickt dabei in einen

Spiegel. So, wie sie ihren Spiegel hält, muss sie den Tod darin erblicken, allerdings zeigt sie sich gänzlich unberührt. Entweder ist dem Mädchen der Tod also gleichgültig oder **es bemerkt ihn gar nicht**, weil es so sehr mit sich selbst und seinem Aussehen beschäftigt ist. Auch Meiners Musikerin fürchtet den Tod nicht, als dieser zu ihr kommt, obgleich er auf seinen Rippen spielt, also auch hier eigentlich erkennbar ist. Anders als bei Brem ist das Mädchen bei Meiners jedoch arm und krank und erscheint nicht selbstverliebt. Seine Gedanken kreisen vor allem um die Musik und die blütenweiße, duftende Seele vermittelt den Eindruck von Unschuld. Der Tod bei Meiners ist hierzu passend nicht wollüstig, sondern verständnisvoll und liebend.

Beim **zweiten vorliegenden Material** handelt es sich um das Gedicht „Der Tod und das Mädchen" von Matthias Claudius, einem Dichter der Empfindsamkeit. Es sind acht Verse in Rede und Gegenrede, die vom Mädchen (V. 1–4) und vom Tod (V. 5–8) bestritten werden. Das Mädchen ist **ängstlich** und bittet den Tod um Verschonung. Es nennt ihn „wilder Knochen-Mann" (V. 2) und führt seine Jugend als Argument dafür an, dass es nicht sterben möchte: „Ich bin noch jung; geh lieber!" (V. 3) Der Tod bezeichnet sich als „Freund" (V. 6), der nicht zu strafen komme, er sei nicht wild, sondern gnädig. Er beschwichtigt, um den Schmerz des endgültigen Verlustes zu mildern. Sein Anliegen, das Mädchen zu holen, kleidet er in den Euphemismus „Sollst sanft in meinen Armen schlafen" (V. 8). Auf einen solchen Tod, **dem alles Bedrohliche fehlt**, solle das Mädchen sich ruhig einlassen. Es antwortet nicht mehr. So bleibt einerseits die Hoffnung bestehen, das Mädchen könne noch leben, andererseits ist es aber auch möglich, dass der Tod sein Vorhaben vollendet hat. Wie in Eibe Meiners' Text wird im Gedicht der Tod personifiziert, er kommuniziert mit einem Mädchen. Bei Meiners führt er sein Vorhaben, eine Seele mitzunehmen, anders aus als geplant; das Mädchen wird verschont. Dies kann bei Claudius nicht eindeutig gesagt werden. Während das Mädchen im Gedicht den „Knochen-Mann" sofort erkennt, bleibt er im Märchen ein unerkannter Besucher. Glaubt man den Worten des Todes, so ist er aber auch hier gütig und mitfühlend, anders als bei Material 1.

Lohnenswert erscheint auch ein genauer Blick auf die **Titel** der drei Werke. Eibe Meiners gibt seiner Geschichte die Überschrift „Die Musiker" und fasst damit beide Protagonisten als Interessengemeinschaft zusammen. Der Titel suggeriert demnach, dass sich Figuren begegnen, die eine harmonische Einheit bilden. Sowohl der Bildhauer Rolf Brem als auch der Dichter Matthias Claudius führen im Gegensatz dazu jeweils den Tod und das Mädchen einzeln auf, verbunden durch die Konjunktion *und,* wobei der Eindruck eines ungleichen Paares erweckt wird. Hier stehen sich zwei getrennte Figuren gegenüber.

Übertragung des Märchens in die heutige Zeit

In unserer heutigen modernen Zeit wird das Thema Sterben beziehungsweise Tod weitgehend **aus der Mitte der Gesellschaft verbannt**. Wo früher das Sterben im Kreis von Familienmitgliedern stattfand, werden heute Kranke in Kliniken oder Hospize gebracht. Das ist verständlich, da die Voraussetzungen, einen Kranken über längere Zeit in seiner gewohnten Umgebung sorgsam zu pflegen, kaum gegeben sind. Die Angehörigen können und wollen ihr eigenes Leben meist nicht aufgeben, sind jedoch im Beruf und in ihrem Alltag zu sehr eingespannt, als dass sie die Krankenpflege zusätzlich übernehmen könnten.

Zudem sind wir es schlichtweg nicht mehr gewohnt, den Anblick von Sterbenden oder Toten zu ertragen, und wollen mit möglicherweise gar tödlichen Krankheiten nicht konfrontiert werden. Der Tod, der im Märchen von Meiners so sympathisch daherkommt, ist in unserem Empfinden grausam, unerwünscht oder erbarmungslos. Wenn ein Mensch mit 80 Jahren stirbt, dann hat er sein Leben gelebt und den Hinterbliebenen fällt es, trotz aller Trauer, leichter, sich mit dem Verlust abzufinden. Wenn jedoch ein Kind tödlich verunglückt oder eine schlimme Krankheit wie Leukämie nicht besiegen kann, dann empfinden wir den Tod als ungerecht. Der Tod als Schicksal, Zufall oder Notwendigkeit? Jeder wird sich dazu eine eigene Meinung bilden müssen.

Die jenseitige Welt wird im Märchen oft wie eine diesseitige dargestellt. Eibe Meiners geht den umgekehrten Weg. Er stellt die diesseitige Welt in eine jenseitige Szenerie. Der Leser könnte die Handlung **aus der märchenhaften Illusion lösen:** Ein Mädchen lebt in ärmlichsten Verhältnissen, spielt so schlecht Kontrabass, dass es von keinem Orchester angestellt wird. Die junge Frau verrennt sich in die Idee, dass sie durch Üben besser spielen könne, sodass sie mit dem Krach ihren Nachbarn furchtbar auf den Geist geht. Sie führt, nüchtern betrachtet, ein ödes Dasein. Eines Tages bekommt sie Besuch, der wider Erwarten Gefallen am Kontrabassspiel findet. Durch einen Zufall stirbt ihr Vermieter, der ihr das Leben zusätzlich schwer gemacht hat. Nachdem der Besuch gegangen ist, haben sich der gesundheitliche sowie der finanzielle Zustand des Mädchens plötzlich deutlich gebessert.

Es stellt sich jedoch die Frage, wie es nun wohl weitergeht. Sicherlich ist es eine gute Eigenschaft, zielstrebig auf etwas hinzuarbeiten, wie Kontrabassspielen zu lernen. Aber wenn sich kein Erfolg einstellt, dann sollten Überlegungen folgen, **ob das Ziel richtig gewählt ist**. Angeblich hat das Mädchen nicht gewusst, dass es völlig unmusikalisch ist (vgl. Z. 3 f.), aber das ist kaum zu glauben. Denn die Tatsache, dass die Musikerin in keinem Orchester und auf keiner Bühne spielen darf, spricht eine deutliche Sprache, die jeder halbwegs selbstkritische Mensch versteht. Das Mädchen könnte nun, da es gesund sowie finanziell vorerst abgesichert ist, die Gelegenheit nutzen und **nach seinen wahren Talenten** suchen. Denn es kann sich nicht ewig darauf verlassen, von anderen Menschen ein paar Münzen zugesteckt zu bekommen. Während es erfolglos am Kontrabassspielen festhält, verkümmert vielleicht ein noch nicht entdecktes wirkliches Talent.

Schluss

Die Protagonistin des eingangs erwähnten Romans „Die Bücherdiebin“, anfangs Analphabetin, schreibt selbst ein Buch. Der Tod nimmt es an sich und gibt es ihr erst viele Jahre später, als er sie holen kommt, zurück. Sie ist zu diesem Zeitpunkt eine alte Frau und lebt mit ihrer Familie in Australien. Das Buch ist ihre Autobiografie, in der sie ihre Gedanken, Erinnerungen und Hoffnungen festgehalten hat. Vielleicht findet das Mädchen aus Eibe Meiners' Märchen mithilfe der gewonnenen Gesundheit und des Goldes auch ein Talent, mit dem es sich verwirklichen kann; das muss nicht das Kontrabassspiel sein. Der nur knapp an ihr vorübergehende Tod hätte dann – trotzdem er unerkannt geblieben ist – dazu geführt, dass das Mädchen **sein Leben ändert** und nach neuen Wegen der Erfüllung sucht.

Die Einbandillustration des Romans von Zusak zeigt den Tod, wie man ihn sich landläufig vorstellt: mit der Protagonistin tanzend im Kapuzenmantel. Dabei hat er selbst klargestellt, er habe keine Sense und er trage, wie die Menschen auch, nur dann einen Kapuzenmantel, wenn es kalt sei. Man dichte ihm gern ein Totenschädelgesicht an. Auch das sei falsch. Aber wie soll man sich den Tod ohne diese typischen Attribute vorstellen? Er selbst gibt die bestürzende Antwort: Wer wissen will, wie der Tod wirklich aussieht, solle in den Spiegel schauen.

Deutsch (Thüringen): Abiturprüfung 2014
Aufgabe 4: Interpretation eines dramatischen Textes

Gerhard Polt (geb. 1942) **und Hanns Christian Müller** (geb. 1949)

MAI LING

(Herr Grundwirmer und Mai Ling sitzen in einer fürs Fernsehen extra drapierten Möbel-Krügel-Sofaecke. Grundwirmer blickt in die Kamera. Mai Ling starrt unverwandt vor sich hin)

GRUNDWIRMER: Sag amal schön Grüß Gott, Mai Ling, Grüß Gott! – Ich hab's erst seit drei Wochen. – Grüß Gott, sag amal schön Grüß Gott. Das sind die Herren vom Fernsehen. – Mai Ling hoaßt's, des is – des hoaßt – ich heiß ja eigentlich Grundwirmer, und sie natürlich jetzt aa. Oiso sozusagen Mai Grundwirmer, geborene Ling. –

2 758 Mark und a bisslwas, ab Bankog Airport, hab ich bezahlt, ah, hab ich kommen lassen. Ich muß sagn, des is relativ preiswert, wenn man bedenkt … ah … Sie is aus der Provinz. Weil, in Bankog selber kauft net amal mehr der Amerikaner ein. Des is alles zu verseucht, rein marktmäßig. Freilich, 500 Demark mehr, und ich hätt a Fitnamesin habm kenna, – de san noch etwas robuster – des mag sein, da gehen jetzt die Meinungen auseinander, aber schaun se's an, de is doch net schlecht, oder? Also, ich bin sehr zufrieden. Sie ist äußerst sauber, sie schmutzt nicht, wie der Asiate anundfürsich überhaupt nicht schmutzt. Ich mein', ich bin sehr zufrieden, wissen Sie, – ge, Mai Ling, simmer sehr zufrieden, hahaha, ge, ja … Freilich, Anpassungsschwierigkeiten lassen sich nicht ganz vermeiden. Rein küchenmäßig betrachtet, ich vertrag ja des Chinesische net a so, mir ham ja da ganz andere Vorstellungen, schon beim Besteck.

I hob glei g'sagt, Mai Ling, diese Staberl da, – ich hab's dann eing'schürt[1], a paar hab ich ihr g'lassen, da kann's dann Micado spuin damit. Nix dagegen. Aber des geht ja ned, bei unserer Ernährungsform, hat doch der Stab nix zum Suchen. Ich hab g'sagt, Messer und Gabel, anders eß ich nicht. Und ich muß sagen, sie is da sehr flexibel und anschmiegsam. Überhaupts, des Schlafzimmer, da san's ja berühmt, die Asiatinnen, da kannten's Deitsche sei. Ich hab ein Schleiflackschlafzimmer, wissen Sie, und ich muß sagen, pikobello, es spiegelt sich alles darin. Und sie is auch ausgesprochen leise. Wenn's irgendwo knarzt oder so ein kleines Pochen, gel, könnt ma moana, des is a Mäuserl, des is sie. –

Sie tritt ja fast kaum auf, sie schwebt förmlich, weil's aa nix wiegt, sie sehen's ja selber, jetzt woaß i's net genau, was sie wiegt, jetzt müaßad i glatt amal nachschaugn, im Katalog, was gsagt habm, daß sie wiegt, oder i müaßad's amal nachwiegen. – Ah, hol amal den Proschbekt, Mai Ling, den Prospekt, Mai Ling.

(Mai Ling steht auf, geht zum Tisch und sucht …)

GRUNDWIRMER: Ja, da den Proschpekt, net, wo du drin warst im Katalog. Hol ihn amal. De Herren wolln doch, – mei, des Deitsche, des ham's no net a so, den Prospekt, Mai Ling! Net! Ich hab ja …

(Mai Ling hat den Prospekt gefunden, apportiert ihn und setzt sich wieder …)

GRUNDWIRMER: Endlich, net ja, des is aso, ah, der Prospekt war schwarzweiß, da schaugn's her – ah, brav Mai Ling, ah, da, schwarz-weiß-Fotos, des kommt natürlich bei dem Katalog net aso raus, sie is a bissl gelb, ah, i moan, des woaß ma ja von de Asiaten, aber sie is scho sehr gelb ausg'fallen, obwohl sie paßt hier sehr gut rein. Da schaun's her, Seite 4, alles da, – Größe, Maße, Gewicht, Kostenberechnung, Stammbaum, wann's geborn is, geimpft is aa, geht ja net anders, ich mein, bei Importen is des immer so, da werd sehr drauf g'schaut. – Sehen Sie, der Katalog is jetzt drei Jahre alt, also die Daten sind nicht mehr ganz korrekt. Im Katalog steht jetzt z. B. 1 Meter 49 is sie groß. Sie is aber 3 cm länger ankemma, als ma z'erscht gedacht hätt, weil ich hab gmeint, a Verwandte von mir, de Anni, de hat a Kinderbett ghabt, da hab i glaubt, daß ich s reinbring, na ja, vom Mobilar her hab ich halt a bissl – umdisponieren müssen. Des sind halt amal Kosten, mein Gott, die kann man halt sozusagen als Anschlußkosten, äh, ich muß überhaupt sagen, diese Kosten, Taxi vom Flughafen, Anfahrtswege, Standesamt, Gsundheitspaß, Ausweisgebühren, sie werd ja nachad a Deitsche, des wird extra berechnet. Ich sag des nur für weitere Interessenten, – es gibt da Leute, die sind dann doch überrascht, was für eine Kostenlawine sich da auf sie zubewegt. Ich möcht auf alle Fälle sagen, ich bin sehr zufrieden, obwohl ich Einzelabnehmer bin. Auch diese Flitterwoche, die sozusagen absolviert worden ist, hat eigentlich unsere Erwartungen durchaus, – Sie verstehen. Ich war sehr überrascht, diese enorme Exotik, die da plötzlich auf einen zukommt, und des, früher, äh, wenn man sich quasi Witze erzählt hat, genau da ist der Asiate, er springt da rein in diesen Bedarf. Da ist er genau richtig, und drum hat er auch diese Nachfrage, äh, diese Resonanz in breitesten Kreisen der Bevölkerung. Jetzt passen's amal auf: Mai Ling, hol amal Zigaretten, da drüben sind's, Zigaretten, – gel, sie versteht schlecht, – Zigaretten, und Zündhölzer – die da am Tisch liegen, hol's amal her, da, brings's her Mai Ling … die Zigaretten sollst holen, Zigaretten …

(Mai Ling steht auf und holt Zigaretten und Zündhölzer …)

GRUNDWIRMER: Schauns, ich hab früher an Ding g'habt, an Schäferhund, der is ungern in's Wasser g'hupft, ge, wenn ma ihm an Stecka neigschmissen hat, is er auch … Mai Ling, Zigaretten! Ja, also, sehen Sie, es geht, es ist ein Geduldspiel, die ham ja ein ganz anderes Zeitgefühl. Ma muaß a Geduld habn und a gewisse praktische Psychologie, nachad geht ois. Jetzt brav, Mai Ling, derfst di wieda hinsetzen. Sammer sehr zufrieden.

MAI LING: Darf ich auch mal etwas sagen …

GRUNDWIRMER: Ge, sei stad[2], des vasteht ja doch koa Mensch. Ja, ich kann's nicht anders sagen, ich halt des für eine runde Sache, rundherum.

(Mai Ling gibt Grundwirmer Feuer …)

GRUNDWIRMER: Ja, brav, so is recht, Mai Ling, schön, ge, ja …

Polt, Gerhard/Müller, Hanns Christian: Mai Ling. In: Gilmer, Lutz R. (Hrsg.): Ausgesuchte Einakter und Kurzspiele. Zweiter Band. 19 Stücke moderner Autoren. Grafenstein Verlag, Straubing 1981, S. 297–299.

1 verbrannt
2 sei ruhig

Arbeitsanweisung

Interpretieren Sie den Text und erörtern Sie dessen Intention.

oder

Interpretieren Sie den Text und schreiben Sie anschließend einen inneren Monolog Mai Lings.

Hinweise und Tipps

Voraussetzungen
Die Aufgabe verlangt die **Interpretation** des Textes sowie entweder die Auseinandersetzung mit dessen **Intention** oder das Schreiben eines **inneren Monologs** der Mai Ling. In jedem Fall ist der Text also zunächst zu interpretieren. Entscheiden Sie sich für die Aufgabe, welche die Erörterung der Absicht des Textes verlangt, können Sie die entsprechenden Gedanken durchaus bereits in die Interpretation einfügen.
Wählen Sie die zweite Aufgabe, muss im Anschluss an die Interpretation ein innerer Monolog Mai Lings als eigenständiger Text folgen. Dieser Teil der Aufgabe kann als eine Art Ergänzung zum Interpretationsteil gestaltet werden und sollte einen dementsprechenden Umfang nicht überschreiten. Zudem ist es empfehlenswert zu berücksichtigen, dass der Sketch in einer anderen als der Ihnen vertrauten gesellschaftlichen Situation spielt.
Auf grundlegende Ausführungen zu den Besonderheiten eines dramatischen Textes können Sie weitgehend verzichten. Auf die Betrachtung der **sprachlichen Gestaltung der Szene** sollten Sie hingegen eingehen, denn für die Charakterisierung der Hauptfigur spielt ihre Sprache eine wesentliche Rolle. Dies gibt Ihnen vielfältige Impulse für die deutende Erschließung des Textes, welche der Operator „Interpretieren Sie" verlangt.
Ihre Interpretation kann sich am Gesprächsverlauf orientieren, sollte aber keinesfalls die **Situation** der Charaktere außer Acht lassen. Die Redeanteile der Figuren sind ebenso zu berücksichtigen wie ihre Selbstdarstellung und ihr Umgang miteinander. Die Positionen der Protagonisten müssen nicht nur dargestellt, sondern auch erläutert und im Falle einer Erörterung bewertet werden. Zur Untermauerung Ihrer Ausführungen sind Textzitate geschickt in Ihre Darlegungen einzufügen.

Erläuterung der Aufgabenstellung
Der zu bearbeitende Text wird Ihnen eventuell als Bühnen- oder Fernsehfassung bekannt sein, womöglich in der originalen Darstellung durch Gerhard Polt, einen der Autoren. Im anderen Fall wird sich Ihnen die Aussage des Textes wahrscheinlich erst nach dessen vollständiger Lektüre erschließen. Die **Besonderheiten** – der Dialekt, die überaus ungleiche Verteilung der Redeanteile sowie die dargestellte Situation (welche die Anwesenheit der „Herren vom Fernsehen" als dritte, allerdings nicht sprechende und nicht sichtbar agierende „Person" beinhaltet) – werden Sie schnell als wesentliche charakterisierende Merkmale erkennen. Sowohl für die Interpretation als auch für die Erörterung oder das Verfassen eines inneren Monologes ist die Berücksichtigung des **zeitlichen Kontextes** von Bedeutung. Obwohl auch heute immer wieder über den als „Heiratsvermittlung" bezeichneten Verkauf von jungen asiatischen Mädchen in andere Länder berichtet wird, dürfte die dargestellte Situation doch befremdlich wirken und sollte als Kritik an der Gesellschaft der 1970er-Jahre gewertet werden.

Lösungsvorschlag 1: Interpretation und Auseinandersetzung mit der Intention

Einleitung
Im Sketch „Mai Ling" von Gerhard Polt und Hanns Christian Müller, welcher 1981 veröffentlicht wurde, wird auf satirische Weise Kritik an der damaligen deutschen Gesellschaft geübt, die als vermeintlich tolerant, tatsächlich aber mit Vorurteilen behaftet und unmoralisch gezeichnet wird. Der Protagonist Herr Grundwirmer und seine thailändische Ehefrau Mai Ling haben ein Fernsehteam zu Gast. Für die Filmaufnahmen wurde das Paar in eine „extra drapierte" Sofa-Ecke gesetzt, wo es interviewt werden soll. Im Verlauf der Szene zeigt sich auf erschreckende Weise, wie es zur Ehe von Herrn Grundwirmer und Mai Ling gekommen ist und wie sich die Beziehung der beiden offenbar gestaltet.

Textanalyse
Während Herr Grundwirmer zu Beginn der Szene **selbstbewusst** in die Kamera blickt, „starrt" seine Frau „unverwandt vor sich hin" (Z. 2 f.). Ihr scheint die Angelegenheit unangenehm zu sein; dass sie um ihr Einverständnis zu den Aufnahmen nicht gefragt wurde, ist spätestens am Ende klar. So führt auch der Hausherr von Anfang an das Wort, nicht einmal das Fernsehteam kann Fragen anbringen.

Im **breiten bayerischen Dialekt** fordert Grundwirmer seine Frau auf, die Herren des Fernsehteams und damit die künftigen Zuschauer zu grüßen. Seine Aufforderung wiederholt er dreimal, er formuliert sie eindringlich, als spräche er zu einem Kind. Als Mai Ling nicht reagiert, wendet sich Grundwirmer erklärend an die Fernsehleute – dabei spricht er in der dritten Person über seine Frau und lässt den Eindruck entstehen, es handle sich um einen **Gegenstand:** „Ich hab's erst seit drei Wochen." (Z. 4 f.) Der Satz entlarvt Grundwirmer als selbstgefällige und überhebliche Person. Ungefragt erzählt er, wie Mai Ling zu ihm kam: Er hat offenbar für seine künftige Frau bezahlt und stolz erklärt er, Mai Ling „relativ preiswert" (Z. 9) bekommen zu haben. Weltläufigkeit sollen seine nächsten Erklärungen vortäuschen, allerdings deckt Grundwirmers Gerede gerade dessen **Beschränktheit** auf. Er vergleicht Frauen verschiedener asiatischer Herkunft, obwohl er keine Erfahrungen mit ihnen hat, und findet nichts dabei, sich um Zustimmung heischend an das Fernsehteam zu wenden: „aber schaun se's an, de is doch net schlecht, oder?" (Z. 13) Wieder ist ihm seine Frau nicht einmal eine vernünftige Anrede wert.

Der unrühmliche Höhepunkt dieser ersten Ausführungen Grundwirmers ist seine Aussage „sie schmutzt nicht " (Z. 14). Vermeintlich weltmännisch gibt er einen Kommentar über „de[n] Asiate[n] anundfürsich" (Z. 14 f.) ab. Grundwirmer merkt nicht, dass seine scheinbar lobende Bemerkung etwas ganz anderes offenbart, nämlich seine **fremdenfeindlichen Vorurteile**. Auch dass er seine Zufriedenheit mit Mai Ling ausdrückt und seine Frau zum ersten Mal um ihre Meinung zu bitten scheint, kann das Bild nicht ändern, im Gegenteil: Er wartet gar nicht auf Mai Lings Antwort, sondern setzt ihre Zustimmung voraus und bezieht sie in sein selbstgefälliges Lachen mit ein: „ge, Mai Ling, simmer sehr zufrieden, hahaha" (Z. 15 f.). Allerdings gebe es auch „Anpassungsschwierigkeiten", räumt er ein. Selbstverständlich meint Grundwirmer damit nicht seine eigenen Probleme, sondern die seiner Frau. „Rein küchenmäßig" (Z. 17) müsse Mai Ling sich umstellen, denn weder vertrage er „des Chinesische" (Z. 18), noch hätten Essstäbchen etwas in seiner Küche zu suchen. Das „Entgegenkommen", sie könne einige Stäbchen zum Mikadospiel behalten (vgl. Z. 20 f.), zeigt seinen **ignoranten Umgang mit der Kultur seiner Frau**. Der Zuschauer/Leser fragt sich spätestens jetzt, warum Grundwirmer sich ausgerechnet eine asiatische Frau ausgesucht hat. Die Antwort lässt nicht lange auf sich warten: Mai Ling sei „sehr flexibel und anschmiegsam" (Z. 23 f.), außerdem „ausgesprochen leise" (Z. 26 f.). Im Verhalten seiner Frau sieht Grundwirmer den „Ruf" der Asiatinnen als sanft, anschmiegsam, sich – auch in sexueller Hinsicht – unterordnend bestätigt und er preist seine Frau wie einen zum Verkauf stehenden Gegenstand an.

Das wird weiterhin deutlich, als er sich über Mai Lings Körpergewicht auslässt. Nicht nur stellt die Tatsache, dass dies eine sehr private Angelegenheit ist, für ihn kein Tabu dar. Er lässt sich auch zu lauten Überlegungen herab, Mai Ling – **wie eine Ware** – nachzuwiegen, und verlangt von seiner Frau, den Katalog zum Vergleich zu holen. Er bittet nicht darum, sondern fordert sie in einer herablassenden Art dazu auf: „Ah, hol amal den Proschbekt, Mai Ling" (Z. 31 f.). Sicherheitshalber wiederholt er den wichtigen Teil seiner Forderung mehrmals, auch auf Hochdeutsch. Schließlich erklärt er: „mei, des Deitsche, des ham's no net a so" (Z. 35). Der Dialekt des Hausherrn macht das Komische beziehungsweise das Absurde und Groteske der Situation schnell sichtbar. Besser als die Hochsprache das vermag, kann der Dialekt hier den **Sprecher** treffend **charakterisieren**, ihn **entlarven** und als bornierten Menschen bloßstellen.

Laut Regieanweisung findet Mai Ling den Prospekt und „apportiert ihn“ (Z. 37). Die Verwendung des Wortes „**apportieren**“ erscheint dem Leser befremdlich, wird es doch gewöhnlich in einem anderen Zusammenhang gebraucht. Aber mit diesem unaufdringlichen Vergleich machen die Autoren klar, dass Mai Ling von ihrem Mann so ähnlich behandelt wird wie ein Tier, das eben gehorchen muss und dafür gelobt wird („ah, brav Mai Ling“, Z. 39; „Jetzt brav“, Z. 69; „Hol ihn“, Z. 34). Damit wird Grundwirmers Verhalten weiter bloßgestellt. Später zieht Grundwirmer einen direkten Vergleich zwischen dem „Lernprozess“ seiner thailändischen Ehefrau und dem seines Schäferhundes (vgl. Z. 65 ff.). Andererseits wird hier auch deutlich, dass Mai Ling sich in das ihr auferlegte Rollenbild fügt, wenn sie den Prospekt tatsächlich „apportiert“.

Grundwirmer zeigt den Fernsehleuten den „schwarzweiß“ (Z. 38) gehaltenen Prospekt und lässt sich über Mai Lings Hautfarbe aus. Sie sei „scho sehr gelb ausg'fallen“, passe aber „hier sehr gut rein“ (Z. 41). Meint er mit „hier“ das Zimmer, den Ort oder die westdeutsche Gesellschaft? Wieder redet er jedenfalls über seine Frau, als sei sie nicht dabei, und beurteilt sie wie eine Ware. Offensichtlich ist Mai Ling das für ihn auch, denn er hat sie – wie er den Fernsehleuten vorführt – tatsächlich nach den detaillierten Angaben eines Katalogs („Größe, Maße, Gewicht, Kostenberechnung, Stammbaum“, Z. 42 f.) gekauft. Die **entwürdigende Darstellung** setzt sich fort, indem Grundwirmer erklärt, Mai Ling habe auch alle Impfungen vor ihrem Flug erhalten – wie dies „bei Importen“ (Z. 43) vorgeschrieben sei.

Wenn der Zuschauer/Leser meint, Grundwirmer könne sich nicht noch weiter blamieren, irrt er. Der Hausherr räumt ein, dass der Katalog, nach dem er seine Frau ausgesucht hat, nicht aktuell gewesen sei, deshalb seien „die Daten [...] nicht mehr ganz korrekt“ (Z. 45). So sei seine Frau „3 cm länger ankemma“ (Z. 46) als angenommen. Wundert sich der Zuschauer zunächst über diesen Hinweis, bleibt ihm bei Grundwirmers folgender Erklärung das Lachen im Halse stecken: Dieser hatte seine Frau in ein Kinderbett stecken wollen, um das Geld für die Anschaffung eines zweiten Bettes zu sparen. Dass Mai Ling zu groß dafür war und er bezüglich des Mobiliars „umdisponieren“ (Z. 48 f.) musste, verbucht Grundwirmer als „**Anschlußkosten**“ (Z. 50), ebenso wie die Aufwendungen für „Taxi vom Flughafen, Anfahrtswege, Standesamt, Gsundheitspaß, Ausweisgebühren“ (Z. 50 f.). Als „erfahrener“ Mann gibt er diese Informationen ganz selbstlos vor der Kamera preis, „für weitere Interessenten“ (Z. 52 f.).

Sein Fazit, um das ihn niemand gebeten hat, fällt also durchweg positiv aus: „[I]ch bin sehr zufrieden“ (Z. 54). Es folgt ein Nachsatz: „obwohl ich Einzelabnehmer bin“ (Z. 54 f.). Soll das bedeuten, er hätte sich auch mehrere Frauen „kommen lassen“ können? Sein Vokabular (vgl. auch „Importe[ ], Z. 43; „Anschlußkosten“, Z. 50) deutet jedenfalls darauf hin, dass sich die Suche deutscher Männer nach einer ausländischen Ehefrau zu einer gewinnbringenden Branche entwickelt. Es geht hier nicht um Liebe, sondern um Handel. Über „diese Flitterwoche, die sozusagen absolviert worden ist“ (Z. 55 f.), lässt sich der Ehemann ebenfalls aus. Kein Wort von Romantik oder gar von Liebe, der Zuschauer/Leser weiß längst, dass Grundwirmer **mit Mai Lings „Einkauf“ ein Geschäft gemacht** hat. Im besten Fall ist er nun nicht mehr einsam, wird aufmerksam versorgt und muss sich nicht weiter um eine Ehefrau bemühen.

Grundwirmer prahlt zwar damit, **intime Erfahrungen** mit seiner thailändischen Ehefrau gemacht zu haben, verkneift sich allerdings zu direkte Äußerungen und gefällt sich in Andeutungen, indem er sich kumpelhaft an die Fernsehleute wendet: „Sie verstehen. Ich war sehr überrascht, diese enorme Exotik, die da plötzlich auf einen zukommt“ (Z. 56 f.). Dem Hausherrn ist sein Verhalten absolut nicht peinlich, er kommt gar nicht auf die Idee, es zu hinterfragen, geschweige denn Rücksicht auf seine Frau zu nehmen.

Vielleicht angespornt vom Schweigen der Fernsehleute, das er wohl als Zustimmung auslegt, will er nun vielmehr seine „Errungenschaft“ vorführen: „Jetzt passen's amal auf“ (Z. 60). Er fordert seine Frau auf, ihm Zigaretten und Zündhölzer zu holen. Weil Mai Ling offensichtlich nicht sofort reagiert, wiederholt er seine Forderung. Man kann sich auch als Leser den Ton, in welchem sich Grundwirmer an seine Frau wendet, vorstellen – so würde man seinen Hund auffordern, einen Gegenstand zu bringen. Als Mai Ling aufgestanden ist, um das Gewünschte zu holen, zieht Grundwirmer den bereits angesprochenen **Vergleich zur Erziehung seines Schäferhundes**. Es seien Geduld „und a gewisse praktische Psychologie" (Z. 68 f.) im Umgang mit seiner Frau nötig, wie er – stolz auf sein Können – betont. Als Mai Ling die Zigaretten bringt, wird sie wie wohl vormals der Schäferhund gelobt und ihr wird erlaubt, sich wieder zu setzen.

Da passiert das „Unerhörte": **Mai Ling sagt etwas**, sie bittet höflich und in einwandfreiem Hochdeutsch um das Wort! Jedoch bleibt dieser Versuch der einzige, denn Grundwirmer schneidet ihr sofort schroff das Wort ab („Ge, sei stad", Z. 72), es könne sie ohnehin niemand verstehen. Mai Ling diskutiert nicht, sondern gibt Grundwirmer Feuer, worauf er sie erneut lobt – so sei sie brav, so sei es recht.

Die Autoren des Sketches lassen ihre Hauptfigur im Dialekt sprechen. Diesen benutzt man in der Regel im Alltag, er hat etwas Vertrautes, Gemütliches, schränkt aber den Radius auch ein, in dem er verstanden wird. Die **Figurensprache** ist ein geeignetes Mittel zur Charakterisierung – zu Grundwirmers Auffassungen und Überzeugungen passt keine Hochsprache, er scheint ohnehin davon überzeugt zu sein, jede(r) könne ihn verstehen. Grundwirmers Dialekt betont den Unterschied zwischen Regionalem und Globalem, er entlarvt die Beschränktheit des sich weltmännisch gebenden Protagonisten und die Vorurteile des vermeintlich toleranten Mannes.

Der Zuschauer/Leser fungiert als das eigentliche Fernsehteam, als **Beobachter**, der sich nicht einmischt, dem wohl vor Erstaunen über das selbstgefällige Verhalten des Hausherrn die Worte fehlen. Das Lachen des Rezipienten ist die Reaktion auf das spießige, engstirnige, sich unwissentlich selbst entlarvende Verhalten Grundwirmers. Dieser steht für einen überheblichen, sein eigenes Verhalten und Denken kaum reflektierenden Mann, der glaubt, weltmännisch und modern zu sein, in Wirklichkeit aber ein **Muster an Beschränktheit** darstellt.

Weiterführende Beschäftigung mit der Intention des Textes

Die Autoren zeigen eine Situation, in welcher der Protagonist – trotz des Fernsehteams – keine Scheu davor zeigt, offen zu sprechen. Ganz im Gegenteil: Grundwirmer ist vermutlich stolz darauf, dass man ihn und seine Frau bald im Fernsehen betrachten kann, und er ist sich seiner Außenwirkung nicht bewusst. Mai Ling hingegen hält sich zurück. Sie hat womöglich resigniert oder wartet noch auf den passenden Moment, um sich zu wehren.

Die joviale, gönnerhafte Hinwendung Grundwirmers zu seiner Ehefrau stellt für ihn schon das Maximum an Aufmerksamkeit dar. Dass er **seine Frau wie einen Hund oder einen Gegenstand behandelt**, fällt ihm vielleicht nicht einmal auf, und falls doch, würde es ihn vermutlich eher amüsieren. Er könnte vor seinen „Spezln" am Stammtisch damit angeben und sich deren kumpelhafter Zustimmung sicher sein. Selbstzweifel sind diesem Mann fremd, dem Leser/Zuschauer allerdings drängt sich die Frage auf, warum er sich nicht eine Frau aus seiner Umgebung genommen hat. Allerdings kann man sich diese Frage schnell selbst beantworten: Welche Frau würde solch einem selbstgefälligen Kerl ihre Aufmerksamkeit schenken? Welche Frau würde sich von ihrem Ehemann behandeln lassen, als wäre sie ein Haustier, ein Gegenstand, mit dem sich der Mann schmücken kann, um sich selbst aufzuwerten?

Es stellt sich die **Frage**, **warum Mai Ling nicht aufbegehrt**, warum sie diesem Mann überhaupt gefolgt ist, ja was sie dazu brachte, sich in einem Katalog anzubieten und dann quasi nach Europa verkaufen zu lassen. Vermutlich will Mai Ling aus ihrem Land in den vielversprechenden Westen Europas, der Weg der Heirat ist für sie womöglich nur ein Umweg. Vielleicht will sie ihre Familie unterstützen, Gelegenheit zur Umsetzung eigener Pläne herbeiführen, auf jeden Fall verspricht sie sich wohl bessere Lebensumstände als in ihrer Heimat. Dass Mai Ling womöglich nicht das schüchterne, unauffällige, stets dienstbare „Frauchen" ist, das Grundwirmer glaubt eingekauft zu haben, lassen die Autoren am Ende mit Mai Lings fehlerfrei gesprochenem Satz durchscheinen. Sie widerspricht ihrem Ehemann zwar nicht, doch vielleicht ist ihre Art, nicht sofort zu reagieren, eine Form von stummem Protest gegen ihn und geht nicht auf fehlende Sprachkenntnisse zurück. Die wirklich Überlegene könnte somit die Ehefrau sein – es ist gut vorstellbar, dass sie es nur noch so lange wie nötig (vielleicht wegen der Papiere, des Bleiberechtes?) bei diesem Mann aushalten wird.

Die Intention der Autoren wird mit dieser kurzen Szene prägnant und effektvoll dargestellt: **Fremdenfeindlichkeit, Überheblichkeit und Intoleranz**, die sich eben auch oder gerade im Alltäglichen verstecken können, werden schonungslos bloßgestellt und verurteilt.

Lösungsvorschlag 2: Interpretation und innerer Monolog

Die Interpretation kann sich an den Ausführungen auf S. 28–30 orientieren. Sollten Sie sich dafür entscheiden, einen inneren Monolog auszuarbeiten, wird die Interpretation knapper ausfallen, Sie müssen das Verhalten der Protagonisten dann nicht bewerten. Es entfällt die ausführliche Beschäftigung mit der Intention des Textes. Ein innerer Monolog könnte wie das folgende Beispiel aussehen.

Jetzt geht es also los, die Kameras sind ja schon aufgebaut. Wie breit er grinst! Wo das wohl gesendet wird? Und jetzt soll ich brav „Grüß Gott" sagen, als wäre ich ein Tier, das vorgeführt wird. Er weiß ja gar nicht, ob ich an seinen Gott glaube, er hat mich noch nie danach gefragt, redet überhaupt mit mir, als sei ich ein dummes Kind.

Die Fernsehleute schauen auch schon ganz komisch, er quatscht ja ohne Punkt und Komma, sie kommen nicht mal dazu, ihm eine Frage zu stellen. Vietnamesinnen sind „robuster"? Ich „schmutze nicht"?! Was glaubt er denn, über wen er da redet?! Ich bin doch keine Zimmerpflanze oder irgendein Haustier, sondern seine Ehefrau! Dabei hieß es, Ehepartner in Deutschland würden respektvoll miteinander umgehen – die Frauen in Deutschland haben doch inzwischen die gleichen Rechte wie die Männer!

Was will er? Den „Proschbekt"? Ach, den Prospekt, warum holt er ihn nicht selber? Soll ich jetzt wirklich aufstehen? Aber wenn ich's nicht tu, wer weiß, was dann kommt, und noch dazu vor den Fernsehleuten … Ja, zeig ihn nur her, diesen Prospekt, all die jungen Frauen, meine Freundin Sarinee ist auch drin abgebildet – wie es ihr jetzt wohl geht? Ob sie glücklicher ist als ich? – Wie hoffnungsfroh wir waren, als wir uns dafür haben fotografieren lassen, alles wird gut, dachten wir, wir werden reich, können unseren Eltern und den Geschwistern jeden Monat Geld schicken, damit es ihnen endlich besser geht! Ich dachte, vielleicht kann ich mir hier sogar einen guten Beruf suchen, Lehrerin, das wäre ich gerne, ich habe doch sogar extra angefangen, Deutsch zu lernen, damit ich hier Fuß fassen kann … Und nun?

„Import" – „Anschlußkosten" – „Einzelabnehmer" – als sei ich eine Ware, mit der man einfach handeln kann! Und jetzt macht er auch noch schlüpfrige Kommentare, meint, er muss mit sowas vor der Kamera prahlen. Vielleicht hätte ich genauer überlegen sollen, was das wohl für Männer sind bei der Heiratsvermittlung … Das darf so nicht weitergehen, das halte ich auf die Dauer nicht aus – aber wenn er wütend wird? Was dann? Kann ich ihm denn einfach so widersprechen?

Jetzt soll ich schon wieder was holen, Zigaretten, als ob er die jetzt wirklich bräuchte! Nein, ich verstehe überhaupt nicht schlecht, ich verstehe sogar sehr gut, was du willst, da, hier hast du deine Zigaretten! – Wie er mich lobt, als sei ich ein gut dressierter Hund! „Sammer sehr zufrieden"?! Jetzt muss ich doch was sagen. –

Novalis (1772–1801)

Kenne dich selbst

Freyberg, 11. Mai 1798

Eins ist, was der Mensch zu allen Zeiten gesucht hat;
Ueberall, bald auf den Höhn, bald in dem Tiefsten der Welt –
Unter verschiedenen Namen – umsonst – es versteckte sich immer,
Immer empfand er es noch – dennoch erfaßt er es nie.
Längst schon fand sich ein Mann, der den Kindern in freundlichen Mythen
Weg und Schlüssel verrieth zu des Verborgenen Schloß.
Wenige deuteten sich die leichte Chiffre der Lösung;
Aber die wenigen auch waren nun Meister des Ziels.
Lange Zeiten verflossen – der Irrthum schärfte den Sinn uns –
Daß uns der Mythus selbst nicht mehr die Wahrheit verbarg.
Glücklich, wer weise geworden und nicht die Welt mehr durchgrübelt,
Wer von sich selber den Stein ewiger Weisheit begehrt.
Nur der vernünftige Mensch ist der ächte Adept[1] – er verwandelt
Alles in Leben und Gold – braucht Elixire nicht mehr.
In ihm dampfet der heilige Kolben – der König ist in ihm –
Delphos[2] auch und er faßt endlich das: *Kenne dich selbst.*

Novalis: Kenne dich selbst. In: Sprachspeicher. 200 Gedichte auf deutsch vom achten bis zum zwanzigsten Jahrhundert. DuMont Buchverlag, Köln 2001, S. 164.

1 Bezeichnung für eine Person, die in eine Geheimlehre, Geheimwissenschaft oder in Mysterien eingeweiht ist
2 griechische Stadt Delphi

Arbeitsanweisung

Interpretieren Sie das Gedicht.

Hinweise und Tipps

Voraussetzungen
Die Aufgabe verlangt die Interpretation des Gedichts. Das heißt, Sie beschreiben **Form und Inhalt** und erklären beziehungsweise deuten die **Aussage des Gedichts**. Da Form und Inhalt eine ästhetische Einheit bilden, sollte die Analyse beider miteinander verbunden werden. Betrachten Sie die verwendeten sprachkünstlerischen Mittel also nicht losgelöst von ihrer Funktion und ihrer Wirkung.
Die Herstellung eines **persönlichen Bezuges** im Schlussteil bietet sich an, sollte jedoch nur ergänzend wirken. Möglich, aber nicht obligatorisch ist es auch, das **Rahmenthema** aufzugreifen. Sowohl in der Einleitung als auch im Schlussteil können Sie sich darauf beziehen, dass der Mensch laut Novalis nach Erkenntnis nicht in der Außenwelt, sondern in sich selbst suchen muss, er sich also „das Interessanteste" ist.

Erläuterung der Aufgabenstellung
Wahrscheinlich ist Ihnen der Name des Dichters Novalis aus dem Literaturunterricht bekannt, weshalb Ihnen auch die Einordnung des Gedichts in die Epoche der Frühromantik leichtfallen sollte. Die Herstellung eines biografischen Bezuges zu Friedrich Freiherr von Hardenberg, der sich das Pseudonym Novalis gab, dürfte sich schwieriger gestalten. Das Wissen um die biografischen Hintergründe von Novalis ist für die Interpretation des Gedichts nicht zwingend erforderlich, jedoch ebenso hilfreich wie grundlegende Kenntnisse zur Epoche der (Früh-) Romantik.
Einige nützliche **Informationen zum Kontext** sind die folgenden: Die Angabe des Ortes und der Jahreszahl ermöglichen es, das Gedicht in die Zeit einzuordnen, zu der Novalis an der Bergakademie im sächsischen Freiberg Bergwerkskunde, Chemie und Mathematik studierte. Er befasste sich also selbst damit, die Natur wissenschaftlich zu erforschen. Wesentlich für die Philosophie Novalis' war seine Beschäftigung mit der Lehre Johann Gottlieb Fichtes und dessen Auffassung vom Ich, was sich wiederum in der Auseinandersetzung mit dem Thema „**Selbsterkenntnis**" zeigt.
Gut wäre es, wenn Sie erkennen, dass Novalis hier Begriffe aus der **Alchemie** verwendet. Dabei müssen Sie nicht die einzelnen Bedeutungen der Worte erläutern, aber das Vokabular in den entsprechenden Kontext stellen: Alchemisten versuchten seit dem Mittelalter, mithilfe eines sogenannten „Steins der Weisen", eines noch unbekannten Stoffes aus der Natur, Silber oder gar Gold herzustellen. So waren sie stets auf der Suche nach diesem „Stein der Weisen", der die Umwandlung möglich machen könnte. Mit dem Aufkommen der empirischen Wissenschaften im 18. Jahrhundert endete die Zeit der Alchemisten, Novalis bezieht sich hier also auf eine Praxis, die nicht mehr aktuell ist.
Darüber hinaus ist es hilfreich, wenn Sie die Anspielung auf **Delphi** im letzten Vers zuordnen können: In der Antike suchten die Menschen in Griechenland Rat bei einem Orakel, das im Apollontempel in Delphi seine Prophezeiungen aussprach. Diesen Tempel zierte der Spruch „Kenne dich selbst".
Auch ohne dieses Wissen wird es Ihnen möglich sein, das Gedicht zu interpretieren. Allerdings ist die Lösung der Aufgabe in diesem Falle eine sehr anspruchsvolle Herausforderung.

Bei dieser Aufgabe ist es besonders wichtig, entsprechende **Vorüberlegungen** anzustellen: Wann verfasste Novalis sein Gedicht? Was wissen Sie über diese Epoche? Kennen Sie möglicherweise bereits andere Werke von Novalis? Welche Worte wählt der Dichter? Was schildert er inhaltlich? Achten Sie darauf, Ihre Ausführungen logisch zu begründen und am Text durch direkte sowie indirekte Zitate zu belegen. Denken Sie daran: Gedichte können auf verschiedene Weise ausgelegt werden, wichtig ist eine **überzeugende Argumentation**.

Lösungsvorschlag

Einleitung
Der Titel des frühromantischen Novalis-Gedichts aus dem Jahr 1798 gleicht einer Aufforderung: „Kenne dich selbst" – es fehlt im Grunde nur das Ausrufezeichen. Der Leser wird also bereits mit dem Titel darauf eingestimmt, dass er es auch mit einem **Blick auf sein eigenes Inneres** zu tun bekommt. Dieser Eindruck bestätigt sich spätestens nach dem Lesen der letzten Worte des Gedichts, die mit denen des Titels identisch sind.

Äußere Form
Das aus 16 reimlosen Versen bestehende Gedicht wurde vorwiegend in Daktylen verfasst, teilweise griff Novalis auch auf Trochäen zurück (vor allem in V. 1). Abgesehen von diesen kleineren Unregelmäßigkeiten kann man daher von Hexametern und Pentametern sprechen, also von sechshebigen Versen, die sich aus Daktylen mit und ohne Zäsur zusammensetzen. Je ein Hexameter und ein Pentameter bilden wiederum ein Distichon, eine in der Antike beliebte Strophenform. Durch den weitgehend regelmäßigen Rhythmus wirken die geäußerten Überlegungen **ruhig, fließend und auf das Fazit der letzten Verse zulaufend**. Die abschließenden Worte – *„Kenne dich selbst"* (V. 16) – werden besonders betont, da die Zäsur im Metrum später erfolgt als in den übrigen Versen.

Abgesehen von den ersten vier zusammengehörenden Versen bilden je zwei Zeilen einen Satz. Besonders stark tritt eine Verbindung der Verse durch das Enjambement in Vers 13 f. hervor. Dass es sich hier um eine **Schlüsselstelle** handelt, lässt sich also bereits anhand des Aufbaus vermuten.

Sowohl die Reimlosigkeit als auch die Wahl des Metrums lassen einen Bezug zur **Antike** erkennen, der inhaltlich im letzten Vers mit dem Hinweis auf Delphi aufgegriffen wird.

Inhaltliche und sprachliche Gestaltung
Der letzte der 16 Verse in dieser Gedankenlyrik bildet mit dem ersten Vers einen Rahmen. Die erste Zeile deutet rätselhaft an, der Mensch sei immer auf der Suche gewesen („was der Mensch zu allen Zeiten gesucht hat", V. 1). Den **Gegenstand dieser Suche** beschreibt der Dichter als *„Eins"* (V. 1). Das Unbestimmte, Geheimnisvolle wird nicht näher benannt; der Rezipient begibt sich mit dem Weiterlesen selbst auf die Suche danach, um am Ende des Gedichts die Lösung des Rätsels zu erfahren: *„Kenne dich selbst."* (V. 16) Erkenne, wer du bist, dann hast du das Wissen erlangt, welches du gesucht hast. Verstärkt wird die Verbindung auch optisch: Sowohl das erste Wort als auch die Aufforderung in Vers 16 sind kursiv gesetzt.

Die Verse innerhalb des Rahmens streben diesem Schlusssatz zu, sie laufen auf ihn hinaus, denn er bildet gewissermaßen den Höhepunkt der gedanklichen Auseinandersetzung, die im Gedicht gestaltet wird.

Nachdem am Anfang der **Impuls zur Suche** gegeben worden ist (vgl. V. 1), wird diese in den folgenden Versen beschrieben. Wo man auch suchte, ob „auf den Höhn" oder „in dem Tiefsten der Welt" (V. 2), also an den gegensätzlichsten Orten, man fand das „Eine" nicht. Wie man es auch benannte, „[u]nter verschiedenen Namen" (V. 3), alle Suche war vergebens, denn „es versteckte sich immer" (V. 3). Obwohl der Mensch eine Ahnung von dem, was er suchte, hatte, „erfaßt[e] er es nie" (V. 4). Das vergebliche und qualvolle Suchen des Menschen nach dem Einen wird durch den Gebrauch von **Antonymen** verstärkt: die „Höhn" und das „Tiefste[ ] der Welt" (V. 2), „[i]mmer" und „nie" (V. 4). Der Superlativ „das Tiefste" betont diesen Gegensatz und damit die Intensität der Anstrengungen noch. Der **Chiasmus** in Vers 4 stellt dem (erfolgreichen) Empfinden das (erfolglose) Erfassen gegenüber.

Das lyrische Ich verweist darauf, dass der Schlüssel zum Gesuchten dem Menschen in seiner **Kindheit** bereits verraten wurde. In „freundlichen Mythen“ (V. 5), die den Kindern erzählt wurden, hätten sich „Weg und Schlüssel [...] zu des Verborgenen Schloß“ (V. 6) gezeigt. Wenige nur konnten die Mythen deuten und zur Lösung des Rätsels gelangen, sagt das lyrische Ich: „Aber die wenigen auch waren nun Meister des Ziels.“ (V. 8)

Dabei verwendet Novalis das Wort „**Chiffre**“ (V. 7), also geheimes Zeichen, und spricht so die Problematik an, in kunstvolle Worte gekleidete Botschaften entschlüsseln zu müssen. Mit dieser Schwierigkeit sieht sich nun auch der Leser von Novalis' Gedicht konfrontiert, denn es stellt sich die Frage, wie die Verse gemeint sind. Man kann sie so lesen, dass die Suche nach dem „es“ (V. 3) durchaus nicht vergeblich bleiben muss. Es ist ganz im Gegenteil eigentlich sogar einfach, die Aussagen richtig zu deuten, denn es handelt sich um eine „leichte Chiffre der Lösung“ (V. 7). Warum gelingt es dann aber nur wenigen Menschen, „Weg und Schlüssel“ (V. 6) zum Versteck des Gesuchten zu finden?

Das lyrische Ich gibt die Antwort darauf und bezieht den Leser in seine Überlegungen mit ein, indem es ihn in ein „uns“ (V. 9) einschließt: Erst mit den Erfahrungen, die ein Mensch im Laufe seines Lebens macht, stellt sich ihm das Gesuchte klarer dar, denn „**der Irrthum schärfte den Sinn uns**“ (V. 9). Das lyrische Ich nimmt sich nicht aus, es gehört nicht zu den Wenigen, welche die Zeichen recht bald richtig deuten konnten, sondern es ist ebenfalls – wie wohl die meisten Menschen – auf die Zeit angewiesen, der es seine Einsichten verdankt.

Aus Fehlern lernen wir, diese Wahrheit ist auch uns bekannt. Erst mit einiger Lebenserfahrung kann der Mensch so entdecken, dass im Mythos, den er als Kind vernahm, bereits der Schlüssel verborgen, der Weg beschrieben war. Tatsächlich handelt es sich bei Mythen ja um erdachte Geschichten, denen jedoch reale Begebenheiten zugrunde liegen. Diese Erzählungen gilt es zu durchschauen, um an den **wahren Kern** der Mythen zu gelangen. Jetzt kann der Mensch „die Wahrheit“ im „Mythus“ (V. 10) erkennen, dessen Botschaft also verstehen.

Und eben jener Botschaft widmet sich der lyrische Sprecher nun. Er preist denjenigen als „**[g]lücklich**“, der „weise geworden“ (V. 11), der also etwas erkannt hat: Es geht nicht darum, Überlegungen über die Außenwelt anzustellen, in Novalis' Worten „die Welt [zu] durchgrübel[n]“ (V. 11). Vielmehr findet derjenige das Glück, welcher den Blick auf das eigene Ich richtet. In diesem Sinne sollte also auch nicht in der Natur nach dem „Stein ewiger Weisheit“ (V. 12) gesucht werden, sondern im Inneren des Menschen.

Diese Erkenntnis leitet über zu den letzten vier Versen, die sich geradezu wie ein **Fazit** der bisher entwickelten Gedanken lesen. Das lyrische Ich lobt den „vernünftige[n] Mensch[en]“ (V. 13) und meint, dieser sei als „[e]chte[r] Adept“ (V. 13) eingeweiht in die Mysterien. Mithilfe zahlreicher Metaphern aus dem Bereich der Alchemie erklärt der Sprecher hier, dass die **Vernunft** – und nicht der Rückgriff auf „Elixire“ (V. 14), also eher magisch anmutende Mittel, – zur Lösung des Rätsels führe: **Das Ziel der Suche sei schließlich die Selbsterkenntnis.**

Wie bereits angesprochen wird diese Aussage durch ein **Enjambement** besonders hervorgehoben: Die Erklärung, inwiefern eine vernünftige Person in das geheime Wissen eingeweiht sei, folgt hier am Übergang von Vers 13 zu Vers 14: Sie kann ohne jegliche Hilfsmittel „[a]lles“ (V. 14) zu Gold verwandeln, also zu etwas Edlerem machen.

Damit ist die Suche abgeschlossen, welche sich in **drei wesentlichen Schritten** vollzogen hat: Zunächst glaubt der Mensch, in der Natur des Rätsels Lösung zu finden (V. 2 – 4), dann versucht er, mithilfe von „Mythen“ (V. 5), also sozusagen über den Weg der Poesie, dem Ziel näher zu kommen (V. 5–8), ehe er letztlich erkennt, dass in ihm selbst der Schlüssel zur Weisheit liegt (V. 9–16). Diese Suche kann nun einerseits den Entwicklungsprozess in einem einzelnen Menschenleben spiegeln, von der Kindheit über die Irrtümer im Laufe des Lebens bis hin zur Weisheit mit zunehmendem Alter. Es ist aber auch möglich, dass Novalis hier von der gesamten Menschheitsgeschichte spricht.

Weiterführende Deutungsansätze
Novalis verwendet bewusst Begriffe aus der Alchemie: „Stein ewiger Weisheit" (dem „Stein der Weisen" entsprechend), „Adept", „Gold", „Elixiere", „heiliger Kolben" oder „König" (vgl. V. 12 ff.). Er stellt damit einen Bezug zur Epoche des Mittelalters her, in der man alchemistische Experimente durchführte und die von den Romantikern als Ideal betrachtet wurde. Denn zu dieser Zeit hatte es aus Sicht der Autoren des 18./19. Jahrhunderts noch keine Spaltung in Vernunft- und Gefühlswelt gegeben, welche die Vertreter der Romantik aufzuheben bemüht waren. So ist „der vernünftige Mensch" für Novalis gleichzeitig eine Person, die in Geheimlehren eingeweiht ist (vgl. V. 13). **Vernunft und Mysterium sind keine unvereinbaren Gegensätze**, bilden keinen Widerspruch.

Zudem verbindet Novalis hier die **Außen- mit der Innenwelt:** Erst durch die vergebliche Suche in der Natur und auf dem Wege der Mythen erkennt der Mensch, dass er im Inneren suchen muss. Die Erfahrung, Irrtümer begangen und an den falschen Orten gesucht zu haben, ist in der Regel also die Voraussetzung für diese Weisheit.

Das Gedicht von Novalis spiegelt teilweise den historischen Kontext um 1800 wider: Die Selbsterkenntnis spielte eine entscheidende Rolle für das Streben nach Höherem. Um sich weiterzuentwickeln und zu **vervollkommnen**, sollte der Mensch sich selbst befragen, den eigenen moralischen Zustand, seine Neigungen und Pflichten kennen. Hierzu passend wählt Novalis die Bilder der letzten vier Verse: Der „Stein der Weisen", also das Mittel, um in einen edleren Zustand übergehen zu können, liegt im Inneren; der „Kolben" (V. 15), in dem die Substanzen gemischt werden, findet sich im Menschen selbst.

Interessant ist in diesen letzten Versen auch der **Verweis auf Delphi** (vgl. V. 16). Hier schlägt Novalis nicht nur einen Bogen zum Mittelalter, sondern sogar bis in die **Antike**, denn damals befragten die Menschen in dieser griechischen Stadt ein Orakel auf der Suche nach der Wahrheit und dem richtigen Weg. Damit zeigt Novalis, dass die Frage der Selbsterkenntnis sich schon seit Menschengedenken stellt.

„Kenne dich selbst" (V. 16), baut Novalis also eine Verbindung zum ersten Vers. Mit dieser Aufforderung löst er die Spannung auf und regt den Leser an, die Frage nach dem eigenen Ich zu stellen.

Schlussgedanke
Sich selbst zu kennen ist eine wesentliche Voraussetzung für die Gestaltung eines gelingenden Lebens. Mit den Fragen *Wer bin ich? Was macht mich aus? Was will ich?* sieht sich wohl jeder Mensch mehrmals im Laufe seines Lebens konfrontiert. Wer sich gut kennt und weiß, was er will, kann sein Leben bewusst gestalten.

(Bitte blättern Sie um)

Abi in der Tasche – und dann?

In den STARK-Ratgebern finden Abiturientinnen und Abiturienten alle Informationen für einen erfolgreichen Start in die berufliche Zukunft.

Alle Titel zu Beruf & Karriere www.berufundkarriere.de

Bestellungen bitte direkt an:
STARK Verlagsgesellschaft mbH & Co. KG · Postfach 1852 · 85318 Freising
Tel. 0180 3 179000* · Fax 0180 3 179001* · www.stark-verlag.de · info@stark-verlag.de
*9 Cent pro Min. aus dem deutschen Festnetz, Mobilfunk bis 42 Cent pro Min.
Aus dem Mobilfunknetz wählen Sie die Festnetznummer: 08167 9573-0

Lernen • Wissen • Zukunft
STARK

24-V_Abi